高等职业教育连锁经营类专业精品系列教材

特许经营管理实务

主　编　王晓磊　张　卿
副主编　刘建利

科学出版社

北京

内 容 简 介

本书以特许经营企业的实际需要为出发点和落脚点，以工作过程为导向，结合高职学生的认知特点，采用能力培养与工作过程相结合的结构脉络，以项目任务驱动的形式来展示学习内容。除先导项目外，每个项目下设若干任务，每个任务都以"任务目标+任务导入+任务解析+知识要点+任务实施+任务评价"的形式进行。本书内容是对连锁特许经营从业人员必备知识、技能的系统整合与创新，突出了高水平人才培养的目标，旨在培育企业需要的技能型、应用型连锁特许经营与管理人才。

本书适用面较广，既可作为高职高专连锁经营管理专业的教材，也可作为连锁企业管理人员的培训用书，还可作为考取"1+X"连锁特许经营管理（中级）证书的学习用书。

图书在版编目（CIP）数据

特许经营管理实务/王晓磊，张卿主编. —北京：科学出版社，2024.3
高等职业教育连锁经营类专业精品系列教材
ISBN 978-7-03-077549-8

Ⅰ. ①特… Ⅱ. ①王… ②张… Ⅲ. ①特许经营-高等职业教育-教材 Ⅳ. ①F713.3

中国国家版本馆 CIP 数据核字（2023）第 252742 号

责任编辑：任锋娟　周春梅 / 责任校对：马英菊
责任印制：吕春珉 / 封面设计：东方人华平面设计部

科学出版社出版
北京东黄城根北街 16 号
邮政编码：100717
http://www.sciencep.com

北京九州迅驰传媒文化有限公司印刷
科学出版社发行　各地新华书店经销
*

2024 年 3 月第 一 版　开本：787×1092　1/16
2025 年 2 月第二次印刷　印张：15 1/2
字数：367 000

定价：58.00 元
（如有印装质量问题，我社负责调换）
销售部电话 010-62136230　编辑部电话 010-62135397-2015

前　　言

作为连锁经营的一种基本形式，特许经营模式已成为 21 世纪的主导商业模式。"特许经营管理实务"是连锁经营与管理专业的核心技术课程、专业必修课。此课程属于经济管理范畴，涉及经济学、管理学和法学等多个学科领域，以及知识产权、系统论、精益管理、资源整合、双赢博弈、投资创业等一系列当代前沿理论的综合运用，是一门具有复合性、前沿性、实践性特色的管理课程。特许经营的商业模式经过西方发达国家 100 多年的实践，已成功地为可口可乐、麦当劳、福特汽车、沃尔玛、7-11 便利店、希尔顿酒店、迪士尼乐园、21 世纪房地产、星巴克等世界各行各业的企业所实践，并为全球中小企业的成长和个人创业提供了捷径。特许经营管理硕士（Master of Franchise Management，MFM）和注册特许经营经理人（Certified Franchise Executive，CFE）认证课程更是成为国际上热门的商业管理课程。

党的二十大报告提出，"构建高水平社会主义市场经济体制。坚持和完善社会主义基本经济制度，毫不动摇巩固和发展公有制经济，毫不动摇鼓励、支持、引导非公有制经济发展""构建全国统一大市场，深化要素市场化改革，建设高标准市场体系。完善产权保护、市场准入、公平竞争、社会信用等市场经济基础制度，优化营商环境"，明确提出"促进民营经济发展壮大""完善中国特色现代企业制度，弘扬企业家精神，加快建设世界一流企业"。这些重要论述对于稳定市场主体预期、坚定市场主体信心、提振市场主体精神、激励广大民营企业家继续把企业做优做强做大产生了极大的推动作用。同时，这些重要论述也为中国特许经营的多元化、品牌国际化、创新创业、信息技术应用和市场监管发展等提供了强有力的支持。

2019 年，教育部、国家发展和改革委员会、财政部、国家市场监督管理总局联合印发了《关于在院校实施"学历证书+若干职业技能等级证书"制度试点方案》，部署启动"学历证书+若干职业技能等级证书"（简称"1+X"证书）制度试点工作。"1+X"证书制度既是教育制度，也是就业制度。连锁特许经营管理职业技能等级分为三个等级：初级、中级、高级。三个等级依次递进，高级别涵盖了低级别的职业技能等级要求。

本书以项目教学为主线，有机融入党的二十大精神及课程思政内容，结合"1+X"证书课程（中级）大纲，搜集我国特许经营最新案例，融入行业、企业标准，结合精品课和数字资源等展示教材内容，辅助教学，使教材内容更形象、生动，使用更方便，符合时代需求，适用于新时代线上学习模式。

本书由王晓磊、张卿担任主编，刘建利担任副主编，王丽君、何毓婕、张政、韩梦擎、任胜楠、梁千、申晓改、马腾、王茹、张习军参与编写。编者在编写本书过程中参考了大量的资料，吸取和借鉴了同行的相关成果，在此向有关作者表示深深的感谢和敬意。

由于编者水平有限，本书难免存在不足之处，恳请读者批评指正。

目　　录

先导项目　特许经营导论

项 目 概 述

当前，伴随着经济全球化和区域经济一体化的迅速发展，连锁经营已经成为最具活力的经营组织形式。特许经营作为连锁经营的主要形式之一，在各行各业中发挥的重要作用可以用"特许经营无壁垒"来形容。

先导项目主要介绍特许经营的一些基本知识，包括特许经营的定义、特点、专业术语，特许经营的本质、起源，国外特许经营的发展进程，国内特许经营的发展进程和趋势等，希望读者能对特许经营有初步的认知。

知 识 目 标

1. 掌握特许经营的定义。
2. 掌握特许经营的专业术语。
3. 掌握特许经营的本质。
4. 熟悉特许经营的特点。
5. 了解特许经营的起源。
6. 了解国外特许经营的发展进程。
7. 了解国内特许经营的发展进程和趋势。

能 力 目 标

1. 能够通过学习特许经营的发展进程，总结特许经营模式的发展特点。
2. 能够对比国内外特许经营发展的异同。

素 质 目 标

1. 培养谦虚好学、爱岗敬业、团队合作的精神。
2. 培养通过网络收集相关资料的信息技术应用能力。

案例导入

大熊猫国家公园（四川）首批原生态产品获特许经营授权

2022年3月23日，大熊猫国家公园（四川）原生态产品特许经营商家座谈会召开。此前，大熊猫国家公园（四川）首批原生态产品备案已正式获得特许经营授权。大熊猫国家公园四川省管理局授权该批生态产品可使用"大熊猫国家公园"商标及带有防伪功能和数字编码的标识。

根据《大熊猫国家公园特许经营管理办法（试行）》规定，大熊猫国家公园特许经营范围包括餐饮、住宿、生态旅游、低碳交通、文化体育、森林康养、商品销售及其他服务领域。使用大熊猫国家公园品牌及标识开展生产经营活动属于特许经营管理范畴。

《大熊猫国家公园四川省管理局关于对大熊猫国家公园原生态产品备案的批复》提出，各分局可联合第三方公益机构或其他监督机构，制作带有"大熊猫国家公园"商标及具有防伪功能的标识，可采取分批次授权方式用于以上备案的产品或在产品包装盒上使用，也可联合第三方公益机构或其他监督机构加强对已通过备案的获证单位的监督管理和跟踪检查。对原生态产品产地环境、投入品使用、产品质量、包装标识等执行情况进行监督检查。同时，获得备案管理的企业应当严格执行原生态产品产地环境、生产技术和质量安全控制标准，建立健全质量控制及生产、销售记录制度，并对其生产的原生态产品的质量和信誉负责。任何单位和个人不得伪造、冒用、转让、买卖"大熊猫国家公园"标识及其防伪码。

大熊猫国家公园成都管理分局相关负责人介绍，大熊猫国家公园四川省管理局根据认定情况对每个上报单品授权使用"大熊猫国家公园原生态产品"标识都进行了严格的数量限制。为指导商家合法合规使用，经与法律机构、相关方商议，大熊猫国家公园成都管理分局还拟制了《大熊猫国家公园原生态产品标识与防伪码使用承诺书》，以督促商家保证产品质量、维护大熊猫国家品牌形象。

（资料来源：王琳黎. 大熊猫国家公园（四川）首批原生态产品获特许经营授权[N]. 成都日报，2022-03-23（2）.）

国家公园特许经营

思考与讨论：

（1）什么是特许经营？

（2）生活中你了解的特许经营有哪些？

 知识要点

一、特许经营概述

（一）特许经营的定义

特许经营（franchise），本义指"特别的权利"。每个国家对特许经营定义的表述都不太一样。我国自2007年5月1日实施的《商业特

特许经营的含义、特征及本质

许经营管理条例》将特许经营定义为：拥有注册商标、企业标志、专利、专有技术等经营资源的企业（又称特许人），以合同形式将其拥有的经营资源许可其他经营者（又称被特许人）使用，被特许人按照合同约定在统一的经营模式下开展经营，并向特许人支付特许经营费用的经营活动。

国际特许经营协会（International Franchise Association，IFA）将特许经营定义为：特许人和受许人之间的合同关系，根据合同，特许人向受许人提供一种独特的商业经营特许权，并给予人员训练、组织结构、经营管理、商品采购等方面的指导与帮助，受许人向特许人支付相应的费用。这一定义是使用比较广泛的定义。

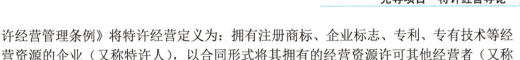

读一读

欧洲特许经营联合会对特许经营的定义为：特许经营是一种营销产品和（或）服务和（或）技术的体系，特许人和单个受许人在法律和财务上相互独立，但他们之间保持紧密和持续的合作，受许人依靠特许人授予的权利和义务，根据特许人的概念进行经营。双方通过直接或间接的财务上的交换，受许人可使用特许人的商号、商标、服务标记、经营诀窍、商业和技术方法、持续体系及其工业或知识产权，在经双方一致同意而制定的书面特许经营合同的框架和条款内进行经营。

（二）特许经营的特点

（1）特许经营是一种特许人和受许人之间的合同关系。特许人和受许人通过签订特许经营合同，确定各自的权利和义务。

（2）特许人拥有商标、企业标志、专利、专有技术等经营资源。

（3）特许人授权受许人使用其经营资源，在统一经营模式下经营。

（4）受许人向特许人支付相应的费用。

（三）特许经营的专业术语

1. 特许人

特许人（franchisor）也称盟主，是指将特许权授予出去的主体，即在特许经营活动中将自己所拥有的商标、商号、产品、专利和专有技术、经营模式及其他营业标志等授予受许人使用的一方，通常为法人。

我国特许经营管理相关管理条例中一般使用"特许人"的说法，企业界则常用"加盟总部"这一说法。

2. 加盟商

加盟商（franchisee）也称加盟者、被特许人、受许人，是指获得特许人的商标、商号、产品、服务、标记、专利和专有技术、经营模式或其他营业标志使用权的独立法人或自然人。

3. 特许权

特许权（franchise）指特许人（加盟总部）所拥有的商标、商号、CIS（corporate identity system，企业形象识别系统）、专利、经营诀窍、经营模式等无形资产及配套的有形产品、无形服务等，这也是广义的特许权的概念。狭义的特许权仅包括商标、商号、CIS、专利、经营诀窍、经营模式等无形资产。

4. 特许经营总部

特许经营总部（headquarter）简称总部，是受特许人的委托，代表特许人建立、发展、运营和管理特许经营体系的机构，是特许经营体系中不可或缺的子系统。

5. 直营店

直营店（company-owned outlet）是由特许人或经特许人授权的企业投资控股并统一管理经营的店铺。

6. 加盟店

加盟店（franchise outlet）是指在特许经营中，加盟商获得特许人授权后，使用其经营模式、注册商标、企业标志、专利、专有技术等经营资源建立的店铺。

7. 样板店

样板店（pilot outlet）又称示范店，是指特许人挑选的能够全面展示特许品牌形象，作为特许人显示新产品及新营销模式的实验基地，同时供加盟商参观、学习、体验和接受培训的店铺。

（四）特许经营的本质

特许经营的本质如图 0-1 所示，具体内容如下。

（1）特许经营是以知识产权的许可使用为核心的产权交易，是特许人和受许人为了达到双赢而实现的一种利益交换。特许人将其产权按照特许合同的规定出借给受许人，并在受许人使用特许权的过程中获取收益（特许经营权使用费）。受许人则通过签订特许经营合同加盟一个特许经营体系，从而获得在一定的区域和时间内对特许人的产权行使使用权的权利，并在使用中获取收益。在这个过程中，特许人要想持久获利下去，就必须保证受许人的利益，从而实现双赢。

（2）特许经营是一种个人创业方式。特许经营的本质是一种创业活动，活动的主体是受许人。人的职业生涯可以有多种，但基本可以分为受雇就业和个人创业。个人创业又分为独立创业和特许加盟创业。独立创业职业生涯的方向和发展完全由自己把握，并由自己承担风险和责任。特许加盟创业是在特许人的巨大支持背景下的创业，其成功的概率远远大于独立创业。

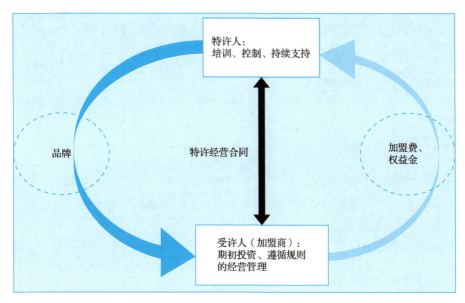

图 0-1 特许经营的本质

美国商务部的一项研究表明，在美国特许加盟创业的成功率要比独立创业高得多，具体如下：在以 3 年为限的考察期里，大约 80% 的独立创业公司失败了，许多独立创业公司甚至仅存在不到 1 年。相比之下，仅有不到 2% 的特许加盟创业企业在 3 年的时间里失败。因此，在美国特许加盟创业已经成为个人创业，特别是青年人创业的主要方式。在我国，也有越来越多的年轻人采用特许加盟创业的方式。不仅如此，特许加盟创业还在许多方面与独立创业存在明显的差异，如表 0-1 所示。

表 0-1 独立创业与特许加盟创业对比

独立创业	特许加盟创业
强调创新	强调学习
要求高度独立	要求高度认同
要求快速应变	要求高度专注
要求独立承受较大风险	可以与特许人分担风险
要求自己拥有较多的资源	要求较强的学习能力
要求自己拥有多方面的技能	要求善于挖掘和利用特许人的资源

（3）特许经营是一种投资方式。特许经营本质上也是一种投资活动，活动的主体是受许人，其活动本身符合一般的投资规律。虽然同属于投资活动的范畴，但特许经营与其他几种个人投资方式存在明显的差异，投资方式对比如表 0-2 所示。

表0-2　投资方式对比

项目	投资方式		
	特许经营	入股实业	购买上市股票
投机性	无	弱	强
退出机制	合同约束	不能退出，只能转让	随时可以退出
参与经营管理	全程直接参与	部分参与	不参与
投资回报	平实、明确且可控	较高且明确，但不可控	不明确且不可控
投资回收期	短	长	不确定
投资风险	很小	大	很大

想一想

假如你要创业，那么你会选择哪种创业方式？为什么？

二、国外特许经营的发展

（一）特许经营的起源

特许经营最早诞生于 19 世纪中叶的美国。南北战争之后，美国迅速在全国范围内建立了庞大的铁路系统，形成了四通八达的交通运输网络。交通运输的便利，极大地推动了美国国内统一市场的形成。南北战争后，美国南方奴隶制度的废除解放了大量的劳动力，与此同时，美国制造业率先采用机器零部件标准化生产，提高了机器普及率，使制造业的劳动生产率不断提高，使商品数量激增、消费量相应上升。这些都对美国的流通业提出了新的要求，促使零售贸易发生了相应变化，出现了多种新型零售模式。美国的连锁商业正是在这样的背景下应运而生的，美国连锁经营商业模式产生的背景如图0-2所示。

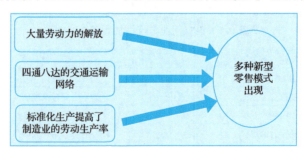

图0-2　美国连锁经营商业模式产生的背景

（二）国外特许经营的发展进程

1. 特许经营产生的第一阶段

特许经营产生的第一阶段（即萌芽期）是 19 世纪 40 年代至 20 世纪初。

真正的商业特许经营开始于 19 世纪 40 年代，当时欧洲的一些主要啤酒酿造商将销售啤酒的专卖权授予一些小酒店，自己则专注于啤酒的酿造。1859 年，美国的乔治·吉尔曼（George Gilman）与乔治·亨廷顿·哈特福特（George Huntington Hartford）在纽约创办了大美国茶叶公司。6 年后，这家公司已经发展了 26 家连锁店，全部经营茶叶。1869 年，大美国茶叶公司更名为大西洋和太平洋茶叶公司，它的连锁店已越过阿巴拉契亚山脉，延伸到更远的地方。到 1880 年，该公司已经发展到 100 多家分店。大西洋和太平洋茶叶公司是直营连锁的鼻祖，其经营方式是连锁经营在杂货业的尝试，它的成功吸引了很多企业效仿，其他的茶叶公司也相继建立了连锁商店，还有人用同样的方法经营别的杂货。

　　与此同时，胜家缝纫机公司（以下简称胜家）为了推广其缝纫机业务，开始授予其他公司缝纫机经销权，在全美各地设置加盟店。因为当时胜家推出的缝纫机是新产品，人们对该产品的优势性能认识不够，需要在销售过程中教会顾客使用胜家缝纫机的各项功能，所以缝纫机的销售工作非常困难。为此，在 1865 年胜家尝试以特许经营方式建立分销网络，它以 5000 美元的价格转让个体特许经营权。加盟者不仅要接受如何使用胜家缝纫机的全套培训，还要接受如何经营一家缝纫中心的培训，包括分店的经营管理、市场等方面的课程培训和建议。胜家最终成功打开了零售市场，营业额大幅攀升，很快称霸全美缝纫机销售市场。胜家的成功让人们看到了特许经营的魅力，不少其他行业的厂商纷纷效仿，像胜家一样在美国建立全国性的特许经营网络。胜家撰写了第一份标准的特许经营合同书，这被公认为具有现代意义的特许经营起源。

　　2. 特许经营发展的第二阶段

　　特许经营发展的第二阶段是 20 世纪初至 20 世纪 30 年代。

　　20 世纪初，特许经营在汽车业和饮料业中发展最为顺利。当时美国的大型产业，如以福特为代表的汽车制造商第一个开发出现代化生产设备——流水生产装配线，使得汽车的生产效率大大提高。大量的产品要求相应提高销量，而当时的汽车厂家把主要精力放在改进生产技术、提高产量及取得规模经济效益等方面，缺乏足够的资金来建立自己的零售网点，于是它们便委托寄售代理机构，指定某些分销商在特定的地区销售自己的产品。这种分销制度帮助汽车制造商解除了后顾之忧，很快得到普及。

　　另一个广泛应用特许经营来分销产品的行业是饮料行业。饮料生产简单，但要将该地生产的饮料及时运送到全国各地有一定的困难，且运输成本高。为了解决这些矛盾，一些饮料公司受特许经营方式的启发，授权给销售地的工厂，允许它们按照饮料公司的配方生产饮料，生产出来以后使用饮料公司的商标就地销售。这种方式使饮料公司的业务拓展取得巨大的成功，如今美国著名的饮料公司——可口可乐和百事可乐，就是在 20 世纪初通过这种方式迅速崛起的。

　　这一时期的特许经营主要集中在商品流通领域，其特点是以产品的分销权、产品商标的使用权为特许经营授权的主要内容。被授权的加盟商除销售产品外，还负责向客户提供售前和售后的服务，并且被禁止销售竞争者的产品。这反映出这一时期社会化大规模生产对于社会化大规模分销的要求。当时众多的产品制造商一方面缺少建立产品零售专卖店的资金，另一方面需要将产品尽快销售出去以回笼资金投入再生产，于是借助经销商的资金来建立自己的分销网络成为大势所趋。

3. 特许经营发展的第三阶段

特许经营发展的第三阶段是 20 世纪 40—70 年代。

1）特许经营发展的第三阶段的主要表现

特许经营进入了一个全面发展的时期，并且在众多行业展开，其主要表现如下。

（1）以麦当劳、肯德基等为代表的快餐业和以洲际酒店集团、Travelodge 等为代表的酒店业特许经营开始兴起，紧随其后的还有商务清洗业等，这些行业大大推动了特许经营进入消费及商务服务领域的步伐。

（2）第二次世界大战之后，美国政府推行了支持特许经营的发展计划。因为战争使很多年轻人失去了上学机会，所以战后这些年轻人的就业成为社会问题，于是美国政府帮助退伍军人利用手中的转业费加盟创业，从而大大推进了美国特许经营的发展。

（3）1960 年，国际特许经营协会在美国成立，特许经营作为一股新兴的商业发展力量，正式登上社会经济的舞台。

（4）1979 年，美国联邦贸易委员会（Federal Trade Commission，FTC）颁布了 436 号法令（FTC Rule），对特许经营正式立法。FTC Rule 主要用于保护加盟投资人的利益不受侵犯、防止特许经营诈骗。从这个意义上讲，FTC Rule 的颁布实际上标志着特许经营正式作为一种投资方式被全社会所接受。

（5）在这一时期，美国许多大学开设了特许经营课程，甚至开办了特许经营管理学院。特许经营开始成为一门新兴的学科。

2）特许经营发展的第三阶段的特点

这一时期特许经营的特点如下。

（1）特许经营授权的内容除了产品和服务的经销权、商标的使用权，还增加了单店经营模式和运营管理体系的使用权。

（2）特许人在为受许人提供更多培训的同时，大大加强了对受许人的管理和控制，实行统一管理，从而保证特许人品牌的核心竞争力。

4. 特许经营发展的第四阶段

特许经营发展的第四阶段是 20 世纪 80 年代至今。

从 20 世纪 80 年代开始，计算机网络通信技术在商业上得到广泛应用，同时出现了现代化大规模的物流配送，这促进特许经营在全球范围内进入迅猛发展期。在这个时期，一些发达国家的特许连锁经营不但在发展速度上超过了正规连锁经营和自由连锁经营，而且特许连锁经营的国际化趋势不断加强，许多特许经营集团将业务拓展向海外。更引人注目的是，特许经营行业日益多样化，从原先主要集中于零售业和餐饮业，转而向新行业进军，其范围进一步渗透到各种服务业。

在这期间，国际上的一些优势企业开始将其成熟的品牌商品、管理模式、技术手段、文化理念和服务体系，以特许经营合同的形式输出，脱离了自有资本的规模限制，迅速在全球范围内把不同的投资主体汇集在一起，形成一个统一经营联合体。这种经营模式绕过了进入国投资领域的限制，规避了投资风险，产生了简单合资性企业集团难以超越的规模效益，创造了一次新的"全球性商业革命"。国际特许经营协会提供的数据显示，全球范围内平均有14%的本土特许经营企业在海外发展了特许加盟业务。1985—1995年，美国特许经营企业发展的加盟商，有48%来自美国本土以外。

在这期间，特许经营也第一次跨出一般的商业领域，进入非营利性组织的市场化运作中，奥运会特许经营项目就是最典型的例证。奥运会特许经营是指奥林匹克运动会组织委员会（以下简称奥组委）授权合格企业生产或销售带有奥组委标志、吉祥物等奥林匹克知识产权的产品。奥运会特许计划旨在推广奥林匹克理念和奥运品牌，为公众提供接触奥运的机会，激发公众的奥运热情。同时，被授权的企业要向奥组委交纳一定的特许经营权使用费，以此为奥运会的举办做出贡献。奥运会特许经营始于1984年的洛杉矶奥运会，该次奥运会的特许权收入占到总收入的21.6%，达到1.34亿美元，共有65家企业获得特许经营权。

今天，随着移动互联网和数字化时代的到来，传统的生产方式和生活方式都发生了根本性的变化。在中国，各行业利用互联网、数据技术和移动支付，正在构建全新的特许加盟管理和运营体系，以数字化为核心特征的特许经营时代已经到来。

▶ 读一读

20世纪50年代，以餐饮业为代表的特许经营已经将特许经营模式带到了一个新的发展阶段。在此之前，各特许经营加盟总部的加盟店除了店名相同及产品相似，其经营是各行其道的，且服务和产品质量参差不齐，影响了发展，甚至遭受了失败。肯德基、麦当劳的创业者为了避免重蹈它们的覆辙，在授权给加盟商时采用了一种全新的管理制度，即要求所有加盟店出售的食品、饮料及服务品质是完全一致的，就连店面装修设计、营业员的服装都严格要求一致。为了监督各加盟店的经营，加盟总部常派人暗地检查，如果发现违规的门店，就会给予其处罚或取消特许经营权。事实证明，这种管理方法相当成功。

此时，商品商标特许经营也开始向经营模式特许经营转变。

三、国内特许经营的发展进程和趋势

（一）国内特许经营的发展进程

20世纪80年代末和90年代初，以特许经营方式风靡全球的麦当劳和肯德基相继进入中国，它们在给中国带来"快餐"新概念的

特许经营的发展历史

同时，也带来了"连锁经营"新理念。随后，中国的一些企业如天津"狗不理包子"、上海"荣华鸡"等借鉴国外经验，率先尝试以特许经营方式开展业务，但由于经验不足、管理尚不规范，它们在扩张过程中遇到了一些困难，不久便沉寂下来。

20世纪90年代中期，中国特许经营开始快速发展。连锁经营方式已开始向直营连锁与特许连锁相结合的方向发展。连锁经营逐步由零售业、快餐业向专业店、专卖店、百货店、快餐店等多种业态渗透。以李宁、全聚德为首的企业（包括华联、联华、东来顺、马来拉面、荣昌洗染等）都开始迅速发展特许经营加盟店。1997年，我国出台了《商业特许经营管理办法（试行）》（已失效），这标志着特许经营正式步入法规管理的轨道。2007年，《商业特许经营管理条例》颁布实施，标志着特许经营逐步走向规范、健康发展之路，并形成了一批具有一定规模和实力、覆盖各行业和业态的知名特许经营企业。自20世纪末以来，中国各地特许经营展会层出不穷，大型展会的参展企业不断增多，一些国外知名的特许经营企业纷纷利用展会进入中国市场，特许经营在中国呈现迅猛发展的态势。

中国特许经营协会统计资料表明，2019年，从地域分布看，在一线城市已发展成熟的基础上，二线城市、三线城市已成为特许经营市场拓展的核心区域。伴随消费市场的发展、配套服务的完善，四线城市正快速成为特许市场发展的区域。从行业分布上看，中国特许经营体系主要分布在餐饮、服装服饰专卖、珠宝首饰专卖、便利店、西式快餐、酒店住宿、汽车养护维修、家居用品、休闲食品、水果、中式快餐、家装、熟食专卖、文具专卖、早教、美容美体、生鲜专卖、药品专卖、职业培训、正餐、房屋中介、母婴专卖等行业。

同国外从第一代商品商标型特许经营起步不同，中国的特许经营从一开始就是以第二代特许经营即经营模式特许为主。中国的特许经营主要起步于第三产业中的零售业、餐饮业和服务业。

近几年，海外特许经营品牌进入中国后发展速度明显加快，这一方面得益于中国政策环境的改善，另一方面则是中国特许经营市场稳步发展的结果。海外特许经营品牌的进入不仅带来了新的商业概念，拓宽了特许经营行业和业态的覆盖面，还带来了更先进的管理技术和营销手段，促进了特许经营整体水平的提高，同时启发中国企业采用特许经营的方式走出国门、融入全球竞争。国内有意向海外发展的特许经营品牌数量明显增加，目前已经走向海外市场的特许经营品牌有全聚德、马兰拉面、小天鹅、谭木匠等。伴随着中国特许经营品牌的进一步成熟，会有越来越多的企业参与到国际竞争中。

> **读一读**
>
> 特许经营的英文含义来自欧洲封建时期君主赋予个人的某些特殊权利。国王授予贵族领地，贵族享有领地内的行政管理权和征税权，也享有酿酒和销售酒、与殖民地开展贸易等权利。相应地，贵族将部分税收及经营利润上缴给王室，这部分费用当时被称作royalty。今天，royalty已经被赋予"特许经营权使用费"的含义。
>
> 在中国封建社会，政府很早就将盐、铁、茶等生意授予民间商人来经营，实行"特

殊许可经营"制度。

　　由此可以看出，无论是国外还是国内，特许经营的概念最早都源于政府将自己的某些专属权利授予私人或商家使用，本质上是一种政府的行政许可，称为"政府特许经营"。后来这种概念被商家借用，他们把自己的某些专属权利授予其他个人或商家来使用并从中获利，从而形成所谓的"商业特许经营"。本书中的特许经营是指"商业特许经营"。

（二）国内特许经营的发展趋势

　　当前，消费者已不仅仅满足于追求性价比，对商品服务品质、个性的要求越来越突出，不断拓展服务消费、信息消费、绿色消费等新的消费领域和热点，新型消费模式和领域逐步成为新的经济增长点。特许经营在传统零售、生活服务业中发展的同时，也开始应用于电商企业新型服务商，并通过业态创新和市场细分取得了较快发展。随着新一代消费者消费能力的不断提高，品牌的影响力日益提升，未来中国特许经营市场将取得更大的发展。

　　电商企业新型服务商将以数字化为核心特征，引发特许经营体系重构。与传统特许经营相比，由多层的线性构架转化为单层的平台型构架是数字化特许经营最根本的特征。

　　（1）由特许经营总部-加盟店-消费者的连接模式，演化为特许经营总部-消费者的直接连接。

　　通过微信服务号、App、小程序等社交网络平台，特许经营总部可以跨越加盟商独立地与消费者建立连接。同时，移动支付形成的链接机会、其他流量平台及门店线下流量的转化，也为特许经营总部建立会员系统和客户管理系统提供了低成本、高效率的工具和途径。此外，特许经营总部可以利用数据挖掘等消费者洞察工具，开展精准营销。

　　在建立线上流量平台的基础上，特许经营总部可以把线上流量分配给加盟商，增加其生意机会。同时，特许经营总部可以导入O2O（online to offline，线上到线下）业务，利用加盟店实体网络，直接为最终客户提供产品和服务。

　　（2）借助产品和服务的数字化，特许经营总部为加盟商提供更先进的管理工具和服务工具，帮助其改进质量、提高效率。

　　数字化的一个优势是优化加盟商管理。以前特许经营总部主要依靠人力优化和冗长的管理手册对加盟店进行支持和督导，其缺点是成本高、可控性差、门店服务质量不稳定。利用数字化工具和解决方案，特许经营总部对加盟店的选址、选品、人员表现、现场管理将变得高效和专业，并且可以实现千店千面。在不久的将来，特许经营企业可以做到以下几点：每个加盟店的选址都由特许经营总部决策，每个加盟店的商品和定价都由特许经营总部掌握，每个加盟店的员工都由特许经营总部直接管控。

　　（3）借助数字化进一步提升消费者体验。数字化可以简化、优化门店的服务流程，使顾客的到店体验得到进一步改善，如提供更多的产品选择、到家服务、O2O业务等，丰富加盟店的服务功能，让顾客可以享受线上线下、随时随地的产品和服务。

总之，在新的经济形势下，特许经营发展呈现出一些新的特点，也面临一些新的问题。中国的特许经营企业需要不断探索和实践，顺应当前经济发展趋势，找到适合本土市场的发展道路。

 典型案例分析 ────────────────────────

特许加盟是不是大学生的"菜"

即将毕业的大学生刘哲没有着急找工作，而是在寻找创业项目。因为他在大学 4 年中有过创业经历，所以衡量了创业风险后，想找一个连锁加盟的项目创业。

奶熊奶茶市场总监肖良忠认为刘哲的计划可行，"大学生社会经验少，工作经历不够，选择加盟创业会降低创业风险、节省创业时间"。但他同时告诫那些准备参与连锁加盟创业的大学生："加盟之前一定要仔细考察，不可过于冲动，选择实力强、口碑好的品牌，避免上当受骗。"

"现在介绍特许加盟基础知识的书籍很多，建议大学生在做之前先学习一下基础知识。"《中国连锁》杂志运营总监张学军认为，创业者应该首先学习如何与特许人签订特许经营合同，了解哪些收费是合理的、哪些杜撰的概念是违反常规的，"一些从商多年的人都可能受骗，大学生的鉴别能力会更弱一些"。

大学生加盟创业有不少成功案例。

有统计数据显示，在欧美等发达国家，70%以上的商业企业是以特许加盟模式运作的，尤其是在美国，95%的特许加盟创业是成功的，而独自创业失败率为 80%。

肖良忠认为，选择品牌加盟有几个好处：一是有品牌影响力，二是有公司的平台进行指导，三是有加盟顾问进行创业指导。同时，特许人也会给加盟商一些支持，包括品牌支持、开店指导、后期的产品更新、店面营销等。

刚刚毕业的大学生双华勤经营着一家饰品连锁店。在创业初期选择饰品的加盟品牌时，双华勤发现有不少可选择的企业，经过调查比较，他选择了一家全国加盟门店数量最多的企业。"我去考察的时候得知，这家公司刚刚获得了一笔投资，我认为这家公司有前景，因此直接考察这家公司的实体店。"

双华勤坦言，他一直有顾虑，主要的担心是投资能不能赚回来。在市场调研时他发现厦门大学附近还没有这种饰品店，并且近年政府准备在附近建一个大学园区，很多学校会进驻，市场前景比较乐观。此外，门面的租金非常少，他得意地说："你想想，地理位置非常好的店铺，租金每年才 1.5 万元。"

对于加盟连锁能不能成功，双华勤也是"赌了一把"。在考察市场时，双华勤就知道在同一区域已经有人参与竞争，他咨询所加盟品牌的客服后，得知如果已经有人在这里开店，他就不能再开该品牌的店，他果断决定加盟，通过互联网给特许人汇去 4000元。他告诉中国青年报记者："我爸都怀疑我被骗了，我虽然有 90%的把握没被骗，但也有 10%的怀疑。但我感觉公司的官方网站很正规，客服也很耐心地介绍加盟事宜，于是就想赌一把。"

黑龙江农垦职业学院毕业的唐鹏翔加盟了一家咖啡店品牌，但他通过和特许人协商，没有复制加盟商的统一风格，而是聘请设计师另行设计，获得了很好的效果。

目前，成功把连锁店运转起来的大学生创业者已经有很多，肖良忠说："在我们的加盟商中，大学生创业者大约占 20%。"

（资料来源：陶涛，谢宛霏. 特许加盟是不是大学生的"菜"[N]. 中国青年报，2013-02-25（19）.）

案例思考：

（1）特许加盟是不是大学生的"菜"？为什么？

（2）大学生在加盟创业中要把握哪些问题？

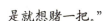

思考与练习

一、名词解释

特许经营；特许人；加盟商；直营店；加盟店；样板店

二、简答题

1. 简述特许经营的特点。
2. 简述特许经营的本质。
3. 简述国外特许经营的发展进程。
4. 简述国内特许经营的发展进程。

项目一 特许经营体系与利益机制

项 目 导 学

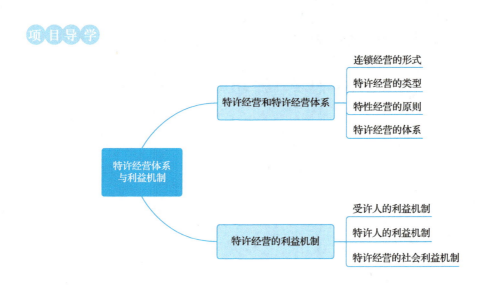

特许经营体系与利益机制

特许经营和特许经营体系
- 连锁经营的形式
- 特许经营的类型
- 特性经营的原则
- 特许经营的体系

特许经营的利益机制
- 受许人的利益机制
- 特许人的利益机制
- 特许经营的社会利益机制

任务一 特许经营和特许经营体系

▎任务目标

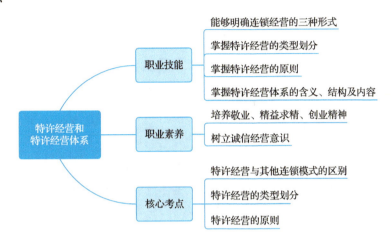

▎任务导入

1987 年，第一家肯德基中国快餐店在北京前门大街开业，当时中国人对特许经营并不熟悉。肯德基不仅给中国人带来了西式快餐的概念，还带来了一种全新的经营方式。此后，肯德基快餐店如雨后春笋般迅速在中国各大城市发展起来。1992 年年底，肯德基在中国开店 10 家。1996 年 6 月，肯德基第 100 家店在北京开业。截至 2023 年，肯德基在中国的门店已经突破 10 000 家。今天，特许经营作为连锁经营的一种经营管理方式几乎涵盖了所有行业，不但成为世界上许多商品和服务领域的主导力量，而且被视为商业活动中最富有活力和最具成长潜力的经营方式。人们耳熟能详的可口可乐等全球知名企业都是特许经营的践行者。那么特许经营是一种怎样的经营模式？它的魅力何在？

特许经营与其他
模式的区别

▎任务解析

作为相关从业人员，我们需要对特许经营一探究竟。特许经营是如何发展起来的？特许经营是一种怎样的经营模式？如何定义特许经营？特许经营有哪些具体的经营模式？特许经营与其他经营模式有怎样的区别？

 知识要点

一、连锁经营的形式

连锁经营是指经营同类商品或服务、使用统一商号的若干店铺，以一定的形式组成一个联合体，在整体规划下进行分工，并在分工基础上实施集中化管理，以共享规模效益的经营形式。

连锁经营最初是以直营连锁形式出现的，随着市场的发展，逐渐形成了直营连锁、自愿连锁和特许经营三种形式并存的局面。

（一）直营连锁

直营连锁（corporate chain）又称正规连锁，是指连锁店铺由连锁公司全资或控股开设，在总部的直接控制下，开展统一经营的连锁经营形式。加盟总部对各门店实施人、财、物及商流、物流、信息流等方面的统一管理。直营连锁利用连锁组织集中管理、分散销售的特点，充分发挥了规模相应效益，是连锁经营的基本形态。

直营连锁具有以下特征。

1. 所有权统一

所有门店都归总公司所有，都是同一投资主体投资开办的门店，各门店不具备独立的法人资格。所有门店都是同一投资主体开设的门店是直营连锁与自愿连锁、特许经营的最大区别。

2. 经营管理集中

除统一所有权外，加盟总部对各门店拥有经营权、监督权，实施人、财、物与商流、物流、信息流等方面的集中统一管理，门店业务必须由加盟总部安排实施。加盟总部需要设置分工明确的内部管理机构和规范的门店管理机构，联结总部各职能部门和门店，以统一运作。

3. 财务核算系统统一

各直营连锁门店的店长、员工都属于连锁公司的雇员，由加盟总部委派或招聘，其工资、奖金由加盟总部确定，整个连锁公司实施统一的核算制度。门店店长无权决定店内利润分配。

4. 经营标准化

各门店规模、店容店貌、经营品种、商品档次、销售价格、服务水平等都高度统一。直营连锁采用高度集权管理，可以统一调度资金、统一经营战略、统一管理人事、统一开发和利用企业的整体性资源，因其具有雄厚的实力，故易于同银行等金融机构及生产厂家打交道，拥有较大的谈判优势。在新产品的开发和现代化管理系统的推广方面，直营连锁也能发挥整体优势。

直营连锁以单一主体和单一资本扩大市场，易受资金、人力、时间等方面的影响，发展规模和速度有限。此外，各门店自主权小，所有权和经营权分离，利益关系不紧密，因此其积极主动性、创造性等都难以充分发挥出来。

（二）自愿连锁

自愿连锁（voluntary chain）又称自由连锁，是指若干个店铺或企业自愿组合起来，在不改变各自资产所有权关系的情况下，以同一个品牌形象面对消费者，以共同进货为纽带开展的连锁经营形式。

自愿连锁最初是指中小企业为了保护自己的利益而结合成事业合作体，通过联合获得规模效益，以便同大企业抗衡、争夺市场。各成员店是独立法人，具有高度自主权，只是在部分业务范围内合作经营。

自愿连锁主要有三种形式：第一种是几家中小企业联合为龙头企业，开办自由连锁的总店，然后吸收其他中小企业加盟，建立统一的物资配送中心，可以通过分店集资使资金集中；第二种是由某个批发企业发起，与一些具有长期稳定交易关系的零售企业在自愿的原则下结成连锁集团，以批发企业作为加盟总部，承担配送和服务指导的职责；第三种是以大型零售企业为龙头企业，开办自由连锁总店，利用大企业的进货渠道、储运设施等方面的优势吸引中小企业加盟。

自愿连锁具有以下特征。

1. 成员店所有权、经营权和核算权独立

各成员店资产归门店经营者所有，独立核算，自负盈亏，自主安排人事，在经营品种、经营方式、经营策略上也有很大的自主权，只需要每年上交一定费用给加盟总部，以此获取合作产生的规模效应。

2. 加盟总部和成员店关系的实质是合作

自愿连锁的加盟总部和成员店之间是互助互利的关系。加盟总部应遵循共同利益原则，协调各方关系，致力于实现规模效应。

自愿连锁加盟总部的职能如下。

（1）制订大规模销售计划。

（2）组织共同进货。

（3）联合开展广告宣传等促销活动。

（4）提供业务指导，包括店内装修、商品陈列等。

（5）物流管理。

（6）教育培训。

（7）信息反馈。

（8）资金融通。

（9）开发店铺。

（10）财务管理咨询。

（11）劳保福利管理。

（12）劳务管理。

自愿连锁联合经营可以降低成本、提高利润、实现规模效应，具有较好的灵活性，可以保持独立小商店的某些经营特色。自愿连锁门店的独立性强、自主性强，有利于调动各门店的积极性和创造性。

维系自愿连锁经济关系的纽带是合约，合约通常是通过民主协商确定的，约束力较弱。自愿连锁企业也常因过于民主而决策缓慢，竞争力相对受到影响。同时，因为各门店的独立性强，所以加盟总部集中统一运作的作用受到限制，组织不够稳定，发展规模和地域有一定的局限性。

（三）特许经营

特许经营具有如下特征。

1. 特许经营的核心是特许经营权的转让

加盟总部将自己实践过、凝结创新的无形资产特许给加盟商使用。这些无形资产包括商标、专利、商业技术、商业秘密、技术秘密、经营诀窍等，如果加盟总部没有形成这些无形资产，就不会出现特许经营模式。这些无形资产都属于知识产权范畴，因此特许经营实际上是知识产权的转让。

产品和服务可以模仿，但缺少已经被公认的商标，就很难被消费者接受；没有验证成熟的技术、经营诀窍、管理系统，就无法保证有同样的经营水平。因此，接受已经成熟的特许经营权的转让对于加盟商来说是更稳妥的方法。

2. 加盟总部与加盟店之间的关系是合约关系

特许经营加盟总部与加盟店之间的关系是以特许经营合约为基础的。加盟总部与加盟者之间签订一份协议书，根据协议加盟总部被称为特许权所有人或特许人，加盟者被称为特许权使用人或受许人（被特许人）。协议签订后就具有了法律效力，将加盟总部和加盟者紧密联系在一起。

根据合约，在加盟总部的授权下，加盟店可以使用加盟总部的全套经营体系。加盟总部可要求加盟店按照自己的模式去经营，并对加盟店有监督的权利，同时需要履行指导、培训加盟商的义务及合约规定的其他义务。

3. 所有权分散，经营权集中

在特许经营体系里，加盟者出资购买加盟总部开发的产品、服务、商标和经营模式，是资产的所有者，拥有加盟店的所有权。尽管特许经营的所有权是分散的，表面上与直营连锁相似，但经营权高度集中于加盟总部，对外形成统一资本经营的形象，使公众把加盟店看作加盟总部的有机组成部分。其中既有自营的连锁门店，也有特许的连锁门店，只有加盟总部清楚两者的区别，消费者是无法分辨清楚的。

4. 加盟总部提供特许经营权许可和经营指导，加盟店支付费用

一旦加盟总部和加盟者签订特许经营合同，加盟者就获得了使用加盟总部特有的商标、店名和字号的许可，可以开始进行生产、加工、销售或提供服务等商业活动。加盟总部在合约有效期内应持续提供各种指导和帮助，帮助加盟者了解、吸收和复制其特殊技术，使其在加盟店开业后能尽快获得收益。

加盟者在取得这些权利的同时要向加盟总部交纳一定的费用。一般情况下，加盟者在签订特许经营合约时要一次性交纳一笔加盟费，各特许组织的加盟费视自身情况而定。对于加盟总部提供的指导、服务，统一开展的广告宣传，加盟店也须按合同规定向加盟总部交纳特许经营权使用费、广告费等费用。

总之，特许经营成功的关键在于，加盟店可以利用加盟总部的经营资源迅速发展，加盟总部也可以利用加盟店迅速扩大市场、提高利润。双方通力合作，将彼此的利益紧密连接，只有这样，才会有更好的发展前景。

> ▶ **想一想**
>
> 有人说，特许经营是种"一本万利"的模式。这里的"本"不是本钱的"本"，"利"也不是利润的"利"，而是指一个"基本"的模式被"一万次"地利用，即将一个店铺的盈利模式无限复制。你是如何理解这段话的呢？

二、特许经营的类型

（一）按特许经营权的内容划分

1. 商品商标型特许经营

商品商标型特许经营（product and trademark franchising）是指加盟店使用加盟总部的商标、生产方式和营销方式来生产和销售加盟总部的产品的经营方式。在合同期间，加盟店定期向加盟总部支付费用。一般来说，加盟店可保留原有的商业企业商号，单一或在销售其他产品的同时生产、销售加盟总部拥有商标所有权的产品。

商品商标型特许经营由来已久，最早是指代理商为制造商代理某种产品，如我国常见的经销商模式。随着市场的扩大，代理商逐渐集中为某个制造商服务，像是制造商的一个销售部门，代理商与制造商形成类似子公司和母公司的关系，产生了最初的特许经营，它也被称为"第一代特许经营"。如今，这种特许经营模式又演变出其他几种形式（图1-1）。

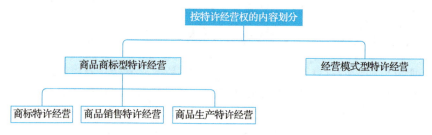

图 1-1　按特许经营权内容划分的特许经营类型

1）商标特许经营

商标特许经营主要是指商标注册人许可他人使用其注册的商标进行商业开发，如 Kitty 猫、米老鼠、机器猫、史努比、皮卡丘、蓝猫等。加盟总部一般只对商标的使用方法提出具体的要求和限制，对加盟商的经营方式不做严格规定。

2）商品销售特许经营

商品销售特许经营是指加盟总部将自己生产的商品授权给加盟商销售，通常在品牌产品制造商想扩大产品销售范围时采用，如各类服饰专卖店、汽车专卖店等。加盟总部一般对商品的销售方式、销售价格、销售区域及售后服务有要求，有时会对加盟商的销售模式有特别的要求。

3）商品生产特许经营

商品生产特许经营是指加盟商获得使用加盟总部的专利技术、设计和生产标准或产品配方的许可，加工或制造取得特许经营权的产品，并使用加盟总部的商标来销售。可口可乐、百事可乐等软饮料制造商建立装瓶厂的特许经营体系就属于这种类型。加盟商不仅可以销售受许商品，还可以生产受许商品。

2. 经营模式型特许经营

经营模式型特许经营（business format franchising）是指加盟商完全按照特许人设计好的门店经营模式进行连锁经营。它不仅对加盟商经营门店的产品和服务有要求，而且要求店标、店名、装修、陈设都必须和加盟总部的标准保持一致。特许人通常是那些拥有比较全面自主知识产权的企业，而加盟商未经许可不能经营其他品牌的商品。加盟商的获利主要依赖由特许人设计的门店经营模式，而不是依赖单件产品的进销差价。这种经营模式的知识和技术含量较高，是目前应用最为广泛的形式，在零售业、快餐业、服务业中采用最多，如麦当劳、肯德基等的经营模式都属于这种形式。

（二）按授予特许经营权的方式划分

1. 单店特许经营

单店特许经营（single-unit franchising）也称单元式特许经营，是指特许人与加盟商直接签订特许经营合同，授予加盟商使用商标、商号、经营模式等经营资源在某个地点开设一个店的权利的授权模式。

单店特许适用于在较小的市场区域内发展特许网点，其优点是特许人可以直接控制加盟店；对加盟商的资金实力要求相对较低，因为没有区域独占，所以不会对特许人构成威胁。缺点是网点发展速度慢，加盟总部对加盟店进行支持管理的投入较大，并且单店特许限制了有实力的加盟商加盟特许经营体系。

单店特许经营在具体操作中，可以分为普通单店特许、熟店转让和托管特许三种方式。

1）普通单店特许

普通单店特许即授权加盟商投资开设一个新的单店，或者在加盟商原有门店的基础上按照特许人的统一模式和要求将原有门店改造成新的单店，由加盟商负责加盟店的日常经营管理。这是最普遍和最常见的一种单店特许授权方式，适合广大创业投资者加盟，也适用于一些传统业态的门店进行整体升级，因而具有很大的发展空间。

2）熟店转让

所谓熟店转让，就是特许人将原来属于自己的经营成熟的直营店，整体转让给加盟商经营。熟店转让模式可以避免加盟店因经营不善而可能给品牌带来的负面影响，但是对特许人来说，前期开店的投资和风险较高，因而要求特许人在单店经营管理上具有极强的能力，否则一个单店无法盈利，也就无法进行熟店转让。熟店转让的经典案例是肯德基的经营模式。

情景案例

肯德基的熟店转让模式

肯德基在中国的连锁经营餐厅特许加盟尝试开始于1993年，自2000年起，肯德基在中国采取了"不从零开始"的特许经营方式，这是肯德基品牌的代表性策略，独具中国特色。

所谓"不从零开始"，是指肯德基将一家成熟的、正在盈利的餐厅转手给加盟商。加盟商无须自己进行选址、开店、招募与培训员工等大量繁重的前期准备工作。肯德基对于加盟商的审核要求十分严格，加盟商除必须拥有100万美元或800万元人民币作为加盟及店面装修、设备引进等费用外，还必须具有经营餐饮业、服务业和旅游业等方面的背景和实际经验。

肯德基不允许加盟商使用自有店面开新店，只转让正在运营的肯德基餐厅。

3）托管特许

所谓托管特许，是指在特许经营合同的基础上，加盟商与特许人签订委托经营管理合同，委托特许人对加盟店进行管理，由特许人派出人员负责加盟店的日常经营管理。

托管特许的优点是有利于加盟总部对加盟店的运营管理，但缺点是加盟商没有经营自主权，工作的自主性受到限制，还会增加对特许人的依赖。另外，特许人需要有很强的管理控制能力、人员开发与培训能力，因而托管特许对特许人的要求非常高。

海澜之家等服装企业，如家、锦江之星等经济型酒店，全聚德、谭鱼头等餐饮企业都采取托管特许的模式。

2. 区域特许经营

区域特许经营（regional franchising）是指特许人授予加盟商在某个地理区域内使用其经营模式、注册商标、企业标志、专利、专有技术等经营资源开设加盟店，并要求加盟商在规定时间内开设规定数量的加盟店的授权方式。

由区域受许人/区域加盟商投资、建立、拥有和经营加盟店，该区域加盟商在该经营区域内不得再行转让特许经营权。区域加盟商要获得区域开发权须交纳一笔费用，并遵守开发计划。这种方式十分普遍，适用于在一定的区域（如一个地区、一个省乃至一个国家）内发展特许网络。

加盟总部首先和区域加盟商签署开发合同，赋予区域加盟商在规定区域、规定时间内的开发权。当区域内每个加盟店都达到加盟总部的要求后，由加盟总部和区域加盟商分别就每个加盟店签订特许经营合同。

区域特许经营的优点如下。

（1）有助于区域加盟商尽快实现规模效益。

（2）能够发挥区域加盟商的投资开发能力。

想一想

有业界人士认为，单店特许经营更适宜在较小的空间区域内发展加盟店，区域特许经营更适宜在更大的区域（如一个省、一个国家）内发展加盟店。你认为有道理吗？

区域特许经营的缺点如下。

（1）在开发合同规定的时间和区域内，加盟总部无法发展新的区域加盟商。

（2）加盟总部对区域加盟商的控制力相对较弱。

想一想

不同的特许经营类型各有什么优势和劣势？

3. 二级特许经营

二级特许经营（secondary franchising）是指特许人授予加盟商在某个地理区域内使用其经营模式、注册商标、企业标志、专利、专有技术等经营资源，并以加盟商的名义开展特许经营二次授权活动的授权方式。

二级特许人成为二级加盟总部，通常跨国特许比较适合采取这种方式，特许人与二级特许人签订授权合同，二级特许人再与加盟商签订合同。

二级特许经营的优点如下。

情景案例：海澜之家"托管式"的特许经营模式

（1）扩张速度快。

（2）加盟总部没有管理每个加盟商的义务和相应的经济负担。

（3）二级特许人更有自主权，可以根据当地市场的特点改进特许体系。

二级特许经营的缺点如下。

（1）把管理权和特许权的支配权交给二级特许人。

（2）过分依赖二级特许人。

（3）特许收入分流。

4. 代理特许经营

代理特许经营（agency franchising）是指特许代理商通过加盟总部/特许人授权成为招募受许人。特许代理商作为加盟总部的一个服务机构，代表加盟总部招募加盟商，为加盟商提供指导、培训、咨询、监督和支持，这是开展跨国特许经营的主要方式之一。加盟总部与特许代理商签订代理合同，加盟总部与加盟商签订特许合同，合同往往是跨国合同，在签订合同时各方必须了解和遵守所在国的法律。特许代理商不构成特许合同的主体。

代理特许经营的优点如下。

（1）扩张速度快。

（2）减少加盟总部开发特许经营系统的费用支出。

（3）对特许经营权的销售有较强的控制力。

（4）能够对加盟商实施有效控制且不过分依赖特许代理商。

（5）能够方便终止特许合同。

（6）可以直接收取特许经营费。

代理特许经营的缺点如下。

（1）加盟总部对特许代理商的行为负责。

（2）加盟总部要承担被加盟商起诉的风险。

（3）加盟总部要承担汇率波动等其他风险。

（三）按特许双方的构成划分

1. 制造商和批发商

由制造商发起并提供特许经营权，批发商则是受许人。可口可乐、百事可乐等软饮料制造商建立装瓶厂的特许经营体系就属于这种类型。例如，制造商授权批发商在指定的地区使用其提供的糖浆装瓶并出售；装瓶厂的工作就是用制造商提供的糖浆装瓶，并按制造商的要求分销最终产品。

2. 制造商和零售商

由制造商发起并提供特许经营权，而零售商则是受许人。这种类型经常被称为第一代特许经营。它包括特许经营的一些最古老形式。汽车行业首先开发了这种形式，为了解决销售问题，汽车企业建立起所谓的特许经销网。另外，在石油公司和加油站之间也有同样的特许经营形式。

3. 批发商与零售商

由批发商发起并伺机吸收大量零售店加入形成特许经营系统。这种类型主要用于计算机商店、药店、超级市场和汽车维修业务，此类型本身与上一个类型没有太大的区别，只不过把制造商换成了批发商。

4. 零售商之间

由零售商发起并大量吸收零售加盟店形成特许经营系统。这种类型就是人们熟知的业务模式特许经营。它在形式上易与其他商业经营协定相混淆，如代理、特约分销商、许可等。此类型代表企业有 7-11 便利店等。

 想一想

如果你是一位投资人，那么你希望以何种形式加盟某知名品牌产品的经营？理由是什么？

（四）按加盟业务划分

1. 转换型特许经营

转换型特许经营是指招募现存的独立企业或者竞争者的加盟商到自己的特许经营体系中。转换型特许经营使特许人得以进入以前无法进入的零售黄金地段，并无须考虑对地点进行控制，减少了由特许人提供的细节培训和监督工作，还能使特许人分享有经验的企业家的新颖想法与经营业务的新方式所带来的好处。

2. 分支型特许经营

分支型特许经营是指加盟商通过传统形式来增加分支店，需要花费更多的资金。公司扩展的传统方式是增加公司的分支店数量，而这需要花费大量的资金用于地点选择、装修、存货和经营管理等。

三、特许经营的原则

（一）3S 原则

1. 标准化

特许经营的标准化（standardization）主要体现在特许经营总部加盟程序的标准化、特许经营总部和单店管理方式的标准化、系统内形象的标准化，以及商品和服务操作的

标准化四个方面。

（1）特许经营总部加盟程序的标准化。统一且相对稳定的加盟条件、严格的加盟步骤和不折不扣的实施就是一种标准化。特许经营总部加盟程序的标准化严格来说是检验所有加盟商的综合素质，并为每个加盟商的投资负责，以及为今后可能获得的推广成功做好铺垫。

（2）特许经营总部和单店管理方式的标准化。这方面的标准化是指为保障特许经营总部和每个加盟单店的实际利益、降低管理成本所做的基础性工作。特许经营总部不仅要确立基本的管理和服务理念，还要制定规范的特许经营总部管理模式，并且针对不同地区，在提供给每个加盟商的管理手册中体现不同的个性特点，同时让每个市场都有统一的督导标准，以便对单店实施督导。

（3）系统内形象的标准化。特许经营体系中的形象不仅包括企业或品牌的标准字、标准图案，还应有特许经营体系中宣扬的服务或经营理念、企业或单店存在的使命、顾客所能感知到的品牌核心价值，以及上述要素的使用规范。

（4）商品和服务操作的标准化。这部分的标准化最富有利益性，也是所有标准化中最为重要的方面，因为无论是制作商品还是提供服务，都是直接面向顾客、直接体现企业和加盟商价值的经营环节，任何一个失误都有可能使顾客丧失消费信心。

2. 专业化

特许经营的专业化（specialization）是指特许经营体系中的特许经营总部、区域加盟商、加盟店、配送中心等基本部分的专业分工运作。实行严格的专业分工可以提高效率，使各部分各司其职、有机协调、高效合作，这样特许经营体系就会形成良性运转。其中，特许经营总部主要负责全局的战略发展、业务研究、战术推广、总体协调，尤其要做好后台的管理、控制和保障工作；加盟店要以标准化的服务和组织形象与客户直接对接，在前台吸引客户，为客户服务，守住特许经营体系的前沿阵地；区域加盟商则上对特许经营总部、下对加盟店，主要负责特定区域内特许经营体系的开发、建设、维护、协调和管理工作；配送中心则负责整个体系货品的配送，它是特许经营体系的物流支撑和运转保证。专业化分工越细，各部分外部环境适应能力就越强，就越能保障这个庞大的体系快速扩张，这种纵向深化的分工是特许经营体系自身发展的推动力和优势所在。

3. 简单化

特许经营的简单化（simplification）主要是指加盟店和特许经营总部的作业及管理流程简单化、各岗位作业活动简单化。在实践中，特许人一般会对作业流程和岗位工作逐一进行深入研究，制成手册归纳要点，使作业活动变得简单、易操作。这样既能保证工作的质量，又容易被员工理解和掌握。

有人认为简单化容易被人"模仿"，其实是没有真正理解"简单化"，真正的简单化需要专业化、标准化等，如麦当劳、可口可乐等简单到别人做不到的简单。简单到一定程度就会产生差异化，就会产生核心竞争力。

（二）统一性原则

特许经营的统一性原则主要表现为"六统一"。第一，统一品牌。加盟店日常经营的商品与服务都是特许经营总部规定的统一品牌。第二，统一管理。加盟店日常管理流程要按照特许经营总部设计的营运管理规范手册统一进行。第三，统一广告。加盟店日常广告促销活动要按照特许经营总部的规划和计划统一进行。第四，统一配送。加盟店的货品应由特许经营总部配送中心或由特许经营总部指定的供应商统一配送。第五，统一价格。加盟店的商品采购和行销价格要按特许经营总部的统一标准执行。第六，统一标准。加盟店的商品和服务标准要遵照特许经营总部设计的商品手册和服务手册统一执行。

（三）互惠互利原则

特许经营必须以特许人和加盟商双方都获利为基础，单方有利或双方权利和义务关系的失衡势必导致特许经营体系的瓦解。因此，利益是双方联系的根源和纽带，双赢是特许经营的主要出发点和最终目的。

（四）创新原则

一般来说，特许经营不强调单店的大规模经营，而强调多店铺的结合，依靠分散式的网络体系发展事业是特许经营的独特之处。特许经营企业只有在产品花样、扩充服务、营业时间、地理位置上有与众不同的设计，有清晰的变换与创新，才能在竞争中取胜。7-11便利店正是凭借不断创新和特色营销而获得成功的。

四、特许经营的体系

（一）特许经营体系的含义

特许经营体系是指在统一的品牌和经营模式下，由特许人和受许人共同经营的一个管理和运营系统。例如，在百胜餐饮集团旗下，有若干个特许经营体系，如肯德基、必胜客、塔可钟等。如果一家特许经营企业有多个特许经营体系，那么在商业特许经营信息管理系统中进行备案资料填报时，要按照不同的特许经营体系分别填报。

（二）特许经营体系的结构

1. 特许经营的基本关系结构

特许经营体系是一个包括 n 个子系统的大系统，它的结构如图 1-2 所示。

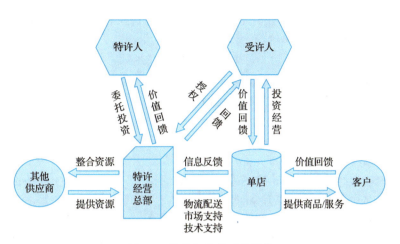

图 1-2　特许经营体系的结构

图 1-2 说明特许经营体系由六个部分及它们之间的互动关系构成。特许人、受许人、其他供应商及客户是特许经营体系中的四个利益主体；特许经营总部、单店是特许经营体系中的两个基本的组织形态。这六个部分及它们之间的互动构成了一个完整的特许经营体系。设计和构建这六个部分及相互之间的关系就是特许经营体系设计与构建的主要内容。

2．特许经营体系的网络结构

特许经营体系是一个网络化的结构，即"以单店为基础，以特许经营总部为后台，以网络区域为支撑"，如图 1-3 所示。网络结构的中心是特许经营总部，围绕中心的是不同层次的网络区域及区域中的单店。

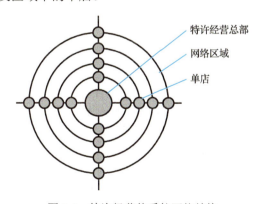

图 1-3　特许经营体系的网络结构

（1）以单店为基础。每个单店都是利润的中心和特许权的载体，单店的数量是衡量特许经营体系规模的基本指标。当加盟店形成一定数量、一定规模时，就形成了加盟商运营网络。在庞大的系统中，如果每个单店都能形成良好的现金流，加盟商就可以用较短的时间回收全部投资并在终端零售市场赚取可观的营业利润。因此，通常把单店的营业利润称为特许经营体系利润的第一源泉。

（2）以特许经营总部为后台。每个单店都与特许经营总部形成一个直接的前后台关系。单店是前台，直接服务于客户和区域市场；特许经营总部是后台，负责提供单店所需的各种资源和运营管理的所有支持，包括经营计划、市场策划、广告宣传、产品开发、人员培训甚至融资方面的支持。

（3）以网络区域为支撑。特许经营总部相当于强大的中央服务器，一个个单店则相当于一个个终端，特许经营总部负责为单店提供大量的经营管理知识和市场信息，单店则提供每日的单店经营数据和客户的数据；单店保持统一形象和统一服务标准，使得彼此之间在赢得客户方面相互呼应、相得益彰；单店之间不仅是竞争关系，还可以在特许经营总部的统一协调下在采购、广告等方面实现合作，获得规模经济效益；不仅如此，单店之间还可以在特许经营总部的统一协调下实现库存商品的调配，以及向客户提供各种异地服务等。

（三）特许经营体系的内容

特许经营体系的内容包括特许经营体系的构建、特许经营体系的推广和特许经营体系的维护三大模块，这是特许经营健康发展的有力保障。特许经营体系的内容如图1-4所示。

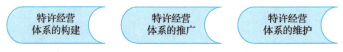

图1-4 特许经营体系的内容

任务实施

根据以下案例完成实训。

全 聚 德

全聚德，中华老字号，创建于1864年（清同治三年）。全聚德第一家店开在北京前门大街。1999年1月，"全聚德"被国家工商总局（现为国家市场监督管理总局）认定为"驰名商标"，这是中国第一个服务类驰名商标。全聚德经过不断创新发展，形成了以独具特色的全聚德烤鸭为龙头，集"全鸭席"和400多道特色菜品于一体的全聚德菜系，备受各国元首、政府官员、社会各界人士及国内外游客喜爱，被誉为"中华第一吃"。

1993年5月，中国北京全聚德集团成立。

1994年6月，全聚德集团等六家企业发起设立了北京全聚德烤鸭股份有限公司。

2004年4月，首都旅游集团、全聚德集团、新燕莎集团实施战略重组。首都旅游集团成为北京全聚德烤鸭股份有限公司的第一大股东。

2005 年 1 月，北京全聚德烤鸭股份有限公司更名为中国全聚德（集团）股份有限公司。随即，中国全聚德（集团）股份有限公司进一步收购了聚德华天控股有限公司 30.91% 的股权，与北京华天饮食集团并列成为聚德华天控股有限公司的第一大股东。

2007 年 4 月，北京老字号餐饮企业仿膳饭庄、丰泽园饭店、四川饭店也加入中国全聚德（集团）股份有限公司，至此中国全聚德（集团）股份有限公司已发展成为涵盖烧、烤、涮、川、鲁、宫廷、京味等多种口味，汇聚京城多个餐饮老字号品牌的"餐饮联合舰队"。

2021 年 7 月 15 日（农历六月初六），全聚德迎来品牌创建 157 周年。全聚德已经成为遍布全球、拥有百余家门店的上市企业。守正创新，让传统经典在新的市场环境和消费偏好下历久弥新。全聚德全新推出了"萌宝鸭" IP（intellectual property，知识产权）形象。这一 IP 形象一经推广便广受好评，最引人注目的便是它金元宝般的鸭子嘴巴，寓意招财进宝。

中国全聚德（集团）股份有限公司自成立以来，发扬"想事干事干成事，创业创新创一流"的企业精神，扎扎实实地开展体制、机制、营销、管理、科技、企业文化、精神文明建设七大创新活动，确立了充分发挥全聚德的品牌优势，以及走规模化、现代化和连锁化经营道路的发展战略。

全聚德以独具特色的饮食文化塑造品牌形象，积极开拓海内外市场，加快连锁经营的拓展步伐。全聚德已经形成拥有 70 余家全聚德品牌成员企业、上万员工、年销售烤鸭 500 余万只、接待宾客 500 多万人次、品牌价值近 110 亿元的餐饮集团。

全聚德既古老又年轻，既传统又现代，正向着"中国第一餐饮、世界一流美食、国际知名品牌"的宏伟愿景奋勇前进。

（资料来源：根据网络资料整理而成。）

实训要求：

全聚德是成功通过特许经营模式快速发展的中华老字号餐饮企业。请分析全聚德的特许经营类型及特点。

 任务评价

根据以上任务完成情况，完成任务评价表（表 1-1）。

表 1-1　任务评价表

序号	项目	评价内容	达标	未达标
技能点	案例分析	认识特许经营体系的含义、结构及内容		
		清楚特许经营的类型		
		清楚直营连锁、自愿连锁、特许经营三种连锁经营形式的不同点		
素质点	思辨思维	能够辩证地理解事物		
	团队合作精神	能和团队成员协商，共同完成实训任务		

任务二 特许经营的利益机制

任务目标

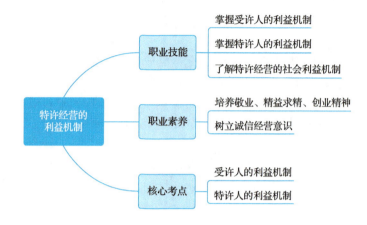

任务导入

庆丰包子铺的加盟费

庆丰包子铺要求加盟商在签订特许经营合同时交纳 32 万元，其中包括 10 万元的一次性加盟费、16 万元的保证金、6 万元的首年权益金（即品牌使用费），以后每年要交纳 6 万元的权益金。

庆丰包子铺还为加盟商算了一笔账。以一个使用面积为 220 平方米的店铺为例，装修费用大概需要 20 万元，购买设备、设施及餐具需要约 15 万元。这样不计房租，加上之前的 32 万元，开一间庆丰包子铺前期硬件投入为 70 万 ~ 80 万元，这还不包括加盟店员工前往庆丰包子铺总部进行培训的必要支出。庆丰包子铺对外省加盟商的要求更加严格，要求门面宽度不小于 8 米、店铺使用面积不少于 250 平方米、店铺地处繁华街道。

对于加盟商来说，前期软件投入需要多少钱呢？餐馆老板贺先生算了另外一笔账：假如雇用员工 22 人，平均薪酬为 3500 元（工资加保险），一个月费用为 7.7 万元；原材料和员工费用是不能节省的；另外，一个月流动资金不低于 25 万元；水电气暖费一年不少于 30 万元，一个季度也不少于 7.5 万元；房租一年大约 72 万元，以季度计算，一个季度要支出 18 万元；其余偶发性开支、机器折旧、电话费等杂项大约 3 万元。

一个月总费用大约 53.5 万元，再加上前期投入的 70 余万元，加盟店开张的费用约为 120 万元，折合成 21 元的"主席套餐"，大约是 5.7 万份，其中加盟费折合 3.4 万份。

（资料来源：齐雁冰，2013. 庆丰加盟店开张费 120 万：折合 5.7 万份习总套餐[EB/OL]. （2013-12-31）
[2024-03-07]. http://finance.cnr.cn/gundong/201312/t20131231_514534632.shtml.）

任务解析

特许经营收费、对加盟商的服务收费及产品分销利润是特许人从特许经营中获得收益的直接来源。然而，对一个长期开展特许经营的特许人来说，这种直接的收益仅仅是其全部利益的一部分。事实上，特许人选择特许经营，绝非仅仅为了从加盟商身上获得这种直接的经济利润，而是把特许经营当作一种低成本实现企业快速扩张的手段。特许人开展特许经营的深层次需求涉及特许人企业自身的生产、销售、市场、营销、管理、资本等，几乎涵盖特许人企业经营管理的全部主要方面。

知识要点

特许经营的利益机制包括受许人的利益机制、特许人的利益机制和特许经营的社会利益机制。

一、受许人的利益机制

受许人的利益机制可以从利益来源（优势）和成本因素（劣势）两个方面来考虑，如表 1-2 所示。

表 1-2　受许人的利益机制

项目	可能的利益与成本
利益来源 （优势）	特许经营可以帮助受许人创业，而不是完全由受许人自己创业
	特许经营提供了一定的独立性，受许人可以经营自己的企业
	特许经营提供了一个被广泛认可的品牌和一种成熟的产品与服务
	特许经营提供的产品和模式经过验证，可以增加受许人获得商业成功的机会
	特许经营用合同的方式规定了产品的质量和统一性，可以帮助吸引更多顾客
	特许经营为受许人提供一系列支持，开业前的支持包括选址、网点设计与建设、融资、培训、开业仪式，持续的支持包括培训、全国和地方的广告、运营流程和日常的支持服务、持续的监督与管理、增强消费能力和实现批量采购
成本因素 （劣势）	受许人并非完全独立，合同规定受许人必须按照特许人的要求和限制经营，这种限制包括产品品种、价格、区域等。部分地放弃管理权，是受许人最主要的隐性成本
	受许人必须支付初始费用和持续费用等。特许经营费用是受许人投入的重要的直接成本
	受许人必须权衡比较自己的管理能力与特许人的限制和支持。放弃个性也是受许人的代价之一
	如果特许人或其他受许人经营不善，则可能导致整个特许经营体系的恶化。这是所谓的外部性问题，和受许人从体系中获得的间接利益是相对的
	特许经营合同的期限是有限的，到期后合作关系可能终止。受许人要承担项目到期终止带来的成本

二、特许人的利益机制

特许人的利益机制可以从直接利益和间接利益两个方面来考虑，如表 1-3 所示。

表 1-3　特许人的利益机制

利益来源		利益机制
直接利益	特许经营收费	初始费用和合同期内的持续费用，合起来是特许权的销售价格
	专业服务收费	特许人以体系的规模优势向受许人提供广告、营销、会计、物流等专业服务，并从中获得利润
	产品销售利润	特许人将受许人和网点作为分销渠道，获得生产商或供应商的利润，包括主营产品和其他供应品
间接利益	生产	特许人将特许经营作为渠道策略，不断扩大市场规模
	销售	特许人作为生产商或供应商的利润
	市场	特许人通过受许人获得当地的市场资源，实现市场的拓展与深化
	营销	特许人通过整个体系协同的营销活动实现整个体系或特许人企业的利益最大化
	管理	特许人用拥有网点所有权和剩余索取权的受许人，取代直营网点中雇用的职业经理人，改善治理，提高管理效率
	资本	特许人收取的初始特许经营费用，可以作为特许人扩张过程中阶段性的资本来源

三、特许经营的社会利益机制

（一）增加就业

每增加一个加盟商，就在社会上增加一个新企业，就创造了一定数量的就业岗位。特许经营对于中国这样的人口大国来说，其社会意义极为重大。

（二）资源在全社会得到更优配置

特许经营可以给民间游资提供大量的低风险、成功率高的投资机会，从而使社会资源在全社会得到更优配置。

（三）规范市场秩序，建立健全社会信用体系

特许经营是一种以特许人品牌信誉为担保，以复制成功的分店经营模式为扩张手段，以特许经营合同为约束的标准化、规范化的商业活动。因此，它对规范市场秩序、建立健全社会信用体系起着良好的推动作用。

🖥 任务实施

根据以下案例完成实训。

晨光文具的创新经营

每个 80 后、90 后的记忆中，都有一家"M&G 晨光"文具店和几支"M&G 晨光"中性笔。

20 世纪 90 年代，中国义务教育普及率逐年提高，国产文具品牌先后创立，晨光文具凭借丰富的产品线、多样的外观设计，以及遍布校园、街边的门店，成功坐上文具品牌头把交椅。

魔镜数据显示，在 2022 年双 11 大促的文具电教类目中，得力以 1.28 亿元的销售额排名第一，晨光则以 8900 万元的销售额排名第二。排除电子教育类产品，排名其后的是法卡勒和百乐。实际上，从往期财报数据看，电商在晨光文具总收入中的占比仅为 3% 左右。

随着零售行业的崛起，市面上的商品越来越多，供消费者选择的空间也越来越大。在当今时代，场景化成为一种新的体验，它让用户乐于在各种各样有趣、流行、创新的场景中体验快乐，并让用户在相同或者相似的场景中快速找到或想到相应的产品。为了打破这一僵局，晨光文具发现符合消费者兴趣、建立产品与人之间的情感线，是当前促进销售的重要因素，因此打造场景化陈列应运而生。

打造方法如下。

（1）门店的升级及细节打造是为了更好地引流，作为一个文化、文具用品空间，更要通过硬装、道具、广告营造氛围。

（2）灯光的变化，以及搭配顶部装饰性广告宣传物料，能让空间呈现出上下均衡的视觉层次。

（3）明亮的店铺从早到晚都散发着活力与朝气，具有使人开怀愉悦的心理引导效果，这会促使人们想要继续深入体验。

（4）根据不同的店型、门店结构、费用预算，打造独一无二的硬装空间。

无论是细致美观的微观场景，还是讲究店铺氛围的场景化陈列，都表明终端陈列销售已经进入一个新的时代。在终端销售方面，应该营造足够唤醒消费需求的气氛场景，与消费群体直接对话，在主体场景中缔造真实的生活环境。消费者走进产品销售区域时，就仿佛提前享受到使用产品带来的美好体验，产生生理需求的暗示，实现情绪情感与空间的融合。

在"品牌强国"的国家战略引领下，晨光文具始终用行动保持高质量健康发展态势，助力中国文具品牌走向世界。晨光文具坚持做"有温度的好文具"，不断突破创新，在从中国制造向中国创造华丽蜕变的道路上砥砺前行。

如今，晨光文具已成为全球最大的文具制造商之一，覆盖全国超 8 万家零售终端，被无数国人誉为"国货之光"，它不断用自身实力向世界彰显中国文具的品牌力量。

（资料来源：[晨光]动销最大的市场利器：场景化阵列[EB/OL].（2022-12-06）
[2024-02-22]. https://www.chinafranchiseexpo.com/news/16472.html. ）

实训要求：
（1）案例中晨光文具是如何创新经营的？
（2）晨光文具的场景化陈列能够体现哪些利益机制？

任务评价

根据以上任务完成情况，完成任务评价表（表 1-4）。

表 1-4　任务评价表

序号	项目	评价内容	达标	未达标
技能点	案例分析	熟悉受许人及特许人的利益机制		
		能通过利益机制分析加盟费用的合理性		
素质点	精益求精精神	能够对所学理论进行深入调研，开展认真、精准的分析		
	团队合作精神	能和团队成员协商，共同完成实训任务		

综 合 实 训

实训项目：特许经营企业发展调查。

实训目的：通过特许经营企业发展调查，促使学生了解特许经营企业的发展，提高市场调查能力、表达能力，增强团队合作意识等。

实施方式：

（1）分组。学生 3～6 人为一组，每个学生承担不同内容的任务。

（2）企业市场调查。通过观察法、直接询问法、间接调查法等方式搜集一家特许经营企业的发展资料，并对相关资料进行分析与加工。

（3）成果展示。各小组撰写《特许经营企业发展调查实训报告》，在课堂上以 PPT 讲演的形式进行展示，并接受点评。

实训成果：完成《特许经营企业发展调查实训报告》，制作 PPT 并进行课堂展示。

项目考核评价：以自我评价和小组评价相结合的方式进行，指导教师根据项目考核评价和学生学习成果进行综合评价；也可先借助网络平台将结果上传，再借助平台进行自我评价、小组评价及综合评价。特许经营体系与利益机制考核评价表如表 1-5 所示。

表 1-5　特许经营体系与利益机制考核评价表

班级：　　　第（　　）　　　小组名称：　　　　　　　　时间：

评价模块	评价内容	分值	自我评价	小组评价
理论知识	（1）掌握连锁经营的形式、特许经营的类型	15		
	（2）掌握特许经营的原则	15		
	（3）掌握特许经营的利益机制	15		
实践能力	（1）能编制调研方案	15		
	（2）能撰写调研报告	20		
	（3）能制作调研报告汇报的 PPT 并讲解	10		
职业素养	（1）培养谦虚好学、爱岗敬业、团队合作的精神	5		
	（2）培养通过网络收集相关资料的信息技术应用能力	5		

综合评价：

指导教师或师傅签字：

思考与练习

一、名词解释

特许经营体系；直营连锁；自愿连锁

二、简答题

1．特许经营按特许经营权的内容，可分为哪几种类型？
2．特许经营按授予特许经营权的方式，可分为哪几种类型？
3．特许经营的原则包括哪些内容？
4．简述特许经营体系的内容。
5．简述特许人的利益机制。

项目二　特许经营项目开发

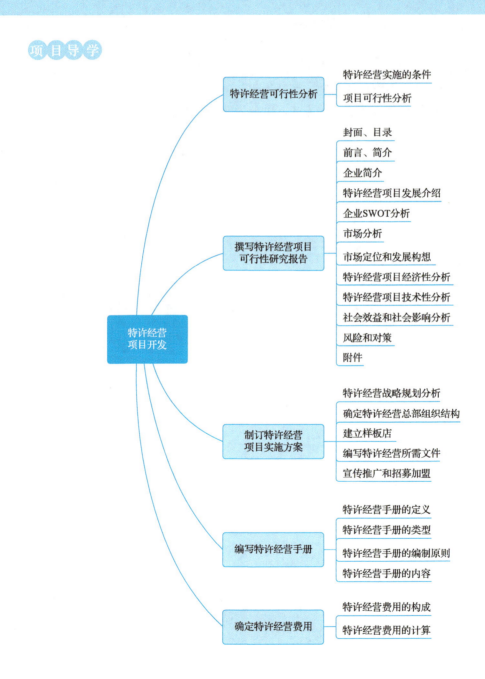

任务一　特许经营可行性分析

▌任务目标

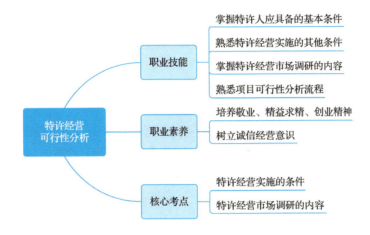

▌任务导入

　　一个企业如果要实现市场扩张和品牌扩张，那么发展特许经营是一个不错的选择。特许经营的系统化解决方案，是一个企业的战略性选择，是企业的重大业务变更和经营转型，是出售一整套投资计划，这就需要谨慎从事。一个企业决定实施特许经营时，应当充分检测是否具备开展特许经营的条件，根据自身的条件和市场环境，分析行业竞争优势，进行特许经营项目的可行性研究。

▌任务解析

　　一个企业将一个比较成熟的商业系统转化为可以操作的开发项目，需要进行全方位的评估并拿出较为详细的可行性研究报告。

　　项目可行性研究主要是通过市场调研，对特许经营扩张的必要性、充分性、可行性、影响力等进行系统分析和研究，通过理性分析和数据论证，判断是否可以开展特许经营业务。在所有的市场调查和分析研究工作完成之后，将形成一个项目的可行性研究报告。

 知识要点

一、特许经营实施的条件

　　开创一份特许经营事业并不是一件容易的事，不是所有的企业都能进行特许经营。管理一套特许经营系统比管理一家企业要复杂得多。一家企业要进行特许经营，一般先创办一两家直营店，在总结成功经验的基础上再发展连锁系统。如果资金充足，连锁事业的发展就不受限制,但是想以特许经营的方式发展连锁事业,仅有资金是远远不够的。对于特许经营总部来说,要实施特许经营,必须具备以下条件。

（一）特许人应具备的基本条件

根据《商业特许经营管理条例》,从事特许经营活动应当具备以下四项基本条件。

（1）只有企业,并且是拥有注册商标、企业标志、专利、专有技术等经营资源的企业,可以作为特许人从事特许经营活动,其他单位和个人不得作为特许人从事特许经营活动。

（2）特许人从事特许经营活动应当拥有成熟的经营模式,并具备为加盟商持续提供经营指导、技术支持和业务培训等服务的能力。

（3）特许人从事特许经营活动应当拥有至少两个直营店,并且经营时间超过一年。

（4）特许经营的产品或服务的质量、标准应当符合法律、行政法规和国家有关规定的要求。

（二）特许经营实施的其他条件

根据有关法律法规的规定和国际惯例,特许人除应具备基本条件外,还应该具备以下条件。

1. 拥有有较高知名度的商标

特许经营是知识产权交易的一种形式,这里的知识产权是指商标、企业标志、专利、专有技术等经营资源。其中,商标是最具有吸引力和最重要的部分。特许经营总部要想扩大加盟体,必须拥有一个高知名度的商标。大多数小投资者愿意付出加盟费加盟特许经营,就是冲着特许经营总部已经创出的响当当的招牌。品牌的创建是一个艰苦的、循序渐进的过程,不能一蹴而就,需要各方面的努力,持续保持该品牌高品质的产品和服务及特色。这令人产生这样一种信念:这个品牌的商品必是佳品。加盟商加盟这样一个响当当的品牌,可以省去艰苦创建品牌的过程,缩短成功创业的周期。

2. 产品、服务和经营独具特色

如果特许经营总部经营的项目与同类企业类似,没有特色产品、特色服务、特色装修、特色管理,则不具有较长期、大范围的市场需求基础,维持一个单店企业都岌岌可危,更不用说维持一个庞大的特许经营体系了。历来企业经营成功后就会吸引同行业甚至其他行业的模仿。如何将消费者吸引到自己的加盟店?行之有效的办法是塑造产品和服务的独特性。例如,产品有独门配方或企业拥有专利,在经营方面形成自身独特的风格,以便和其他企业区别开来。环顾周围的市场,能够长期经营的连锁店都建立了一套自己的特色经营体系。例如,有些店以品种齐全为特色,有些店以快捷方便为特色,有些店以服务优良为特色，有些店则以价格低廉为特色，其目的都是吸引顾客。大家熟知的 7-11 便利店所经营的品种并不是最多的，其商品几乎都可以在任意一家便利店或超市买到，且商品价格还要更高。因此，7-11 便利店如果没有一套有特色的经营体系，要生存下去就很困难。7-11 便利店最显著的经营特色就是一天 24 小时营业，不仅如此，缴水电费、买车票、ATM（automated teller machine，自动取款机）取现、寄收快递等一切生活需要都可以在这里解决。创造具有特色的经营方式是成功的前提。

3. 拥有特殊的经营技能

在特许经营行业内，有些加盟商可以持续稳定地跟随特许经营总部，而有些加盟商加盟不久就会退出并独立，脱离特许经营总部。这不是因为特许经营总部没有自己的经营特色，也不是因为特许经营总部的特许事业没有良好的业绩，而是因为特许经营总部没有特殊的经营技能，没有掌控加盟商的办法。很多经营特色容易被人模仿，如 24 小时营业、品种齐全、价格低廉等。当加盟商经过特许经营总部培训掌握了这些经营方法，或获得了特许经营总部的进货渠道，就可以独立经营，自然就会想要脱离特许经营总部，省掉一大笔加盟费。因此特许经营总部要掌控加盟商，使其脱离自己无法生存，就需要拥有一套特殊的经营技能。这种经营技能可能是某种受专利法保护的专利技术或关键技术，或者是他人无法获得的低价进货渠道等，这样就使加盟商只有依靠特许经营总部才能获得这样的经营优势。

4. 具有良好的加盟总部业绩

名牌商标、独特的商品服务和经营技能是吸引加盟商加入的重要因素。特许经营总部本身的业绩如何，资金、人才、组织是否完备，同样是加盟商考虑的重要因素。加盟双方的关系一旦形成，特许经营总部就是加盟店的后盾，加盟商的商品销售、经营管理技术、营销策略、广告宣传等都要依靠特许经营总部的支持和帮助。如果特许经营总部的资金、人才和组织本身存在不少问题，业绩不佳，则很难使加盟商对其产生信任。

5. 建立一套高效率的信息物流系统

连锁经营的一个基本条件就是要建立一套高效率的信息物流系统，特许经营也是一样。特许经营总部的仓储中心、配送中心、生产中心、培训中心等部门连同下属各加盟店一起，构成了一个庞大的经营网络，要使这个网络的每个组成部分步调一致、有效运转，没有一套高效率的信息物流系统是很难实现的。信息物流系统的工作效率将直接影响企业的经营状况。如果商品库存不足且采购不及时，就会造成加盟店缺货。缺货会带来两个方面的损失：一是失去交易机会，造成现实损失；二是使顾客产生不信任感，损害企业形象，导致潜在损失。因此，建立一套高效率的信息物流系统非常重要。

二、项目可行性分析

（一）特许经营市场调研

一个企业如果想通过特许经营模式来打造自己的网络集团，那么在扩大业务之前，首先要进行市场调研和可行性分析，通过调研和分析形成的可行性研究报告常被作为特许人筹集项目资金、争取项目支持、撰写商业计划书的重要依据。

1. 应了解国家有关的产业政策

分析特许经营体系的建立是否符合国家宏观经济要求，是否符合国家或行业的总体发展战略和发展趋势。这是特许经营体系建立与发展的宏观环境和基础。

2. 应掌握行业的发展概况

行业的发展概况具体包括行业的历史、现有规模、基本特征、主要顾客群、市场容量、发展潜力、发展趋势、行业竞争、行业资源等。这些行业发展的概况对特许经营体系的建立有着重要的影响。

3. 应对企业内外部环境进行分析

企业内部环境的分析主要是分析企业的优势与劣势，即与竞争对手相比，自身实力的大小。可以通过企业运营的供应、生产和销售三大环节进行分析，也可以通过企业的人力、财务、技术、信息等资源状况进行分析，了解自身的优劣势。企业外部环境的分析主要是分析存在的机会与威胁，即外部环境变化可能对企业产生的影响。环境分析包括政治、法律、经济、社会、文化、技术和自然等因素，这些因素可能会形成特许经营体系发展的瓶颈，只有通过深入调查分析，才能得出正确的诊断结果。

4. 应对强劲的竞争对手进行分析

着重对供应商、潜在进入者、替代品生产者、企业直接竞争者进行理性分析，从中可以了解采取特许经营模式后企业的竞争优势是什么。从供应商的角度来看，应了解供应商的供应方式、讨价还价的能力、品牌知名程度、供应商之间的联系及转移成本的高低等；从行业进入者的角度来看，应了解其进入市场的资金需求、规模大小、分销渠道、成本优势、差异化程度等；从购买者的角度来看，应了解购买者的购买方式、讨价还价的能力、替代品的生产与供应及价格高低等；从直接竞争者的角度来看，应了解行业内竞争者的均衡程度、市场增长速度、行业壁垒情况、行业内成本与收益水平等。最危险的环境是存在进入壁垒和替代品威胁、供应商和购买者对市场的控制程度低及行业内存在激烈竞争的环境。

5. 应认真研究消费者市场

首先，要了解影响消费者购买行为的主要因素，包括文化与社会阶层、家庭与社会地位、职业与经济状况、年龄与生活方式等。其次，要了解消费者购买行为的主要类型和在购买决策过程中的不同表现。再次，要了解消费者的收入和支出模式的变化情况，掌握收入与支出对社会购买力和市场规模大小的重要影响。最后，还要了解参与购买的相关人员的基本情况，如使用者、影响者、采购者、决策者等的情况，他们在采购决策过程中有较大的发言权，直接影响购买行为的最终实现。

（二）项目可行性分析流程

企业开发一个特许经营项目前，首先必须进行可行性分析。特许经营项目可行性分析具体步骤如图 2-1 所示。

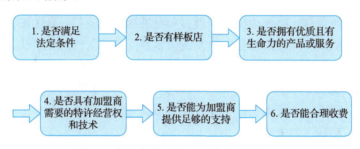

图 2-1　特许经营项目可行性分析具体步骤

1. 是否满足法定条件

特许人在开始提供特许经营权之前，必须向有关部门提供特许经营文件，并得到相关部门的许可。所有的特许经营文件都必须符合特许人所在地区的法律标准。

2. 是否有样板店

特许人要将自己的经营模式复制推广，应通过运行良好的样板店来吸引加盟者。同时特许人需要通过亲自运营门店，了解它的盈亏特点、季节性因素、顾客、供应商、竞争、定位及品牌形象。总之，特许人应当掌握关于门店运营的一切情况，这样才可能发展出更多的加盟商。特许人需要掌握以下情况：①门店设计、标志、选址标准及建立计划；②发展一个分店需要花费的各项资金；③开展经营的标准体系，保证每个顾客每次都是以同样的方式获得相同的产品；④在合理的时间传授开展经营的体系，保证营运的顺利进行。

3. 是否拥有优质且有生命力的产品或服务

好的产品或服务是特许人成功的必要条件，不仅要经得起当下市场的考验，还要顺应潮流趋势。特许人需要确保自己的产品或服务有清晰的优势，并清楚加盟店所在区域对其产品或服务的接受程度，还要考虑清楚自己的产品或服务面临的竞争，以及应对市场竞争和市场变化的策略。

4. 是否具有加盟商需要的特许经营权和技术

特许人在发展特许经营之前，应当了解自己的特许经营权是否具有吸引力及取得特许经营权所需的费用、时间等，确保特许经营权的可实现性。特许人拓展特许经营体系时，还要考虑为加盟商提供的技术是否容易实现，是否可以通过一个合理期限的培训确保加盟商掌握该项技术，以便开展日常经营工作。这样加盟商才能通过加盟该特许经营体系实现发展。

5. 是否能为加盟商提供足够的支持

优秀的特许经营总部会努力向加盟商提供足够的资源支持。为保证特许人开发的特许经营体系顺利扩展，特许人需要为特许经营体系提供持久性的竞争优势。这就需要持续地提供优质的产品、营销等服务，保证其特许经营体系长期在同行中处于领先地位。特许经营总部所建立的特许经营体系要能够提供标准特许经营体系所需要的持续性的培训、现场和总部支持、营销支持，以及其他服务，同时要保证研究和开发的持续性，保证特许经营的新颖性和生命力。

6. 是否能合理收费

特许人在开展特许经营时，应确认自己打算让加盟商支付的加盟费（首期特许费）、持续性费用（特许经营权使用费）及可能的其他费用（如附加的培训、营销及广告费用等）是否合理。特许经营总部可能会从加盟商的产品销售中获得收入，或从生产商统一采购中获得收益或回扣。一些特许人还从租赁设备或财产及其他利润渠道中获利。判断特许经营费是否合理，特许人需要回答以下问题。

（1）受许人还有利可图吗？

（2）受许人会得到可接受的投资回报吗？

即使以上问题的答案都是肯定的，特许人也要考虑以下问题。

（1）会有足够多的能承担特许经营费的受许人吗？

（2）每个受许人的全部初始投资是多少？

（3）初始投资需要多少现金？

（4）受许人能支付初始投资额吗？

如果受许人是一个单独家庭性的经营者，那么他可能想知道特许经营能否为自己带来比现有工作更多的收入；如果受许人是个老练的投资者，那么他会考虑特许经营能否给他带来可预见的持续的回报。

特许人只有充分考量以上问题，才能开发出可行的特许经营体系。

任务实施

根据以下案例完成实训。

麦 当 劳

麦当劳是大型的连锁快餐集团，在世界上拥有 3 万多家分店，主要售卖汉堡包、薯条、炸鸡、汽水、冰品、沙拉、水果等。麦当劳餐厅遍布全世界百余个国家和地区。在很多国家，麦当劳代表着一种美国式的生活方式。麦当劳成立于 1955 年，总部位于美国伊利诺伊州欧克布鲁克，创始人是雷蒙·克罗克（Raymond Kroc）。

麦当劳的黄金准则是"顾客至上，顾客永远第一"，提供服务的最高标准是品质（quality）、服务（service）、清洁（cleanliness）和价值（value），即 QSCV 原则。这是最能体现麦当劳特色的重要原则。quality 是指麦当劳为保障食品品质制定了极其严格的标准。例如，牛肉食品要经过 40 多项品质检查，食品制作后超过一定期限（汉堡包的时限是 20~30 分钟、炸薯条的时限是 7 分钟）即丢弃不卖，肉饼必须由 83% 的肩肉与 17% 的上选五花肉混制等。严格的标准使顾客在任何时间、任何地点品尝到的麦当劳食品都是同一品质的。service 是指按照细心、关心和爱心的原则，提供热情、周到、快捷的服务。cleanliness 是指麦当劳制定的必须严格遵守的清洁工作标准。value 代表价值，是后来添加的准则，是为了进一步传达麦当劳"向顾客提供更有价值的高品质"的理念。也可以说，QSCV 原则不但体现了麦当劳的经营理念，而且有详细严格的量化标准，成为所有麦当劳餐厅从业人员的行为规范。这是麦当劳规范化管理的重要内容。

随着中国经济的发展，麦当劳在中国市场迅猛扩展。截至 2021 年，麦当劳在中国的餐厅已超过 4000 家。麦当劳十分重视中国市场，并在投资回报最大的基础上继续扩展连锁餐厅。

（资料来源：根据网络资料整理而成。）

实训要求：

麦当劳是成功通过特许经营模式快速发展的餐饮企业。请列出麦当劳实施特许经营项目具备的基本条件，并进行初步的可行性分析。将分析结果以 PPT 形式上传至网络平台的小组任务中。

任务评价

根据以上任务完成情况，完成任务评价表（表 2-1）。

表2-1　任务评价表

序号	项目	评价内容	达标	未达标
技能点	案例分析	熟悉特许经营可行性分析的内容		
		清楚特许经营实施的条件		
		能够对开展特许经营的企业进行初步可行性分析		
素质点	诚信经营意识	能够根据企业实际情况做出客观判断		
	团队合作精神	能和团队成员协商，共同完成实训任务		

任务二　撰写特许经营项目可行性研究报告

▌**任务目标**

▌**任务导入**

一个企业要将一项特许商业转化为可以操作的开发项目，需要进行全方位的评估并拿出较为详细的可行性研究报告。撰写可行性研究报告有什么要求？应当从哪些方面展开呢？

▌**任务解析**

项目可行性研究报告要在介绍企业基本情况、项目基本情况、项目发展基本情况的基础上，通过企业分析、市场分析、市场定位和发展思路分析、经济和技术可行性分析、社会效益和社会影响分析等，全面展开项目可行性系统论证，最后在对风险响应防范措施评估的基础上，判断是否可以开展特许经营业务。

 知识要点

特许经营总部要将自己的成功经验转化为可操作的开发项目，需要对项目进行全方位的评估，做出详细的可行性研究报告。项目可行性研究报告主要通过对项目的市场环境，经济、技术条件，盈利预测，实施方案等开展可行性论证。特许经营总部可以据此做出是否开展特许经营的决策，加盟商可以据此做出是否加盟的决策。

想一想

如果你是一个加盟商，想考察并加入合适的特许经营项目，那么你最关注项目的哪些条件？

特许经营项目可行性研究报告的 12 个部分如图 2-2 所示。

图 2-2 特许经营项目可行性研究报告的 12 个部分

一、封面、目录

封面：包括项目名称、研究单位和报告时间。项目名称如"关于××特许经营体系的可行性研究报告"。

目录：用于展示研究报告的逻辑框架。

二、前言、简介

前言或简介用于概括和总述项目可行性研究报告的基本信息、核心思想，解释整个项目的可行程度，以及对特许经营方案给出具有意见性的结论和建议，又称项目概要。投资者等利益相关者往往会通过前言或简介对项目进行基本了解并做出基本判断。因此，这部分内容既要简练又要精确。

三、企业简介

企业简介是对特许经营企业基本情况的介绍，具体如下。

1. 企业概况

企业概况包括企业的名称、性质、地址、法人、注册资本、所在的行业、组织结构、人员情况、发展历史等。

2. 企业业务状况

企业业务状况包括企业发展规模、现有店面数量、经营状况、目标市场和占有率等。

3. 企业产品和服务

企业产品和服务主要包括产品和服务的类型、特色、目标消费群体、价格定位、竞争力等。产品和服务的定位非常重要，在很大程度上决定着加盟店的成功与否。

四、特许经营项目发展介绍

1. 项目提出的背景

项目提出的背景包括以下内容。

（1）国家或行业发展规划。说明国家有关的产业政策、技术政策，分析特许经营项目是否符合宏观环境要求。

（2）项目发起人。注明项目发起单位或发起人的全称，如为合资项目，则要分别列出各方法人代表、注册国家、地址等详细情况。

（3）项目发起的理由。注明项目发起的理由。

2. 项目发展概况

项目发展概况是指项目在可行性研究前进行的工作情况，主要包括如下重要事项。

（1）开展特许经营所需要的企业内外资源调查，包括特许经营行业、法律法规、同行采取特许经营状况的调查等。

（2）市场调查，包括全国性和地区性市场情况调查，既包括组织本身的产品和服务的调查，也包括特许经营体系和分店推广的市场调查。

（3）社会公用设施调查，包括运输条件、公用动力供应、生活福利设施等的调查。

（4）已完成及正在进行的试验工作的名称、内容及试验结果，这些实验包括样板店的建设、与未来加盟商的交谈及特许经营分店的建设等。

五、企业 SWOT 分析

SWOT 分析是对组织内外部条件的各方面进行综合和概括，进而分析组织的优劣势、面临的机会和威胁的一种方法。

S——strength，是指组织在产业中的优势。

W——weakness，是指组织在产业中的劣势。

O——opportunity，是指组织面临的机会。

T——threat，是指组织面临的威胁和挑战。

1. 组织优劣势分析（SW 分析）

组织优劣势分析主要是分析组织自身的实力及其与竞争对手的比较。所谓优势，即竞争优势，是指当两个组织都有能力向同一客户群体提供产品和服务时，一个组织超越其竞争对手的能力，这种能力有助于实现组织的目标。需要说明的是，竞争优势并不一定完全体现在较高的盈利率上，因为有时组织可能更希望增加市场份额、实现规模化、获得可持续发展、赢得公众的认可等。

在做组织优劣势分析时必须从整个价值链的每个环节入手，将组织与竞争对手做详细的对比，如产品是否新颖、制造工艺是否复杂、销售渠道是否畅通、服务是否到位及价格是否具有竞争力等。

2. 机会威胁分析（OT 分析）

机会威胁分析主要是对行业环境的变化及其对组织产生的影响进行预测。随着经济、社会、科技等诸多方面的迅速发展，特别是全球经济一体化进程的加快，全球信息网络的建立和消费需求的多样化，组织所处的环境更为开放和动荡。这种变化几乎对所有组织都产生了深刻的影响。因此，环境分析成为一种日益重要的组织职能。

环境发展趋势分为两大类：一类表现为环境机会，另一类表现为环境威胁。环境机会是指在对组织行为富有吸引力的领域中，组织将拥有竞争优势。环境威胁是指环境中一种不利的发展趋势对企业所形成的挑战，如果不采取果断的战略行为，则这种不利趋势将导致组织的竞争地位受到削弱。

> **读一读**
>
> 优势，是组织机构的内部因素，具体包括有利的竞争态势、充足的财政来源、良好的企业形象、强大的技术力量、良好的规模经济、优秀的产品质量、充足的市场份额、成本优势、广告攻势等。
>
> 劣势，也是组织机构的内部因素，具体包括设备老化、管理混乱、缺少关键技术、研究开发落后、资金短缺、经营不善、产品积压、竞争力差等。
>
> 机会，是组织机构的外部因素，具体包括新产品、新市场、新需求、外国市场壁垒解除、竞争对手失误等。
>
> 威胁，也是组织机构的外部因素，具体包括新的竞争对手、替代产品增多、市场紧缩、行业政策变化、经济衰退、客户偏好改变、突发事件等。

六、市场分析

1. 行业概况分析

行业概况分析包括对行业的历史、规模、特征、主要客户群、容量及潜力、发展趋势、竞争与合作情况、行业竞争的关键点、国家有关行业政策、本行业新技术的最新发展、上游产业的最新发展、本行业带头人的最新动向等的分析。

2. 竞争分析

竞争分析主要依照波特五力模型（图 2-3）来展开。

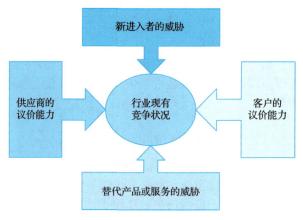

图 2-3　波特五力模型

迈克尔·波特（Michael Porter）在其经典著作《竞争战略》中提出了行业结构分析模型，即所谓的"五力模型"，包括行业现有竞争状况、供应商的议价能力、客户的议价能力、替代产品或服务的威胁、新进入者的威胁五大竞争驱动力，并指出公司战略的核心在于选择正确的行业及行业中最具有吸引力的竞争位置。

3. 消费者分析

消费者分析主要分析以下要素。

（1）影响消费者购买行为的主要因素分析，包括文化、社会、个人心理等因素。

（2）与购买行为相关的人群分析，包括使用者、影响者、采购者、决策者、信息控制者。

（3）购买行为类型分析，根据消费者行为的复杂程度和所购买商品本身的差异性大小分为复杂型、和谐型、习惯型和多变型四种；根据消费者的性格和购买心理不同，分为习惯型、理智型、冲动型、经济型（特别注重价格）、情感型、不定型六种。

（4）购买决策过程分析，即引起需要—收集信息—评价方案—决定购买—买后行为。

（5）分析消费者收入的变化。

（6）分析消费者支出模式的变化。

（7）消费者或客户的细分。

七、市场定位和发展构想

市场定位和发展构想是项目可行性研究报告的核心内容，需要明确项目的总体定位、目标和发展战略规划。在明确总体定位的基础上，在市场定位中可以单列特许经营权内容、目标市场定位、品牌定位、产品定位等具体内容。

发展构想是对特许经营发展所做的初步描述，先说明总体发展思路，再说明具体的发展思路。

发展构想具体内容如下。

（1）特许经营权状况及特许经营内容等。

（2）特许经营授权体系结构，如单店授权、区域授权或区域主授权等。

（3）单店的经营模式，包括客户定位，商品、服务组合，总部战略控制。

（4）特许经营费用的安排，包括加盟费、特许经营权使用费、广告基金及其他费用，如保证金、广告费、培训费、转让费、更新费、设备费、原料费、产品费等。

（5）运营操作安排，包括招募、营建、财务管理、信息管理、物流配送等。

（6）项目运作团队和工作方式。

（7）特许经营发展总体进度计划、总体目标阶段划分等。

八、特许经营项目经济性分析

特许经营项目经济性分析是对整个项目投资和回报的分析，须详细分析整个项目的总投资概算，资金来源，未来特许经营总部、单店投资回收期测算等，通过计算不同的指标，如项目盈利指数、盈亏平衡点、经营安全率等来分析该项目在经济上的可行性。

九、特许经营项目技术性分析

1. 构建特许经营体系的技术性分析

一个组织构建特许经营体系，包括三个最基本的途径，以及这三种途径的组合，具体如下。

（1）聘请特许经营专家为本企业的高级职业经理人。

（2）寻找"外脑"，即寻找外部专业咨询公司或顾问等。

（3）组织员工学习特许经营的有关知识，然后自己进行体系的构建。

这些方式在项目成功风险、支付成本等方面各有利弊，组织应仔细分析，选择一种最为有利的组合方式。

2. 特许经营体系运作与维护的技术性分析

特许经营体系运作与维护的技术性分析主要包括特许经营体系构建之后的实际运作和管理维护等，即组织是否在人员、知识等资源方面有持续保障。具体来讲，就是组织一旦成为特许人之后，能否保持自己的盈利性发展，以及是否能履行其对受许人的承诺，如提供各种支持、研究开发、培训、督导、信息控制、财务管理、市场营销、物流配送等。

十、社会效益和社会影响分析

评价社会效益是一份项目可行性研究报告中的必要部分，一个具有良好社会效益的特许经营项目应具有持续发展的能力。项目的社会效益和社会影响分析主要包括项目对当地财政税收和经济发展的影响、对就业机会增加的影响、对合理利用资源和环境保护的影响，以及与当地基础设施发展水平、当地居民宗教、民族习惯的相互适应性等。可行性研究人员应当根据项目的特点，对项目的主要社会效益和社会影响进行说明。

十一、风险和对策

可行性研究需要针对特许经营项目未来可能存在的主要风险进行分析，如行业风险、市场风险、技术风险、管理风险等；需要对可能影响特许经营项目未来发展的主要风险因素进行重点分析，并提出相关的防范对策。

十二、附件

凡属于项目可行性研究范围的，但在研究报告以外单独成册的文件，均须被列为项目可行性研究报告的附件。所列附件应注明名称、日期、编号。

一般附件可能包括以下文件。

（1）项目建议书。

（2）项目立项批文。

（3）市场调研分析报告。

（4）贷款意向书。

（5）环境影响报告。

（6）需要单独进行可行性研究的单项或配套工程的可行性研究报告。

（7）引进技术项目的考察报告。

（8）利用外资的各类协议文件。

（9）其他主要对比方案说明。

（10）特许经营基本知识、发展历史和利弊。

（11）其他文件。

任务实施

根据以下案例完成实训。

三 只 松 鼠

三只松鼠于 2012 年成立于安徽芜湖，深耕坚果行业多年，为超过 1 亿人带来美味体验。

三只松鼠主要经营坚果和休闲零食，现已发展成为年销售额百亿元的坚果行业龙头企业及上市公司，并成功孵化聚焦宝宝零食的子品牌"小鹿蓝蓝"。依托品牌、产品及服务优势，2016—2020 年，三只松鼠连续五年获得中国坚果销量第一并在行业内领先（内容来源于相关机构发布的《新消费时代休闲食品消费趋势研究》，这里的坚果是指树坚果），先后被新华社和《人民日报》誉为新时代"改革名片""下一个国货领头羊"。

作为国民品牌，三只松鼠在企业发展的同时，联动上游共建联盟工厂，提升产品品质，以消费者为中心持续深耕研发和制造，投身公益，致力于乡村振兴，奔向共同富裕。

三只松鼠聚焦坚果优势品类，携多品牌 IP 势能走向全球，实现健康可持续的高质量发展。未来三只松鼠将与上下游伙伴建立更密切的合作关系，探索三大产业融合发展，构筑全新商业模式和公益模式，实现企业经济效益与社会效益的和谐并进。

（资料来源：根据网络资料整理而成。）

实训要求：

（1）明确一份特许经营项目可行性研究报告的基本要素。

（2）请查阅相关资料，对三只松鼠特许经营项目进行市场分析和企业 SWOT 分析，明确该项目的市场定位和发展构想。

 **任务评价**

根据以上任务完成情况，完成任务评价表（表2-2）。

表2-2　任务评价表

序号	项目	评价内容	达标	未达标
技能点	案例分析	熟悉特许经营项目可行性研究报告的内容		
		能够对项目进行市场分析		
		能够对项目进行企业 SWOT 分析，明确该项目的市场定位和发展思路		
		能够基本了解该项目的市场定位和发展思路		
素质点	诚信经营意识	能够根据实际情况做出客观判断		
	团队合作精神	能和团队成员协商，共同完成实训任务		

任务三　制订特许经营项目实施方案

任务目标

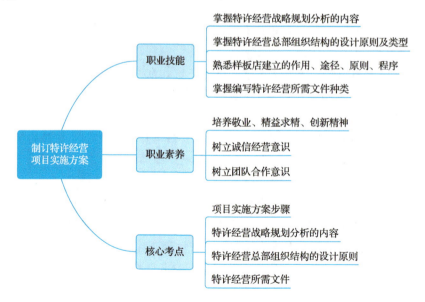

任务导入

2009 年年底，谭木匠控股有限公司（以下简称谭木匠）在香港联交所上市，这多少有些让人意外，一家"依靠小店卖木梳"的特许经营企业也能上市？作为一家以制造、销售木梳为主的企业,谭木匠在 2009 年的营业额达到了 1.39 亿元。1995 年正式注册"谭木匠"商标时,出身木匠世家的谭传华选择把木梳作为唯一的产品,在销售方式上他尝试过沿街叫卖、进商场、开专卖店等,逐渐在市场上站稳了脚跟,而真正让谭木匠发展壮大的则是特许经营的方式。那么谭木匠是如何设计项目实施方案并发展自己的特许经营体系的呢?

在确认特许经营总部符合特许经营条件后,要考虑如何具体开展特许经营业务。制订一套切实可行的特许经营项目实施方案是当务之急。

 任务解析

具体的项目实施方案是项目发展战略和策略的具体化,是项目发展要经过的几个详细阶段及每个阶段发展的重点和目标,包括制订特许经营开发计划、设置特许经营总部组织结构、建立特许经营样板店、准备特许经营所需文件及加盟具体细节的梳理等。

📖 知识要点

一、特许经营战略规划分析

特许经营战略规划就是特许人为保证特许经营体系持续稳定发展,根据特许人组织内外部环境及可获得资源的情况,对特许经营体系的发展目标、达成目标的途径和手段所做的整体计划。特许经营战略规划分析主要体现在以下三个方面。

特许经营战略
规划分析

(一)阶段发展目标

特许经营阶段发展目标是对特许经营总体战略目标的分解,也可以称为特许经营发展的节奏。成熟的特许经营企业,如麦当劳、肯德基等,都有着清晰的战略发展节奏,刚开始时特许经营发展的速度比较慢,随着体系和模式的成熟,不断加快发展的速度。特许经营的发展最忌急功近利,如果在还没有标准时就让人来加盟,认为可以一边发展一边完善,那么往往会顾此失彼,甚至全军覆没。

(二)市场发展目标

市场发展是全国性的还是区域性的?市场发展目标的战略考虑对很多特许经营企业和连锁经营企业越来越重要。目前,很多成功的特许经营企业,如 7-11 便利店、星巴克、肯德基、麦当劳等,都是先立足区域发展,再面向全国扩张。

(三)连锁模式选择

特许经营是连锁经营模式的一种。特许经营企业在考虑连锁发展时,需要结合企业内外部环境及资源能力状况，选择适合企业发展的连锁模式。事实上，很多企业采取直营与特许经营混合发展的策略，这需要明确直营与特许经营各自的比重，以及各自的市场范围和发展节奏。

> **想一想**
>
> 　　有人说，选择何种特许经营方式在业务开展之前就应该明确，从而避免走弯路。即使是新成立的特许经营总部，也应该事先确定重点开发区域，采取层层推进的方式，有选择、有步骤地开拓特许经营事业。在既定的战略目标和发展节奏下，还要考虑资源配置问题，如商品是自己配送还是借助第三方物流配送等。你认为呢？

二、确定特许经营总部组织结构

（一）特许经营总部组织结构的设计原则

以发展和市场为导向是特许经营总部组织结构设计的根本发展方向。在特许经营总部组织结构设计的过程中，应遵循以下八项原则。

（1）责权利对等原则：各岗位的责任、权力和激励措施必须相对应。

（2）管理明确原则：避免出现多头指挥和无人负责现象。

（3）专业分工和协作原则：兼顾专业管理的效率和公司目标任务的统一性。

（4）客户导向原则：以统一形象面对客户并满足客户需求。

（5）执行和监督分设原则：保证监督机构发挥实际作用。

（6）灵活性原则：能对外部变化做出及时、充分的反应。

（7）有效管理幅度原则：管理人员直接管理的下属人数应在合理范围内。

（8）精干高效原则：机构精简，人员精干。

（二）特许经营总部组织结构的类型

特许经营总部组织结构分为两种类型：第一种类型为特许经营体系是特许人的唯一业务，即特许人是一级法人时的特许经营总部；第二种类型为特许经营体系仅是特许经营企业的业务之一，即特许人是二级法人时的特许经营总部。

1. 一级法人特许经营总部

在特许经营过程中，有的特许人只经营特许经营体系，而不从事其他模式的业务。这种形式的特许经营总部就是一级法人特许经营总部，其组织结构如图2-4所示。

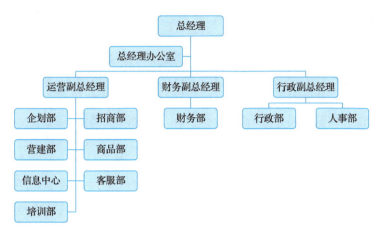

图 2-4　一级法人特许经营总部组织结构

一级法人特许经营总部组织结构的特点如下：部门按职能分工，运营部门分工很细，说明特许经营企业强调对特许经营业务的细致掌控；财务部单独设副总经理，说明特许经营企业注重资本的运作；设行政副总经理，说明特许经营企业对行政部门的重视，或者总经理室来自行政部门。当然，有的企业可能把财务结算交由特许运营副总经理进行管理，而把行政、人事部门合并，由另一个副总经理进行管理，这样是为了加强特许经营部门的力量，削弱行政部门的实力，但本质上区别不大。

2. 二级法人特许经营总部

在二级法人特许经营总部中，特许经营仅是企业业务之一，在特许经营企业内部仍然存在其他经营模式和经营业态。这种形式的特许经营总部组织结构如图 2-5 所示。

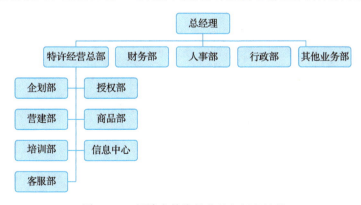

图 2-5　二级法人特许经营总部组织结构

因为企业总部有多种业务，为避免部门的重复设置和保持整个公司的协调一致，特许经营的一部分职能将由企业总部统一的部门负责完成，但特许经营总部需要协助和支持这些部门的工作，并提供必要的资料、知识和技能等。

　　特许经营总部仍须完成并设置的部门有企划部、授权部、营建部、商品部、培训部、信息中心和客服部。行政部、人事部和财务部将由总公司的独立部门来组建。各部门职能除了具备总公司对应部门的职责，还应具备与特许经营的特征相一致的相关职能。

　　开展特许经营是一项特别重要的工作，特许经营总部的组织结构是否完善直接影响日后特许经营业务能否顺利运行。特许经营总部在向外出售特许经营权之前，应首先确认内部机构的设置和职能划分是否恰当、是否能满足特许经营的需要。

　　特许经营机构的设置，可以根据不同行业的业务特点采取相应的方式，没有一个完全通用的标准。发展较成熟的连锁企业特许经营总部一般专设特许经营事业部。特许经营事业部下设开发部、培训部、管理督导部等，每个部门的具体职责均落实到人。

（三）特许经营总部各特许经营机构的工作职责

特许经营总部的特许经营机构必须履行以下工作职责。

1. 加盟商招募与授权

（1）拟订年度招募计划。
（2）设定加盟条件。
（3）准备招募和授权文件。
（4）组织实施招募信息的发布和广告宣传。
（5）组织实施对加盟申请人的咨询。
（6）遴选加盟商及签订加盟意向。
（7）与加盟商谈判并签订加盟合同。

2. 加盟店的评估选址与营建

（1）样板店的选址与营建。
（2）对潜在加盟商已经拥有的店铺进行地址评估。
（3）指导和协助加盟商进行单店的选址。
（4）指导和协助加盟商进行人员的招募和培训。
（5）指导和协助加盟商进行单店的装修。
（6）指导和协助加盟店进行开业准备。

3. 开业后的督导和沟通

（1）对开业的加盟店进行指导和质量控制。
（2）计划和实施区域推广活动。
（3）计划和实施加盟店人员的持续培训工作。
（4）协助特许经营总部为加盟店提供后续服务。
（5）协助提升加盟店的管理水平。

（6）解决特许经营总部与加盟店的冲突。

想一想

同一般的企业相比，特许经营企业特有的组织机构是什么？

三、建立样板店

（一）样板店的概念

样板店是指在一个特许经营体系中，严格执行标准化、简单化、专业化、差异化及企业识别系统设计要求的，有良好的市场形象和经营绩效，有条件承担体系内员工现场培训任务，稳定经营在一年以上的模范店铺。它为特许经营体系中的其他店铺树立了一个样板。

（二）样板店建立的作用

（1）通过样板店经营可以发现经营中的优点和缺点，有助于日后改进工作。
（2）样板店是前期试点经营或经营设计效果检验的最佳地点。
（3）样板店是加盟商及其相关人员接受培训、实习、参观的样板。
（4）样板店是潜在加盟商认识特许经营体系的一面镜子，是促使潜在加盟商下决心加盟的关键场所。

（三）样板店建立的途径

样板店建立有三个途径，具体如下。
（1）由特许经营总部直接投资建设样板店，即将某个直营店改造成样板店。
（2）在特许经营总部协助下，由加盟商投资建设样板店，即将某个加盟店改造成样板店。
（3）特许经营总部与加盟商联合投资建设新的样板店。
其中，将某个加盟店改造成样板店是最重要的途径。

读一读

很多连锁企业即使未开展特许经营业务，也会开设自己的样板店，作为其他分店的参考模板，这样的样板店也被称为旗舰店。旗舰店是商店形象展示的最佳平台，虽然没有一个统一的关于旗舰店的定义，但旗舰店是所有连锁企业都熟悉的一种门店形式。对于管理者而言，旗舰店就是将商店形象设计的所有元素都充分展示出来的一个标准店和样板店。旗舰店往往设在人流量较大的购物中心或大城市繁华的商业中心。凭借精心设计的商品陈列和良好的卖场氛围，旗舰店向人们展示企业的最新品牌理念，出售企业的所有商品，其规模比一般的门店要大得多。

（四）样板店建立的原则

建立样板店的原则主要有两个：一是无论以何种方式建设的样板店，都要保证特许经营总部的绝对控制；二是样板店的选址要考虑区域覆盖，以节省加盟商的学习成本。

（五）样板店建立的程序

1. 试点经营

特许经营企业须进行特许经营试点经营，也就是开几家直营店，看看市场的反应，以提高认识并积累一定的经验。建立多少试点，则取决于这些试点的位置在体系中的代表性。在确立一个经营模式之前，可以在不同的地点做试验。另外，有必要保证试点经营的期限在一年以上，这样经营中的季节因素可被完整地考虑进去。已拥有店铺的企业可从目前的分店经营中获取经验。

2. 逐步提升

总结经验，完善制度，强化管理措施，进行科研攻关，提高产品质量，完善网络，打造企业品牌。

3. 建立样板店

建立样板店包括样板店选址、商圈调查、功能设计、类型确定、logo 设计、卖场设计、目标市场确定、一级物流网络建设、信息系统建设、运营管理制度的制定、财务制度的制定、培训手册的制定等。

 想一想

样板店既可以是直营店也可以是加盟店吗？

四、编写特许经营所需文件

（一）加盟指南

加盟指南又称招商指南、招商手册，是特许人为了扩大本企业的知名度，吸引潜在加盟商增加对企业的兴趣和了解，使其成为企业招募的加盟商的宣传性文件。加盟指南是最重要的招商文件。

1. 加盟指南的特点

（1）主题突出。加盟指南必须非常鲜明地把企业的主题直接呈现给潜在加盟商，必须让潜在加盟商第一眼就能了解加盟指南的主题。突出主题可以运用多种方式，如放大

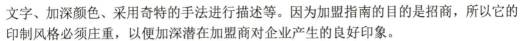

文字、加深颜色、采用奇特的手法进行描述等。因为加盟指南的目的是招商，所以它的印制风格必须庄重，以便加深潜在加盟商对企业产生的良好印象。

（2）语言简洁。加盟指南是吸引潜在加盟商的媒介，因此加盟指南不需要有很多复杂的阐述，只要对企业的要点进行简单的描述即可，即通过简单的语言把企业的特点描述出来。潜在加盟商如果需要详细地了解企业情况，就必须进行实地考察或者详细面谈。好的加盟指南可提高潜在加盟商实地考察的概率和最后加盟企业的概率。

（3）以图片为主。很多时候，加盟商对于一个企业的了解只停留在肤浅的层面，很难通过单纯的文字表达对企业有深刻了解，那么加盟指南就必须增加一些有关企业的图片，特别是一些门店的图片，达到与加盟商产生共鸣的效果。

（4）展示优势。任何一个成功的特许经营企业都具有很多优势，在加盟指南中，必须把这些优势向客户展示出来，以此证明加盟本企业的重要性，提高潜在加盟商对加盟本企业的认可程度。

（5）逻辑清楚。在加盟指南中，各类型企业应该根据自身的情况，按照一定的逻辑顺序来安排相应的内容，但是所有内容的安排必须围绕让潜在加盟商产生兴趣的目的来统筹，这是编写加盟指南的关键所在。

2．加盟指南的内容

（1）企业介绍。在企业的介绍中，重点运用一些通俗的、数字化的语言进行描述，增强潜在加盟商对企业的直观认识，以给潜在加盟商留下深刻印象。企业介绍主要包括以下内容：特许人的名称及历史简介；特许人的特许经营体系的优势及可提供的技术支持；企业经营理念、企业文化及宣传口号；现有加盟店的情况、准备招商的加盟商的数量及地区；对合格加盟商的要求及常见问题的解答。

（2）加盟类型及授权期限。在加盟指南中，特许人应该简单介绍特许经营的类型及加盟费。同时，特许人必须明确提出加盟授权期限，以便让潜在加盟商能够做粗略的投资预算。

（3）盈利模式的介绍。在加盟指南中应该对"怎样获取利润"这个问题加以明确阐述，一般应附有单店投资回收预算表，以便潜在加盟商对单店投资回报进行分析。同时，一些特许经营企业为了加强对加盟商的控制，往往会通过合同的形式分享加盟商一定的利润，这样就可能造成加盟商对盈利模式认可程度较低的问题。应该在加盟指南中明确说明盈利模式，以免造成双方的纠纷和分歧。

（4）双方权利义务关系的阐述。加盟指南的重点可能不会放在对双方的权利和义务的描述上，但是对于能够提高潜在加盟商对企业的兴趣的权利和义务，应该进行一些简单的介绍，如在保底加盟中特许人对于加盟商盈利的最低保障，这对于潜在加盟商是具有很大吸引力的。在阐述过程中，必须严格遵守诚信的原则，可以挑选主要权利、义务进行介绍，但绝不能夸大事实。

（5）加盟常见问题与解答。招商人员经常需要回答潜在加盟商的各种各样的问题。

因此，为了保证不同的招商人员都能以同一种口径熟练地解答所有关于加盟的问题，企业有必要编制一个专门的手册，即《加盟常见问题与解答》。挑一些经典的、能突出本企业特色和长处的、经常被问及的问题编入其中，问题数目一般不超过15条，注意问和答的语言都要简练、准确、生动。常见的问题如下：①特许经营体系的业务主要包括哪些内容？②加盟店的产品和服务主要有哪些？③加盟商应支付的特许经营费用主要有哪些？④特许人为加盟商提供哪些培训？⑤加盟商会得到何种营销及广告支持？

（6）图片部分。在加盟指南中，图片应该占据较大的篇幅，因为这是一种较为直观的表达形式。图案部分应包括以下内容：特许人的商标、商号等标识；特许人已有的单店形象，即不同角度的视图和照片；单店的营业现场、特色产品、设备及服务照片；特许经营体系或某个单店曾经获得的各种荣誉证书或牌匾等；成功加盟商的相关资料及照片。

> **读一读**
>
> 编制加盟指南有以下优点。
>
> （1）统一解释。加盟指南上有明确的说法，不会造成执行上的差异。
>
> （2）方便管理。无论加盟店开到哪里，都可以通过加盟指南进行标准化作业。
>
> （3）作为调整的依据。商业的形象常常因时因地不同而需要调整设计，尽管不能完全照搬原来的设计，但是设计者可以根据加盟指南的基本风格和要求灵活调整，以达到神似的效果。
>
> （4）有利于培训管理。加盟指南是培训的基本依据，员工可以了解自己该做什么，以及怎么做。
>
> （5）强化加盟商的信心。完整的加盟指南代表企业的管理水平，更容易被加盟商接受。

（7）加盟申请表。加盟申请表通常做成附页或可裁剪掉的形式，以便潜在加盟商填完后邮寄或传真给特许人。加盟申请表的基本内容一般包括以下几个方面。

① 申请人的基本资料，如姓名、性别、年龄、婚否、籍贯等。

② 申请人的联系方式，如E-mail、电话号码（办公室、住宅）、传真号、手机号等。

③ 申请人的详细地址、邮政编码。

④ 申请人是否已有单店。若有，则此申请表里应包括该店的一些基本情况，如营业面积、店址、人员数、经营业务、房产情况（是产权者还是租用者）、盈利状况等。

⑤ 申请人欲以何种方式加盟。

⑥ 申请人的学习和工作简历。

⑦ 申请人欲加盟的信息，如计划店址、计划签约时间、准备的投资额、加盟后的商业计划等。

⑧ 关于特许人的调查。从何种渠道知道本特许经营体系的？对特许人的期望是什么？

（二）特许经营加盟意向书

双方签订正式的特许经营合同之前要签署一份特许经营加盟意向书，其目的是给潜在加盟商一定的时间来慎重考虑最后是否加盟，或者给潜在加盟商一定的时间来选址、筹集资金等。签署特许经营加盟意向书后，特许人不能再将潜在加盟商欲加盟的区域或单店特许经营权授予他人，潜在加盟商也不能再选择其他的特许人。

（三）特许经营合同

特许经营合同分为特许经营主体合同和特许经营辅助合同。特许经营主体合同可以分为四个组成部分：合同引言、合同中关键用语释义、合同的主体部分，以及合同的附件部分。特许经营辅助合同是为确保特许经营关系更完善、切实地建立和运行而由特许人和加盟商双方另订的一些合同，如商标使用许可协议、软件许可与服务协议、市场招商与广告基金管理办法、竞业禁止协议、保证金协议、供货合同、单店店面转租合同等。

（四）信息披露书

特许经营总部在正式大规模招募加盟商之前，应该按照 2007 年 5 月 1 日起施行的《商业特许经营管理条例》及 2012 年修正的《商业特许经营信息披露管理办法》中的规定进行准备工作。

《商业特许经营管理条例》第八条规定，特许人应当自首次订立特许经营合同之日起 15 日内，依照条例的规定向商务主管部门备案。在省、自治区、直辖市范围内从事特许经营活动的，应当向所在地省、自治区、直辖市人民政府商务主管部门备案；跨省、自治区、直辖市范围从事特许经营活动的，应当向国务院商务主管部门备案。根据该条例，特许人向商务主管部门备案，应当提交以下文件、资料。

（1）营业执照复印件或者企业登记（注册）证书复印件。

（2）特许经营合同样本。

（3）特许经营操作手册。

（4）市场计划书。

（5）表明其符合《商业特许经营管理条例》第七条规定的书面承诺及相关证明材料。

（6）国务院商务主管部门规定的其他文件、资料。

特许经营的产品或者服务，依法应当经批准方可经营的，特许人还应当提交有关批准文件。

《商业特许经营管理条例》第二十一条规定，特许人应当在订立特许经营合同之日前至少 30 日，以书面形式向被特许人提供规定的信息，并提供特许经营合同文本。

《商业特许经营管理条例》第二十二条规定，特许人应当向被特许人提供以下信息。

（1）特许人的名称、住所、法定代表人、注册资本额、经营范围，以及从事特许经营活动的基本情况。

（2）特许人的注册商标、企业标志、专利、专有技术和经营模式的基本情况。

（3）特许经营费用的种类、金额和支付方式（包括是否收取保证金以及保证金的返还条件和返还方式）。

（4）向被特许人提供产品、服务、设备的价格和条件。

（5）为被特许人持续提供经营指导、技术支持、业务培训等服务的具体内容、提供方式和实施计划。

（6）对被特许人的经营活动进行指导、监督的具体办法。

（7）特许经营网点投资预算。

（8）在中国境内现有的被特许人的数量、分布地域及经营状况评估。

（9）最近 2 年的经会计师事务所审计的财务会计报告摘要和审计报告摘要。

（10）最近 5 年内与特许经营相关的诉讼和仲裁情况。

（11）特许人及其法定代表人是否有重大违法经营记录。

（12）国务院商务主管部门规定的其他信息。

 读一读

美国联邦贸易局有关连锁业法规规定：特许经营总部提供的基本情况主要包括特许权详细情况，董事人员及联系人员名单，费用项目，财政状况，特许经营权中止、取消或更新的规定，总部提供的支援，对加盟商行为的限制，等等。

（五）培训材料

培训材料包括培训的所有内容，涉及有关专业的全方位知识。例如，服装公司对加盟商的培训不仅包括公司介绍、店铺陈列方式、店铺规则及员工守则，还包括如何分析顾客心理、如何为顾客搭配服装颜色等。

五、宣传推广和招募加盟

在一个新地区开展业务时，宣传推广和招募加盟是必不可少的环节。

与其他公司不同的是，特许经营总部的宣传推广既要吸引消费者又要吸引投资者。在加盟业务开展前期，宣传推广的对象应该着重放在投资者身上，其推广的渠道主要如下。

（1）全国性和地区性的特许经营展会。

（2）本企业网站和中介机构的网站，包括行业协会、特许经营协会等的网站。

（3）相关行业的平面、广播、电视媒体。

（4）加盟商召开的新闻发布会。

（5）现有的直营店和加盟店。

确定项目推广策略非常重要，特别是在特许经营总部开展特许经营初期，或者在一个新市场推广特许经营业务时。宣传推广活动可以采取的方式很多，如广告宣传、展会推广和人员推广等。每种方式都有多种选择，如广告宣传中的媒体选择等。特许经营总部应该统筹安排，如推广方式、推广人员、推广材料、推广费用、推广时间、推广地点等。提前准备越充分，越能收到良好的效果。

特许经营实施方案涉及整个特许经营流程各环节的设计和准备工作，这里只包括特许经营的前期准备工作。

📋 任务实施

根据以下案例完成实训。

罗森便利店

罗森（Lawson）是特许经营连锁式便利店。分店主要分布在日本关西地区，在中国的上海、南京、重庆、沈阳、大连、杭州、北京、武汉、长沙、海南、唐山、保定等城市都有分店。

罗森在日本的规模仅次于7-11便利店。截至2010年1月，罗森在全日本有分店9527家。2019年1月18日，中国罗森门店达到2000家。罗森是首家完成全日本展店工作的便利店，近年来其致力于改革，在业界的评价甚高。

1939年，罗森在美国俄亥俄州开办了牛奶店"罗森"。罗森因出售好喝的牛奶而受到欢迎，业务扩大后开始出售日用品。其后，"罗森牛奶"（Lawson's Milk）成立。1959年，康索利达蒂食品（Consolidated Foods）收购"罗森牛奶"。

1975年，大荣超市和康索利达蒂食品达成了重要的商务协议。1996年，上海华联罗森有限公司成立。2000年，三菱商社成为罗森最大的股东。2009年2月24日，罗森同意以149亿日元收购日本第七大便利店 am/pm Japan Co.Ltd.。

上海华联罗森有限公司以开设全年无休息、24小时营业的便利店为主。该公司本着"一切为顾客着想"的经营宗旨，为上海市民提供优质、安全、放心的商品和服务。2013年，罗森在北京设立公司；2017年8月31日，罗森南京丹凤街店日销售额达到11.8万元，打破罗森中国门店单日销售最高纪录，创下罗森进入中国市场以来的最高单日销售额纪录；同年10月28日，罗森南京新街口中心店日销售额突破20万元，一举打破南京丹凤街店的日销售额纪录，并刷新全球罗森日销售额纪录；2019年，罗森进驻天津；2019年8月29日，罗森进驻沈阳市，在和平区三好街、沈河区北站路、沈河区友好街同时新开3家罗森便利店。

2020年8月2日，罗森首次进驻河北省，首批6家门店在唐山隆重开业，同时"北京罗森"微信公众号更名为"京津冀罗森"，为开辟扩大京津冀市场打下了良好基础。

（资料来源：根据网络资料整理而成。）

实训要求:

（1）明确特许经营项目开发的步骤和内容。

（2）通过查阅资料的方式了解罗森便利店特许经营项目开发的过程。

任务评价

根据以上任务完成情况,完成任务评价表(表2-3)。

表2-3 任务评价表

序号	项目	评价内容	达标	未达标
技能点	案例分析	能明确特许经营战略规划分析的内容		
		能够对特许经营总部组织结构的设计原则及类型有整体认识		
素质点	整体化思维	明确项目实施方案步骤之间的逻辑关系		
	团队合作精神	能和团队成员协商,共同完成实训任务		

任务四　编写特许经营手册

任务目标

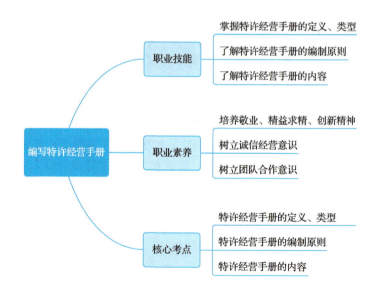

任务导入

宜家是全球著名的家居用品零售企业,其特许经营模式也取得了巨大的成功。宜家通过特许经营的方式,在全球范围内开设了众多的宜家家居专卖店。受许人严格按照宜家的经营理念和管理模式进行经营,保证了全球范围内宜家品牌形象和产品质量的一致性。

通过本任务的学习，读者将对特许经营手册的类型、编制原则与内容，特许经营招募文件、单店手册、总部手册等有较清晰的认知。

任务解析

特许经营手册是特许经营体系的招募依据，是特许经营体系参与者的行为指南，是新进加盟商的培训资料，其实质是特许经营体系运行的书面保障。对于不同项目的经营手册，应从特许经营体系所处行业的特点、运营体系的特点、运营体系书面化的资源材料内容等角度出发进行编写。

 知识要点

一、特许经营手册的定义

特许经营发展的核心在于特许人保持对特许经营体系资源的控制，但特许经营体系的资源大多是可以复制的，同时良好的品牌形象也需要长期的维护。这就要求有一份规范文件来确保受许人的日常经营活动符合整个特许经营体系的利益。

特许经营手册是由特许人制定，要求整个特许经营体系遵照执行，规定了特许经营体系受许人的招募、特许经营总部和加盟店的日常经营行为的书面文件。

特许经营手册是特许经营权内容的书面化，是每个特许经营项目经营复制的重要蓝本，凝聚了特许经营总部管理团队集体的智慧，是特许经营总部对经营业务的知识、经验、技能、创意等的总结。为了保证众多加盟店能够准确复制样板店的模式，应编制一套完整详细的特许经营手册。同时，一份专业完备的特许经营手册能增强投资者对特许经营体系的信心。

> **想一想**
>
> 麦当劳允诺，每个麦当劳餐厅的菜单基本相同，并且"质量超群，服务优良，清洁卫生，货真价实"。它的产品、加工和烹制程序，乃至厨房布置，都是标准化的、严格控制的。为了保证产品和服务的高质量，无论是食品采购、产品制作、焙烤操作程序，还是炉温、烹调时间等，麦当劳对每个步骤都有统一标准。这一标准的贯彻也是麦当劳制胜的法宝。那么麦当劳是靠什么来贯彻执行其高标准的呢？

二、特许经营手册的类型

按使用者不同，特许经营手册可分为以下四个类别。

（一）特许经营总部手册

特许经营总部手册是为了特许经营体系的良性运作而编制的，是关于特许经营总部的运营、管理等方面的工作指导和规范，主要供特许经营总部的管理人员使用，可根据不同的管理内容细分为多个具体的专业手册，如特许经营总部督导手册、特许经营 CIS 手册、特许经营总部人力资源管理手册、特许经营总部招募手册、特许经营总部商品管理手册、特许经营总部物流管理手册、特许经营总部培训手册、特许经营总部营销管理手册、特许经营总部信息系统管理手册等。

（二）单店手册

单店手册是对加盟店在选址、建设期、开业初期及正常运营之后所有工作内容、流程、工具和步骤等的汇总，是对加盟店全部运营活动的指导和规范。单店手册也可以分为许多具体的专业手册，主要有加盟指南、加盟店经营常见问题解答、加盟店开店手册、加盟店运营手册、加盟店员工手册、加盟店促销手册、加盟店商品管理手册、加盟店店长手册等。

（三）分部或区域加盟商手册

分部或区域加盟商手册是阐述分部或区域加盟商如何开展工作的原则、流程及具体技术的文件。

（四）招募文件

招募文件是由特许人发出的，精练、概括地介绍自己的特许经营体系状况，以吸引潜在加盟商加盟的文件。加盟商可以根据招募文件大致了解特许经营总部的状况，然后进行进一步商谈。

三、特许经营手册的编制原则

特许经营手册的编制是一项要求非常严密的工作，在编制时需要把握以下原则。

（一）突出特许经营的本质

特许经营手册要有效传达特许经营的实质内容，要将加盟总部看得见的"有形标准"部分和看不见的"无形标准"部分相结合。"有形标准"是指 logo、外观装修、内部装饰、设备、原材料、产品、组织架构、操作系统、软件系统等的标准，这部分强调形式、实体或性能上的一致，相对较容易统一。"无形标准"是指企业经营服务的技术、制度、理念、文化等抽象部分的标准，这部分较难控制，往往需要更长的时间来培育。特许经营手册应当充分传达特许经营项目的实质。

（二）具有实用性

（1）特许经营手册是加盟商日常经营的法宝，是管理人员具体操作实践的依据和标

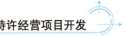

准，要有很好的读者界面。例如，经营加盟店常见问题类手册的编写，要让加盟商既了解如何做，又了解为什么这样做，使其对相应的问题能举一反三、触类旁通。

（2）特许经营手册应按照一定标准分类。例如，按照手册的内容差异，可以分为招商加盟指南、受许人营建手册、开店手册、营运手册、法律文件手册、商品手册、培训手册、督导手册等。

（3）注意编写形式的丰富性。编写要恰当地将文字和各种图表结合起来，以帮助管理人员和加盟商更好地理解内容。例如，在介绍具体业务操作流程和商品陈列时，可以用相应的流程图和陈列图，这样做不仅能使特许经营手册内容生动鲜活，还能保证使用者更清楚、明确地理解手册编写者要传达的意思。

（4）特许经营手册的编写要符合使用者的习惯、使用规律和逻辑。例如，开店手册可以按照开店的工作时间顺序来编写，这样更有助于加盟商按照手册指导完成工作。

切忌在外包装上过度下功夫、搞噱头、搞花样来吸引潜在加盟者。

（三）保密性

编写特许经营手册不仅要求内容清晰、明确，还应当做到充分的保密。因为特许经营总部的特许经营手册会呈现特许经营体系的大部分关键内容，这些成功的经验和管理方法是企业在多年的探索和实践中获得的，轻易被竞争对手掌握或者被别有用心的商家使用可能会带来负面效应。另外，从特许经营体系的生存和发展角度来看，那些容易被模仿泄露，同时又是企业经营核心机密的部分不要直接呈现，而应采取一些巧妙的规避手段和预防措施，保护企业的知识产权和未来的生存发展。

（四）动态时效性

要注意及时根据最新内容更新特许经营手册内容，因为在一个不断变化的竞争市场中，任何企业的管理模式和管理流程都会随着外部环境的变化而不断更新、改进。特许经营手册作为企业管理经验的积累和提炼，需要伴随技术的提升、流程的优化等不断地进行调整修改，这样才能真正发挥驱动特许经营体系运转的作用。这就要求特许经营总部的管理者树立动态的观念，不断更新、完善特许经营手册的内容，保证整个特许经营项目发展具有活力。

需要注意的是，每次都要对手册的版本进行修改，以便快速、准确找到不同时期和阶段的手册版本，保留手册被修改的版本痕迹。

四、特许经营手册的内容

（一）特许经营总部手册的内容

特许经营总部手册的编写是按照特许经营总部的职能进行细分的，即特许经营总部或特许人的每种职能都对应着一部手册。具体来讲，特许经营总部的手册可以有若干小类：特许经营总部总则、特许经营总部人力资源管理手册、特许经营总部行政管理手册、特许经营总部组织职能手册、特许经营总部财务管理手册、特许经营总部商品管理手册、特许总部产品知识手册、特许经营总部招募管理手册、特许经营总部营建管理手册、特许经营总部销售管理手册、特许经营总部样板店管理手册、特许经营总部商品配送管理手册、特许经营总部信息系统管理手册、特许经营总部培训手册、特许经营总部督导操作手册、特许经营总部市场推广管理手册、特许经营总部标识及品牌管理手册、特许经营总部产品设计管理手册、特许经营总部产品生产管理手册等。

需要说明的是，在实际编写手册的工作中，因特许经营总部自身特点、行业、地域、特许经营体系发展阶段、特殊目的等的不同，可根据实际情况对手册进行增减、合并等，并不一定要编写如上所述的全部种类手册。例如，在手册内容较少时，可以把上述所有手册合并成一部综合性手册。

（二）分部或区域加盟商手册的内容

分部或区域加盟商是特许经营总部开展特许经营业务的一个重要辅助，它可以有效地帮助特许人在某个更大的区域里更迅速地建立、管理与运营特许经营的多家单店。

分部或区域加盟商手册是指导分部或区域加盟商在所在特许经营区域开展工作的指南。它的内容通常包括本手册使用的注意事项、特许经营总部的概况介绍、分部或区域加盟商的意义、分部或区域加盟商的组织结构、各部门与人员的岗位责任制、分部或区域加盟商的工作内容、工作流程解析、人力资源管理、财务结算、市场开拓战略技术、商品管理、库存、物流、单店管理、客户关系管理等。

（三）单店手册的内容

单店手册一般可细分为两类，即开店手册与营运手册，其编写各有侧重点。

1. 开店手册的内容

开店是特许经营单店的最初亮相，是体现特许经营单店形象的最初一环。开店手册就是针对特许经营单店开店所涉及的主要问题进行的概括和说明，以便开店人员能够以此为参考，较快地进入角色，顺利地完成开店任务。开店手册主要包括以下内容。

（1）概述。该部分主要介绍所开店的基本情况、经营状况等。例如，某电器商场是一家专营电器产品的大型连锁店，成立于20××年，在全国范围内拥有多家分店。该商场主营各类家用电器，如电视、空调、洗衣机、冰箱等，并设有售后服务中心，为顾客提供优质的服务和高品质的产品。

（2）市场分析：①目标城市状况调查；②目标城市本特许经营体系从事的行业状况调查（目标城市年销售额、销售场所、城市知名同行业品牌等）；③市场调查方法。

（3）商圈调查：①商圈范围；②商圈类型；③商圈特征（商圈内消费人口特征、客流量、同业及异业状况、商圈的发展性）；④商圈调查方法。

（4）选址：①店址特征（店中店、独立专营店等）；②客流分析；③店址的选定；④店面的租赁（特许人的意见、租契要素）。

（5）装修：①装修准备，取得所选店面的照片和相关图纸，将以上资料交与特许经营总部的相关设计部门；②装修流程（装修商资格评定标准、装修商评定流程）；③店内设施；④店内气氛设计；⑤店面外观设计。

（6）人员招聘与培训。

（7）开业前的筹备：①筹备物品；②筹备事项；③相关证照办理。

（8）开业仪式：①开业形式；②开业注意事项等。

 **想一想**

一份合格的开店手册应该具备哪些基本要素？

2. 营运手册的内容

营运手册是单店开业后的营运流程指导文件，内容包括从单店开张之日起的所有工作步骤和依据。

许多特许人在编写营运手册时，把开店手册也包括在内，其内容不仅包括选址、开店、簿记、会计、打广告及盛大开业程序，还会涉及雇员的职责及食品制作等（如饭店）。此外，营运手册也包含一些日常性的职责，如开业与结业程序、验收检查、制作日报、雇用新人、制作日程表、接收与中转货物、制作供应表及维持存货程序、安全措施与金融程序等。

（四）招募文件的内容

招募文件是特许经营总部制作的，向不特定的潜在加盟商发出的介绍特许经营体系基本情况、加盟条件、加盟程序的书面材料。招募文件的目的在于向潜在加盟商发出在特许经营体系内的合作邀请，在法律上不具有直接约束力。招募文件是特许经营总部招募行动的基础文件，一般包括项目介绍、加盟特许经营体系的优势、投资盈利分析、加盟条件、加盟程序等内容。

 任务实施

根据以下案例完成实训。

必 胜 客

必胜客隶属于世界上著名的餐饮集团——百胜餐饮集团，百胜餐饮集团庞大的餐饮网络覆盖全球超过 130 个国家和地区，拥有近 43 000 家连锁餐厅。百胜餐饮集团旗下的肯德基、必胜客和塔可钟三个餐饮品牌分别在烹鸡、比萨、墨西哥风味食品连锁餐饮领域广受欢迎。截至 2020 年 6 月，必胜客在中国 400 多个城市已拥有 2000 余家休闲餐厅。可以说，必胜客获得了很大的成功。它成功的奥秘是什么呢？

必胜客初进中国市场时，面临与肯德基和麦当劳两大快餐巨头的竞争，它们都立足快餐类市场，而必胜客的主打产品——比萨在国外只属于中低消费的食品。究竟选择什么样的人群作为必胜客的主力消费人群呢？必胜客规避了肯德基、麦当劳的主力消费人群——儿童及年轻消费人群，而把目标瞄准了中青年白领这一具有很强购买力的消费人群。这样的定位让必胜客避开了与肯德基、麦当劳的正面竞争，也将自己的品牌提升到"开心聚会，分享快乐"的高级版本，直接和其他快餐品牌区别开来，开创了属于自己的一片蓝海。

除了准确的目标群体定位，必胜客还从就餐环境、菜品等方面很好地满足了这一群体的消费需求。与肯德基、麦当劳显得有些喧闹的环境相比，必胜客的环境更加安静、舒适，悦目的装潢、舒适的设计、柔和温馨的灯光、舒缓的音乐、训练有素的服务人员等，让顾客有不一样的就餐体验。比萨、意大利面、新鲜的自助沙拉等，通过精致的容器包装，不但满足了顾客的味蕾，而且为就餐增添了很多情趣，很好地满足了白领人群的"小资"情调。通过对品牌的差异化定位及围绕目标消费群提供有针对性的服务，必胜客从竞争激烈的餐饮市场中脱颖而出，最终成为全球最大的比萨餐饮加盟企业。必胜客之所以能够成功打入中国市场，并取得如此大的成就，是因为它在自身的定位、风险的规避及服务的质量上做到了够全、够好、够优质。

（资料来源：根据网络资料整理而成。）

实训要求：

根据必胜客的成功经验，制定要求整个特许经营体系遵守的规范受许人招募、特许经营总部和加盟店日常经营行为的书面文件。

（1）列出特许经营企业的经营手册类型。

（2）请以必胜客为例列出特许经营手册的主要内容。

任务评价

根据以上任务完成情况，完成任务评价表（表 2-4）。

表 2-4　任务评价表

序号	项目	评价内容	达标	未达标
技能点	案例分析	熟悉特许经营手册的基本类型		
		掌握特许经营手册的编制原则		
素质点	整体化思维	能够深入了解特许经营手册包含的内容		
	团队精神	能和团队成员协商，共同完成实训任务		

任务五 确定特许经营费用

▌任务目标

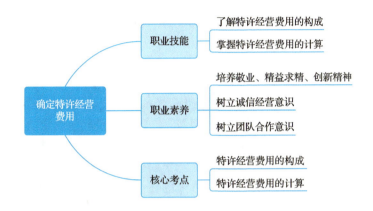

▌任务导入

某品牌火锅店的招商费用和招商标准如表 2-5 所示。

表 2-5 某品牌火锅店的招商费用和招商标准

类别	加盟费/万元	特许经营权使用费/（万元/年）	保证金/万元	合同期限/年	加盟费、保证金、特许经营权使用费收取方式	面积/米²
地级市	20	10	10	3～5	一次性支付	600 以上
县级市、县	15	5	5	3～5	一次性支付	500 以上
镇	10	2	2	3～5	一次性支付	350 以上

注：1. 加盟费是加盟商获得 10 年特许经营权的初始费用，该费用是一次性的费用。

    2. 加盟商接店经营后还需要按合同交纳的费用包括特许经营权使用费（按营业额的 5%收取）、广告基金（无论是直营店还是加盟店，都按照营业额一定比例收取，共同分摊广告基金，加盟店参照直营支付标准承担）和相应的服务费。

    3. 店面按照公司统一标准装修。

    4. 羊肉及相关原料由本公司统一配送。

    5. 如果合同期限届满后无任何违约情况，则履行完毕终止合同相关手续后，保证金返还。

    6. 本公司现开放加盟较严格，具体开放区域要经本公司调查人员实地考察后逐一审定。

    7. 前期广告自行宣传，广告费自行安排。

确定合适的特许加盟费用，是特许经营项目开发的关键，直接影响到特许经营事业的顺利发展。如果费用定得太高，加盟商（受许人）不能获得预期利润，就不会考虑参与这个项目；反之，如果费用定得太低，特许经营总部收益受损，无法弥补所提供服务的费用开支，项目就无法维系。那么，一个特许经营项目是如何确定其特许经营费用的呢？

▌**任务解析**

特许经营总部（特许人）将辛苦开发的特许权授予加盟商（受许人），并在加盟商（受许人）的经营过程中持续提供大量的支持工作，这需要加盟商（受许人）给予一定的回报。这个回报包括使用特许经营总部（特许人）所拥有的品牌的回报，以及特许经营总部（特许人）在经营过程中提供的持续支持和指导的回报等。

知识要点

特许经营费用是指加盟商（受许人）为获得特许经营总部（特许人）的经营模式、注册商标、企业标志、专利、专有技术等经营资源的使用权而向特许经营总部（特许人）支付的费用，包括加盟费、特许经营权使用费、广告基金及其他约定的费用。合理的特许经营费用对特许经营的发展非常重要。如果特许经营费用过高，则投资者会望而却步；如果特许经营费用过低，则特许经营总部无法长期提供高质量服务。因此特许经营总部在推广特许经营项目之前，应当谨慎制订合理的收费方案，确定特许经营的收费方式及各项费用，以便获得持续的合作关系。

▶ **想一想**

如何判断一个特许经营总部确定的特许经营费用是否合理呢？

一、特许经营费用的构成

（一）加盟费

加盟费也称首期特许费或初始特许费，是受许人为获得特许人的经营模式、注册商标、企业标志、专利、专有技术等经营资源的使用权而向特许人支付的一次性费用。加盟费体现了受许人加入特许经营体系所得到的各种好处的价值。

加盟费常被加盟商看作进入一个特许经营体系的门槛费。在一个特许经营合约期限内，加盟商只需要交纳一次加盟费。在合约期内，即使加盟商退出，此费用也不予退还。合约到期后，如果双方要继续合作，就需要交纳新的特许经营期的加盟费。通常会根据加盟商的实际情况交纳，有的企业会允许加盟商分批分次交纳加盟费。

（二）特许经营权使用费

特许经营权使用费也称权益金，是指受许人在使用特许经营权过程中按一定的标准或比例向特许人定期支付的费用，体现了特许经营总部在加盟商日常经营活动中拥有的权益。特许经营权使用费不仅是特许经营总部的利润来源，也是特许经营总部持续为加盟商提供支持和服务的保障，以维持特许经营体系的运转，促进特许经营体系的发展。

（三）其他费用

1. 履约保证金

履约保证金是指在签订经营合同后，作为今后加盟商履行合同及债务的担保而交纳给特许经营总部的费用，用于加盟商不能及时向特许经营总部支付款项时的补偿。合同期满后，加盟商没有拖欠应付特许经营总部的合理款项时，特许经营总部会如数将履约保证金返还给加盟商。

2. 品牌保证金

品牌保证金是指特许经营总部为了保证加盟商不出现有损特许经营体系品牌的情况，在特许经营合同签订后向加盟商收取的一定金额的资金。如果加盟商在经营期间违反了品牌保证金规定的事项，或做出了有损特许经营总部品牌的事情，则特许经营总部将没收品牌保证金；反之，特许经营合约期满后，特许经营总部将把此保证金返还给加盟商。

3. 市场推广/广告基金

市场推广/广告基金是由特许人或经特许人授权的企业按受许人营业额或利润的一定比例，或者按照双方商定的固定数额向受许人定期或不定期收取的费用所组成的基金。该基金应用于特许经营体系（包括特许人或受许人）的市场推广和对外广告宣传。该基金一般由特许经营总部统一管理，但加盟商可以根据自己的市场推广计划向特许经营总部申请使用该基金。特许经营总部收取这笔费用后，将每家分店的广告基金集中起来，一是可以放大单独做广告的效果，二是符合特许经营体系的统一性要求，实现单一广告整体受益。

4. 培训费

培训费是加盟商为接受特许经营总部培训而交纳的费用，主要用于加盟商开业后接受持续培训，具体包括加盟商在门店开业经营过程中，接受的关于特许经营总部开发的新技术、新产品、新体系和新规定的培训的费用。加盟商开业前接受的培训的费用一般不包括在内，因为已经计算在加盟费里了。

▶ **读一读**

在实际的经营活动中，受许人交纳的费用还有合同更新费。合同更新费是指在特许经营合同到期时，如果要续签合同，则需要受许人在正常的特许经营费用之外交纳费用。更新费可以是一个固定值，也可以是一个比例，通常为加盟费的某个百分比。

5. 特许经营转让费

一般情况下，按照加盟双方签订的特许经营合同的规定，除非出现不可抗力因素，在合同关系未到期的情况下，加盟双方不能单方退出，但也有一些特许经营总部允许加盟店中途有条件退出。如果加盟商中途放弃加盟店的经营，并将其转出，则需要交纳一定的转让费用。因为特许经营总部需要花费额外的资源去培训一个新的、合格的加盟商，所以需要向原加盟商收取这一额外支出的费用。

6. 设备、产品或原材料费

一般特许经营使用的设备、产品、原材料都是由特许经营总部专门定制和统一采购的，以保证提供的产品品质的一致性及加盟店形象的一致性。因此加盟商需要支付一定的设备、产品或原材料费。有一些特许经营体系的设备是由特许经营总部租赁给加盟商的，在这种情况下加盟商需要支付一定的设备租赁费。

此外，其他费用还包括店铺设计费、施工费、财务业务费、意外保险费等。另外，一些特许经营总部还会根据自身情况向加盟商收取专项费用。例如，有的行业特许经营总部会向加盟商收取定期的盘点服务费，还有的特许经营总部要求加盟商支付驻店指导人员的劳务费或补贴等。由于各项费用繁多，为避免加盟商不清晰，在实际操作中一些特许经营总部会采用总体打包形式，给潜在的加盟商提供一个十分明确的费用概念。

> **读一读**
>
> 7-11便利店的加盟费用包括商标使用授权费、设备经费（计算机终端、计量器等费用）、扣除总部负担部分之后的水电费、簿记会计服务费（报告用表格、账簿等）、商品企划行销服务费（商品进货谈判、商品项目搭配）、广告费、经营咨询服务费和意外保险费等。

二、特许经营费用的计算

（一）确定加盟费

加盟费金额由每个特许经营总部根据自己的情况自行确定，不同国家和地区、同一国家和地区的不同行业、同一行业的不同企业之间的加盟费都不相同。就目前国内情况看，加盟费大致有三种情况：第一种情况是免除加盟费，但通常特许经营总部可能会在别的费用上把免除的加盟费补回来；第二种情况是特许经营总部只收取象征性的费用，数额从数千元到数万元不等；第三种情况是特许经营总部会收取数额比较大的加盟费，少则十几万元，多则几十万元，甚至上百万元或更多。

那么，加盟费的收取有没有一个标准？如何衡量呢？

目前来看，加盟费的计算一般有两种方法：一是特许经营总部的前期支持成本，二是特许经营总部的预期利润。

1. 特许经营总部的前期支持成本

从加盟店开业到正常运转的这个时期，特许经营总部需要为加盟商提供许多支持，包括接受潜在加盟商的第一次咨询、挑选合适的加盟商、帮助加盟商选址、对加盟商进行培训、帮助加盟商招聘人员、开业支持、到加盟商单店进行现场指导等。简而言之，从潜在加盟商第一次向特许经营总部咨询开始，一直到加盟店开业，并正式进入营运阶段，特许经营总部需要为加盟商提供一系列的支持。这些支持需要特许经营总部耗费一定的成本，这个成本应该作为加盟费的一个基本组成部分，由加盟商支付。特许经营总部应该首先详细列出自己在前期为加盟商提供的所有支持活动，然后根据每项活动耗费的资源来初步估计前期的费用总和。加盟费应当是不小于这个前期值的。

2. 特许经营总部的预期利润

除了收取前期费用，特许经营总部还会收取一个自己期望的利润值，即收取对自己开发项目的回报。预期利润的多少没有具体的要求，取决于特许经营总部的意愿，但特许经营总部应充分考虑"双赢"，考虑对加盟商的激励程度，考虑双方长期利益等方面，确定一个双方都能接受的利润值。

3. 加盟调节系数

仅仅把加盟费等同于特许经营总部的前期支持成本和特许经营总部预期利润的总和是不够的，因为特许经营总部向加盟商最终收取的加盟费金额还会受其他因素的影响。这些因素包括行业竞争、续约次数、加盟店数量、加盟地域、加盟店的性质和规模、加盟期限、权益金、加盟商的初期投资等。因此，将特许经营总部的前期支持成本和预期利润相加得出加盟费初值之后，还要根据这些因素的影响来调节这个数值。

1）行业竞争

在特许经营市场上，特许经营总部也要面对同行的竞争，而加盟费这个门槛无疑是竞争的一个重要因素。过高的加盟费会导致特许经营总部丧失大量合格的潜在加盟商；而过低的加盟费则可能会迫使特许经营总部将没收取的加盟费转嫁到其他费用上，也可能会因资金不足而影响特许经营总部建设特许经营体系的质量。

一般而言，如果同行竞争比较激烈，自身特许经营体系没有明显的竞争优势，那么特许经营总部需要适当调低收取的加盟费；如果同行竞争不激烈，自身特许经营体系有明显竞争优势，如品牌知名度高、有明显的技术优势等，那么特许经营总部就可以适当调高收取的加盟费。但无论如何，加盟费最低数额都不能低于特许经营总部前期提供的支持费用总值。

2）续约次数

对于大多特许经营项目，特许经营总部往往会对续约的加盟商在加盟费方面实施一定的优惠政策，如第二期加盟费比第一期低，第三期更低，以此类推。

3）加盟店数量

和普通商品交易相同，有的特许经营总部会规定加盟店数量越多，加盟费越优惠，如此平均到每家单店的加盟费就会减少。一般区域加盟商会有多店加盟的情况。但对于区域加盟商本身而言，它可能会随着自己的成熟和成长，提高本区域的单店加盟费。

4）加盟地域、加盟店的性质和规模

由于目标顾客市场的不同，特许经营总部可能会针对不同的加盟地区规定不同的最低加盟店规模，相应的加盟费等费用也会有所不同，费用可按省级中心店、市级特许店、地级特许店等依次降低。

5）加盟期限

一般情况下，特许经营总部在每个加盟期限开始时都会重新向加盟店收取加盟费，因此加盟期限越长，加盟费越高，反之加盟费就会越低。

6）权益金

加盟费和权益金是加盟总部向加盟商收取的主要费用，因此它们是此消彼长的关系。一般而言，加盟费高的企业会收较低的权益金。

7）加盟商的初期投资

加盟费一般会占加盟店初期投资的 5%～10%（有时候也有例外），虽然这个数字没有经过科学论证，但仍然可以作为确定加盟费的参考依据。

（二）确定特许经营权使用费

特许经营权使用费可以按月、季、年收取，也可以按周收取。一般企业习惯上会按月收取，有些企业则选择按年收取。

特许经营权使用费计算方式主要有以下三种。

1. 按固定的数额收取

按固定的数额收取即加盟商定期交纳一定费用，不考虑营业状况，但若考虑通货膨胀因素和将来的发展，这种方式有很大弊端，且加盟商对未来的经营业绩没有把握，担心盈利会小于所交费用，一般不愿意接受此方式。因此，根据加盟商营业状况设定一定比例交纳使用费的情况是双方都比较愿意接受的，并且加盟的收益和加盟店的业绩挂钩，既可以鼓励特许经营总部给予加盟商更大的支持，又可以避免通货膨胀的影响。

2. 按利润百分比收取

加盟商通常希望按照利润来计算和收取特许经营权使用费，主要原因有两个方面：

一方面，加盟商对门店的盈利比对营业收入更关心，觉得按照利润计算对自己更公平，如果营业收入高，而加盟店实际上是亏损的，那么按营业收入计算使用费会让加盟店经营非常困难；另一方面，按利润计算可以使特许经营总部对加盟商的关注点更聚焦在利润而非营业收入上，这就要求特许经营总部在提供服务和支持上尽量做好，否则加盟店没有盈利，就意味着特许经营总部也没有收入。

3. 按营业收入百分比计算

特许经营总部一般会采用这种方法计算特许经营使用费，原因如下。一是营业收入数据比较容易获取，也比较可靠。因为加盟店的经营利润比营业收入更容易被人为操纵，加盟商可以通过调高经营成本来降低利润。如果以营业收入为依据来计算特许经营权使用费，则特许经营总部只需要对加盟商的营业收入进行监督、分辨真伪，而不需要监督其经营成本，这样要比按利润计算收取特许经营权使用费简单得多。这也有利于加盟双方减少不必要的纠纷，因为加盟商经营成本的计算问题常常是加盟双方发生争执的主要原因之一。二是这种计算方法可以降低特许经营总部的风险，因为无论加盟店的经营效益如何，总会有营业收入的发生，所以特许经营总部就会获得稳定的收入，从而保证特许经营体系顺利运转。

按照营业收入来计算特许经营权使用费，还有利于加盟商积极主动减少经营成本。因为加盟商知道减少经营成本就可以增加利润，所以会更尽力地做好经营。

目前国内在按照营业收入收取特许经营权使用费时，比例通常在 1%～5%，国外有些品牌比例会超过 10%。

这种方式的特许经营权使用费的计算公式为

$$RF = \beta T$$

式中，RF 为特许经营权使用费；β 为收取比率；T 为加盟店营业收入。

按照营业收入收取特许经营权使用费对于特许人来说更容易控制、更稳定。

另外，一些公司采取的是一种变动的特许经营权使用费比率。例如，上海"可的"便利店特许经营总部有这样一个规定：加盟店一个月的毛利额小于 3 万元时，特许经营权使用费比例为 25%；加盟店一个月的毛利额在 3 万元以上 5 万元以下时，特许经营权使用费比例为 30%；加盟店一个月的毛利额大于 5 万元时，特许经营权使用费的比例为 35%。日本 7-11 便利店特许经营总部给出了降低使用费比例的激励政策，具体如下：加盟店开业五年后，平均每日营业额为 30 万日元以上的店铺，特许经营权使用费降低 1%；每年毛利额在 5800 万～7800 万日元的店铺，特许经营权使用费再降低 1%；每年毛利额在 7800 万日元以上的店铺可以降低特许经营权使用费 2%，最高可降低 3%。

当然，特许经营权使用费的计算方式最终要建立在"双赢"的基础上，虽然表面由特许经营总部确定，但特许经营总部要充分考虑潜在加盟商的意愿，并体现出对加盟商的关心，这样才能吸引加盟商加入。

任务实施

根据以下案例完成实训。

便利店 A 的加盟条件如表 2-6 所示。

表 2-6　便利店 A 的加盟条件

项目	特许经营费用
加盟费	6 万元
保证金	15 万元
装修费	30 万元
收入分配	加盟商分配：月销售毛利额×70%

便利店 B 的加盟条件如表 2-7 所示。

表 2-7　便利店 B 的加盟条件

项目	特许经营费用
加盟费	6 万元
装修费	14 万元
其他	约 1 万元
收入分配	加盟商分配：月销售毛利额×65%

实训要求：

根据 A、B 便利店的加盟条件分析以下问题。

（1）A、B 便利店特许经营费用的构成有哪些？

（2）调查全家、罗森便利店的经营管理状况，分析其特许经营费用确立的合理性。

任务评价

根据以上任务完成情况，完成任务评价表（表 2-8）。

表 2-8　任务评价表

序号	项目	评价内容	达标	未达标
技能点	案例分析	熟悉特许经营费用的构成和计算		
		能够对特许经营费用进行合理性分析		
素质点	精益求精精神	能够对所学理论进行深入调研，开展认真、精准的分析		
	团队合作精神	能和团队成员协商，共同完成实训任务		

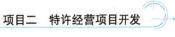

综 合 实 训

实训项目：特许经营企业开发项目调研。

实训目的：通过特许经营企业开发项目调研，了解特许经营企业的项目开发过程，了解项目开发各环节的内容，学会撰写项目可行性研究报告，提高市场调查能力、战略规划能力，增强团队合作意识等。

实施方式：

（1）分组。学生3～6人为一组，每个学生承担不同内容的任务。

（2）企业市场调查。通过观察法、直接询问法、间接调查法等方式搜集一家特许经营企业的项目开发资料，并对相关资料进行分析与加工。

（3）成果展示。各小组撰写《特许经营企业开发项目实训报告》，在课堂上以 PPT 讲演的形式进行展示，并接受点评。

实训成果：完成《特许经营企业开发项目实训报告》，制作 PPT 并进行课堂展示。

项目考核评价：以自我评价和小组评价相结合的方式进行，指导教师根据项目考核评价和学生学习成果进行综合评价；也可先借助网络平台将结果上传，再借助平台进行自我评价、小组评价及综合评价。特许经营项目开发考核评价表如表 2-9 所示。

表 2-9　特许经营项目开发考核评价表

班级：　　　第（　　　）　　　小组名称：　　　　　　　　　　　　　时间：

评价模块	评价内容	分值	自我评价	小组评价
理论知识	（1）掌握特许经营项目可行性分析，会撰写特许经营项目可行性研究报告	15		
	（2）掌握特许经营战略规划分析，特许经营总部组织结构，建立样板店的途径、原则和程序	15		
	（3）掌握特许经营手册的类型、编写原则、内容	15		
	（4）掌握特许经营费用的构成和计算	10		
实践能力	（1）能编制调研方案	15		
	（2）能撰写调研报告	10		
	（3）能制作用于调研报告汇报的PPT，并进行讲解	10		
职业素养	（1）培养谦虚好学、爱岗敬业、团队合作的精神	5		
	（2）培养通过网络收集相关资料的信息技术应用能力	5		

综合评价：

指导教师或师傅签字：

思考与练习

一、名词解释

特许经营可行性研究报告；特许经营战略规划分析；样板店；特许经营手册；加盟指南

二、简答题

1. 特许经营实施的条件有哪些？
2. 特许经营的组织结构类型有哪些？
3. 特许经营手册的编制原则有哪些？
4. 特许经营手册的内容有哪些？
5. 特许经营费用的构成有哪些？

项目三　特许经营单店系统

项 目 导 学

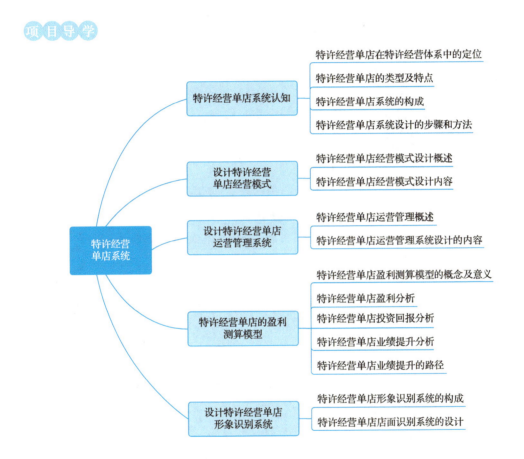

特许经营单店系统认知
- 特许经营单店在特许经营体系中的定位
- 特许经营单店的类型及特点
- 特许经营单店系统的构成
- 特许经营单店系统设计的步骤和方法

设计特许经营单店经营模式
- 特许经营单店经营模式设计概述
- 特许经营单店经营模式设计内容

设计特许经营单店运营管理系统
- 特许经营单店运营管理概述
- 特许经营单店运营管理系统设计的内容

特许经营单店的盈利测算模型
- 特许经营单店盈利测算模型的概念及意义
- 特许经营单店盈利分析
- 特许经营单店投资回报分析
- 特许经营单店业绩提升分析
- 特许经营单店业绩提升的路径

设计特许经营单店形象识别系统
- 特许经营单店形象识别系统的构成
- 特许经营单店店面识别系统的设计

特许经营单店系统

任务一　特许经营单店系统认知

▌任务目标

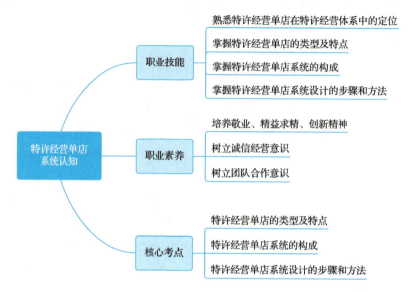

- 职业技能
  - 熟悉特许经营单店在特许经营体系中的定位
  - 掌握特许经营单店的类型及特点
  - 掌握特许经营单店系统的构成
  - 掌握特许经营单店系统设计的步骤和方法
- 特许经营单店系统认知
- 职业素养
  - 培养敬业、精益求精、创新精神
  - 树立诚信经营意识
  - 树立团队合作意识
- 核心考点
  - 特许经营单店的类型及特点
  - 特许经营单店系统的构成
  - 特许经营单店系统设计的步骤和方法

▌任务导入

请搜寻一家你感兴趣的样板店及其资料(最好能参观单店的前台和后台),同时参考本任务的知识要点部分,形成一份特许经营单店分析报告。

特许经营单店
系统概述

▌任务解析

根据流程完成任务,注意特许经营单店分析报告的重点是分析该特许经营单店的特点及类型。特许经营单店分析流程如图 3-1 所示。

图 3-1　特许经营单店分析流程

知识要点

一、特许经营单店在特许经营体系中的定位

（一）特许经营单店的实质

根据《商业特许经营管理条例》中对特许经营的解释，特许经营权的核心是注册商标、企业标志、专利、专业技术等经营资源。作为特许经营的载体，单店存在的形态也是多样的，可以是传统零售流通意义上的实体店铺，也可以是生产领域中的一间大工厂，或者服务领域中的商品批发商等。因此，特许经营单店并非按其存在的具体形态来确认的，而是按其是不是特许经营权使用的最终载体来确认的，它是特许经营体系构建中一个非常重要的概念。

（二）单店在特许经营体系中的地位

单店是特许经营体系中不可再分割的特许经营权的基本授权业务单位，是将特许经营权转化为实际经济效益的组织机构，是特许经营体系中不可或缺的子系统。在特许经营体系中，单店是整个信息系统的终端，是特许经营权的载体。单店的数量是衡量特许经营体系发展规模和速度的基本指标。

（三）单店在特许经营体系中扮演的角色

单店在特许经营总部的统一指导和监督管理下，直接面向消费者，服务于客户，促成商品或服务的交易，并承担售后服务和客户信息反馈等职能。

因此，单店在特许经营体系中扮演着三个重要的角色（图3-2）。

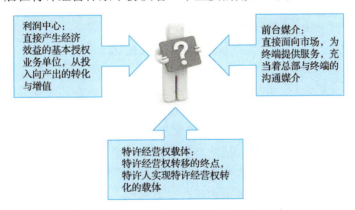

图 3-2 单店在特许经营体系中扮演的角色

（1）利润中心：从投入向产出的转化与增值最终在单店中得以实现，单店是直接产生经济效益的基本授权业务单位。

（2）前台媒介：单店直接面向市场，为终端提供服务，充当着总部与终端的沟通媒介。

（3）特许经营权载体：单店是特许经营权转移的终点，也是特许人实现特许经营权转化的载体。

二、特许经营单店的类型及特点

特许经营单店基本可以分为两大类：商品分销型单店和服务型单店。特许经营单店的分类如图 3-3 所示。

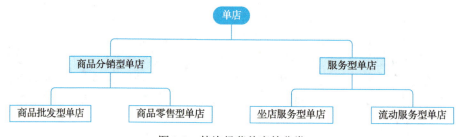

图 3-3　特许经营单店的分类

（一）商品分销型单店

商品分销型单店是产品分销渠道中的一个环节。特许人可以是产品的制造商，也可以是零售商。此类型的单店从业态方面来看，可分为商品批发型单店和商品零售型单店两种。

1. 商品批发型单店

商品批发型单店以向零售店铺批发和配送商品为主要业务，不与消费者或直接用户进行交易，如商务通的特许经销商，阿迪达斯、耐克的特许生产商等。此类单店的特点如下。

（1）利润来源于生产利润或商品的批发利润。

（2）运营管理的重点在于现金流、库存、物流配送。

（3）不强调店铺形象，但强调仓储空间。

（4）选址诉求重点在于出入方便。

2. 商品零售型单店

商品零售型单店是以向消费者或产品的直接用户提供商品零售服务为主的单店，如7-11 便利店、杉杉时装店、同仁堂药店、中国石化加油站等。此类单店的特点如下。

（1）利润来源于商品的零售利润和部分财务利润。

（2）运营管理的重点在于商品管理、客户服务和客户管理等。

（3）注重店面形象和卖场环境设计。

（4）注重商圈选择和店铺选址。

（二）服务型单店

服务型单店是以向消费者和客户提供消费服务或劳务为主的单店，如麦当劳、仙踪林、假日酒店、英孚英语学校、业之峰家庭装修等。服务型单店又分为坐店服务型单店和流动服务型单店两类。

1. 坐店服务型单店

坐店服务型单店是以坐店（等客上门）的方式向消费者和客户提供服务或劳务的单店。此类单店在餐饮、旅馆、修理、洗衣、汽车租赁、汽车养护和美容、个人护理及美容、教育培训、医疗保健等多种行业中被普遍采用。此类单店的特点如下。

（1）利润来源于服务利润、部分商品零售利润和财务利润。

（2）运营管理的重点在于客户服务和客户管理。

（3）强调店铺形象和服务环境设计。

（4）注重商圈选择和店铺选址。

2. 流动服务型单店

流动服务型单店是以流动或上门的方式向消费者和客户提供服务与劳务的单店。流动服务型单店从20世纪80年代开始在全球多种行业中被广泛采用，特别是在商务清洗、家庭服务、家庭装修、房屋设备安装等行业。此类单店的特点如下。

（1）利润来源于服务利润和部分商品零售利润。

（2）运营管理的重点在于客户服务、客户管理和广告宣传。

（3）无店铺（或店铺只是接单和提供咨询服务的场所）。

（4）无选址诉求。

三、特许经营单店系统的构成

特许经营单店系统由以下三个部分构成。

（1）核心部分：单店的经营模式。

（2）基础部分：单店的运营管理系统。

（3）外在部分：单店的识别系统。

特许经营单店系统的构成如图3-4所示。

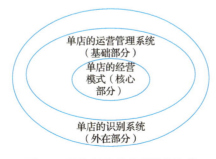

图3-4 特许经营单店系统的构成

四、特许经营单店系统设计的步骤和方法

（一）单店系统设计的步骤

单店系统设计的步骤如下：第一步，单店经营模式设计；第二步，单店运营管理系统设计；第三步，单店识别系统设计；第四步，单店投资回报模型设计；第五步，建立实验店。特许经营单店系统设计的步骤如图3-5所示。

图3-5　特许经营单店系统设计的步骤

（二）单店系统设计的方法

单店系统设计的方法如图3-6所示。

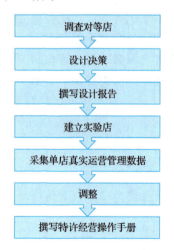

图3-6　特许经营单店系统设计的方法

▶ **想一想**

你所选择的单店属于哪种类型？它具有什么特点？

💻 **任务实施**

请以实习工作店铺为例，搜寻一家你感兴趣的样板店及其资料（最好能参观单店的前台和后台），同时参考本任务的知识要点部分，形成一份特许经营单店分析报告。

任务评价

根据以上任务完成情况，完成任务评价表（表3-1）。

表3-1　任务评价表

序号	项目	评价内容	达标	未达标
技能点	分析报告	熟悉特许经营单店的类型及特点		
		能够对特许经营单店的类型进行合理性分析		
素质点	精益求精精神	能够对所学理论进行深入调研，开展认真、精准的分析		
	团队合作精神	能和团队成员协商，共同完成实训任务		

任务二　设计特许经营单店经营模式

任务目标

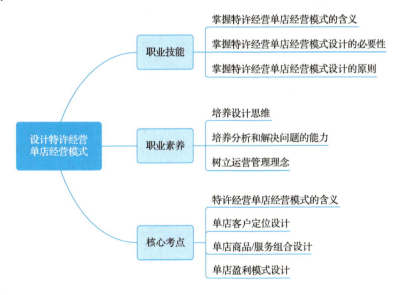

任务导入

延续本项目任务一你所选择的特许经营单店，假设你计划并有条件开一家这样的单店，那么请按照相关步骤设计特许经营单店的经营模式，如图3-7所示。

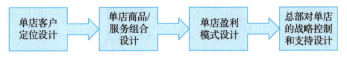

图3-7　特许经营单店经营模式设计步骤

▌**任务解析**

没有调查就没有发言权，你可以通过实地考察和网络搜索等多种方法，对相关企业进行充分调研，在此基础上设计单店的经营模式。

 知识要点 ━━━━━━━━━━━━━━━━━━━━━━━━━━━━━━━━━━

一、特许经营单店经营模式设计概述

（一）特许经营单店经营模式的含义

经营模式是企业根据自身的经营宗旨，为实现企业确认的价值定位所采取的某类方式方法的总称。经营模式的含义包含三个方面的内容：一是确定企业实现什么样的价值，也就是企业在产业链中处于什么位置；二是企业的业务范围；三是企业如何实现价值、采取什么样的手段。

单店的经营模式由单店客户定位、单店商品/服务组合、单店盈利模式及总部对单店的战略控制和支持四个要素组成。单店经营模式设计对特许人来讲是一种具有创造性的活动，所有成功的特许经营体系都是以一个独创的单店经营模式设计开始的，如Jani-King、7-11便利店、马兰拉面、北京烤鸭店等。

（二）特许经营单店经营模式设计的必要性

单店经营模式是构成单店系统的核心。因此有"特许经营就是复制成功的单店经营模式"这种说法，也就是说单店的经营模式就是特许经营成功的遗传基因密码。

单店的经营模式是由四个关键性战略要素组成的，这些要素为创业者在一个行业中创造出众多不同类型的单店系统提供了更多可能性。

另外，单店的经营模式又是特许经营权诸多要素中最基本的要素。事实上，不论是哪种类型的特许经营，其特许经营权组合中都包含了单店的经营模式要素。

综上可以看出，单店经营模式的设计对于一个特许经营体系的成败具有决定性的作用。

（三）特许经营单店经营模式各要素设计之间的关联性

单店经营模式的四个要素之间具有很强的逻辑关联性，如图3-8所示。

从图3-8中可以看出四个要素的关系如下。

（1）单店客户定位的设计，取决于这些客户能否带来利润。

（2）单店盈利模式的设计经常取决于单店商品/服务组合的设计。

（3）总部对单店的战略控制和支持的设计往往取决于单店客户定位及单店商品/服务组合的设计。

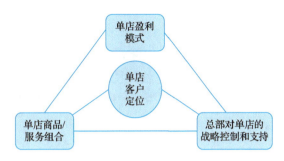

图 3-8　单店经营模式四要素的关系

（4）单店商品/服务组合的设计要适合目标客户的需求并具有丰厚的利润空间，以便于总部对单店的战略控制和支持。

（四）特许经营单店经营模式设计的原则

特许经营单店经营模式设计应该遵循以下三个原则，如图 3-9 所示。

图 3-9　特许经营单店经营模式设计原则

1. 客户导向原则

面对复杂的客户需求和市场环境，一个单店不可能为所有的细分市场提供最佳的服务，只能根据自己的目标和资源，集中力量服务于选定的目标客户群。当前，特许经营单店将客户导向作为经营模式设计的首要考虑因素，选择单店的目标客户群，并锁定该目标客户群的心理偏好，这是指导单店经营模式设计的首要原则。

2. 商品/服务导向原则

特许经营单店是经营商品或服务的重要载体。根据不同种类商品或服务对单店盈利的不同影响，可以将单店的全部商品或服务分为主力商品或服务、辅助商品或服务、关联性商品或服务三大类。无论是拓宽商品或服务的范围，还是为客户提供便利和增值服务，其目的都是通过商品或服务的组合设计来吸引客户、保留客户和提高客户忠诚度。因此，成功的特许经营单店经营模式在很大程度上取决于特许经营依托的合理的商品或服务组合。

3. 模型导向原则

特许经营单店的运行依托获利模型，通过为目标客户群体创造价值而获取回报来设计获利路径，获利模型的构建体现为各种盈利方式的组合，根据各单项商品或服务的边际利润进行选择。在特许经营单店获利模型的导向下，客户和商品/服务之间实现了价值的转移与增值。

二、特许经营单店经营模式设计内容

（一）单店客户定位设计

在单店经营模式诸要素中，单店客户定位是最基础的要素，其他要素的设计都要围绕单店客户定位来展开。

1. 单店客户定位的概念

单店客户定位是指单店选择的目标客户群或目标消费群，以及单店锁定的客户偏好。客户偏好是指客户认为哪些物品重要，并愿意为之付出溢价。当不能在此处得到该物品时，客户将转向别的供应商。

2. 单店客户定位的步骤

单店客户定位设计的重点是选择单店的目标客户群，并锁定单店要满足该目标客户群的心理偏好。特许经营单店客户定位包括找位、选位、到位三个步骤（图3-10）。

图 3-10　特许经营单店客户定位的步骤

所谓找位，就是通过市场的细分，对各细分市场进行评估，然后找到适合的目标市场即目标客户群。所谓选位，就是针对目标市场也就是目标客户群，通过对同一目标市场竞争对手的定位及对客户消费偏好的进一步细分，来确定适合的价值定位。所谓到位，就是在单店客户定位确定之后，对单店选址、商品、服务、营销策略等要素进行对应的配置。

1）找位——市场（客户）细分

找位就是通过市场细分来确定目标市场（客户）。任何一个特许经营单店都不可能满足所有人的所有需求，只能满足一部分人的一部分需求。

市场细分就是以一定的标准将市场（客户）分为几个有明显差别的消费者群体，他们有不同的消费特征和消费行为。一般来说，企业可以从地理、人口、心理、行为方面的变量来对市场（客户）进行细分和评估（表3-2），最后确定单店的目标客户。

表 3-2　市场细分的变量

细分变量	具体因素
地理变量	国界、地区、地形、气候、城乡、人口密度、交通条件等
人口变量	年龄、性格、职业、教育、收入、家庭人数、家庭生命周期、种族、民族、宗教、国籍、社会阶层等
心理变量	生活方式、性格、价值观念等
行为变量	追求利益、使用者地位、购买频率、使用频率、品牌忠诚度、对产品的信赖度、价格敏感度、广告敏感度、服务敏感度

（1）地理细分。地理细分是按照消费者所处的地理位置和自然环境进行市场细分。中国市场地理细分的常用变量如表 3-3 所示。不同地理位置和自然环境下的消费者常常有着不同的消费特征，对单店的营销组合策略有着不同的反应。例如，中国各区域的消费者对食物的需求特点可以概括为"南甜北咸、东辣西酸"。

表 3-3　中国市场地理细分的常用变量

细分变量	典型分类
地理区域	东北、华北、西北、西南、华东、华中等
城市人口	5 万人以上、5 万～10 万人、10 万～25 万人、25 万～50 万人、50 万～100 万人、100 万～400 万人、400 万人以上
地理气候	热带气候、亚热带气候、温带气候、寒带气候等
城乡区域	城市、乡镇、农村

（2）人口细分。人口细分是指按照各种人口统计变量进行市场细分。具体变量一般包括年龄、性别、职业、受教育程度、家庭月收入、家庭人口、家庭生命周期、民族、国籍等。不同的人文环境下的消费者常常有不同的消费需求和消费特征。中国市场人口细分的常用变量如表 3-4 所示。

表 3-4　中国市场人口细分的常用变量

细分变量	具体因素
年龄	0～3 岁、4～6 岁、7～11 岁、12～20 岁、21～30 岁、31～40 岁、41～50 岁、51～60 岁、60 岁以上
性别	男、女
职业	工人、农民、教师、职员、经理人、公务员、家庭主妇、退休者等
受教育程度	小学、中学、专科、本科、硕士研究生、博士研究生
家庭月收入	高、中、低或者按具体数额划分
家庭人口	1～2 人、2～4 人、5 人及以上
家庭生命周期	单身、新婚无子女、子女 6 岁以下、子女 6 岁及以上、老年夫妇、独身老人
民族	汉族、蒙古族、满族、藏族、维吾尔族等
国籍	中国、美国、英国等

（3）心理细分。心理细分是按照消费者的心理特征进行市场细分，具体变量包括生活方式、性格、价值观念（表 3-5）。在同一地理特征、同一人口特征的细分市场中，消

费者也会因心理变量的差异而表现出不同的消费特征和消费行为。

表 3-5　心理细分的常见变量

细分变量	典型分类
生活方式	传统型、新潮型、节俭型、奢侈型、保守型、前卫型等
性格	冲动型、理智型、自卫型、进攻型、交际型、独处型等
价值观念	进取型、传统型、助人型、温情型、享乐型、创造型等

（4）行为细分。行为细分是指按照消费者对产品或服务的了解程度、态度、使用情况或反应等变量进行市场细分，具体变量包括购买动机、追求利益、使用状况、使用频率、品牌忠诚度、购买阶段、对产品或服务的态度（表 3-6）。行为细分是市场细分的最终结果，每种行为细分市场的特征将决定其是否被选为目标市场，也决定企业将采取的营销组合策略。

表 3-6　行为细分的常用变量

细分变量	典型分类
购买动机	一般动机、特殊动机
追求利益	经济、便利、实用、名誉、服务等
使用状况	未曾使用、曾经使用、潜在使用、首次使用、经常使用
使用频率	不使用、少量使用、中量使用、大量使用
品牌忠诚度	无忠诚度、较低忠诚度、中等忠诚度、较高忠诚度、很高忠诚度
购买阶段	不了解、了解、熟知、感兴趣、想买
对产品或服务的态度	抵制、否定、不关心、肯定、热情

2）选位——确定核心价值

选位就是通过对目标市场（客户）的进一步细分和对竞争对手的分析来进行定位。

（1）目标市场（客户）细分。通过市场细分，企业确定了单店的目标市场（客户），但是企业往往不能满足目标市场（客户）的所有需求。因此，企业需要对目标市场（客户）进行进一步细分，进一步把握客户的需求点，以采取有效的营销策略。目标市场（客户）的细分可以分为属性、利益、价值三个方面（表 3-7）。

表 3-7　目标市场（客户）的细分

分类	定义	举例
属性	产品或服务具有哪些属性特点，包括内在属性、外在属性、表现属性、抽象属性等	某餐饮店强调其原材料是天然无公害的，这属于强调内在属性；一些品牌专卖店强调其品牌形象、一级商品包装等，这属于强调外在属性
利益	能够给客户带来哪些方面的利益，包括财务利益、社会心理利益、功能利益等	折扣店能够为客户提供低价商品，使客户获得财务利益；星巴克通过营造独特的环境使客户获得体验利益
价值	能够满足客户哪些深层次的心理价值需求，包括终极价值和工具价值等	麦当劳将核心价值定位为欢乐，味千拉面则定位于健康餐饮

（2）竞争对手分析。竞争对手分析主要在于明确在每个细分市场上的机会和风险。在进行竞争对手分析时，需要对竞争对手现有的目标客户、市场定位、竞争地位等方面的要素进行系统性的调研。

> **情景案例**
>
> ### "真功夫"的重新定位
>
> 中式快餐品牌"真功夫"在进行重新定位前，对国内快餐市场进行了深入研究，对国内外快餐连锁品牌进行了深入分析，发现占据快餐市场领导地位的是肯德基、麦当劳等西式快餐，而消费者认为这些西式快餐的营养不如中餐。"真功夫"很快意识到"营养"是一个很好的市场定位，经过一番定位调整后，"真功夫"向客户提供的食品全部采用"蒸"的烹饪方式，并以"营养还是蒸的好"为广告语进行品牌传播。

3）到位——定位的选择

先对目标客户进行细分、对竞争对手进行分析，再结合企业自身的优势和劣势，通过差异化的定位来获得竞争的优势。中国市场部分知名餐饮品牌的目标客户与定位如表 3-8 所示。从表 3-8 中可以看出，即便同样是餐饮企业，即便都是西式快餐或中式快餐，它们的目标客户和定位也是不同的。

表 3-8　中国市场部分知名餐饮品牌的目标客户与定位

品牌	业态类别	目标客户	核心定位
俏江南	中式正餐	白领精英	尊宠、品位、时尚、经典、美味
一茶一坐	中式休闲餐	商务白领	休闲、舒适、情趣、品位
真功夫	中式快餐	白领阶层	营养、美味
味千拉面	快速休闲餐	中高收入者和白领	健康餐饮
马兰拉面	中式快餐	中小学生	物美、价廉、味美
麦当劳	西式快餐	年轻人	欢快、憧憬、热烈
肯德基	西式快餐	家庭、儿童	亲情、美味
赛百味	西式快餐	普通白领	低卡路里、健康、轻松

中式正餐连锁品牌俏江南在进行市场分析时，发现面向白领阶层的高档正餐在国内市场几乎是空白。于是，俏江南将自身目标客户锁定为月收入在两万元以上的白领精英，并以尊崇、品位、时尚、经典、美味为定位，受到白领精英阶层的青睐，成为 2008 年北京奥运会指定中式餐饮服务机构。

（二）单店商品/服务组合设计

单店商品/服务组合设计是指设计可以满足单店的目标消费群体需求和偏好的全部商品/服务的组合结构，以及每种商品/服务在整个组合结构中的经营属性。

1. 单店商品/服务组合结构设计

单店商品/服务组合结构设计就是按一定的标准将单店提供的全部商品/服务划分成若干类别（或称系列）和项目（或称品种、品目），并在设计每个项目商品、服务的零售价格基础上确定各类别在商品/服务总构成中的比例。

如果一个单店中商品/服务类别（系列）比较多，则企业称该单店的产品线比较宽；如果一个单店中商品/服务类别（系列）不超过两个，但每个类别中的项目很多，则企业称该单店的产品线比较长。

2. 单店商品/服务经营属性设计

所谓单店商品/服务经营属性设计，就是根据不同种类商品/服务对单店盈利的不同影响，将单店的全部商品/服务分为主力商品/服务、辅助商品/服务、关联商品/服务三大类。商品/服务组合占比如图 3-11 所示。

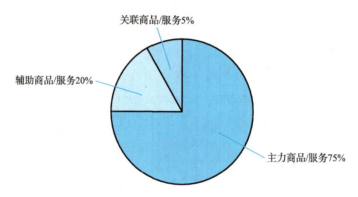

图 3-11 商品/服务组合占比

主力商品/服务也称主打商品/服务，通俗的说法是"卖点"，是指那些周转率高、销售量大、在经营中无论是数量还是销售额均占主要部分的商品/服务，如肯德基店中的炸鸡和可乐。

辅助商品/服务是指那些在价格、品牌等方面对主力商品/服务起辅助作用的商品/服务，或以增加商品/服务宽度为目的的商品/服务，如时装店中的衬衣、T 恤、领带，发廊中的头部按摩服务。

关联商品/服务是指那些与主力商品/服务、辅助商品/服务共同销售、共同被消费的商品/服务，如时装店中的鞋和手袋、麦当劳店中的儿童游戏区等。关联商品/服务通过为客户提供便利和增值的服务来达到吸引客户、保留客户和提高客户忠诚度的目的。

（三）单店盈利模式设计

1. 单店盈利的基本分析思路

1）单店赢利的基本公式

单店赢利最简单的一个计算公式为

$$单店利润＝营业收入-成本费用$$

也就是说，一定时期的单店盈利等于该段时期的营业收入减去营运成本费用。由此可以看出，影响单店利润的因素有两个：一个是营业收入，另一个是成本费用。很显然，单店营业收入越高，营运成本越低，利润越高。因此，对绝大多数的单店来说，提升单店利润的基本思路和方法就是提升营业收入，以及降低运营成本费用，也就是人们常说的开源节流。

2）单店成本费用构成分析

单店成本费用构成分析如表 3-9 所示。

表 3-9　单店成本费用构成分析

单店成本费用构成	内容
固定成本费用（不可控）	房租、人员基本工资等
变动成本费用（可控）	原材料成本、商品销售成本、业绩提成、营销费用等

单店成本费用包含两部分：一部分是固定的，另一部分是变动的。固定成本费用属于不可控费用。对于不可控费用，在未形成之前要根据实际的经营情况合理配置，如店铺的选址、经营面积的大小、单店人员配置等。将空闲的资源积极地转嫁出去，如将较大的店面的一部分转租出去等，使得资源能够得到合理利用和增值。变动成本费用属于可控费用。对于可控费用，要坚持通过合理的控制（包括运用新的技术和设备）尽可能以最低投入产出最大的效益。

3）单店营业收入构成分析

在成本费用相对固定或相对可控的情况下，营业收入的高低与盈利直接相关。因此，增加营业收入也是提升利润的重点。单店营业收入最简单的计算公式为

$$单店营业收入＝客单价×客流量$$

式中，客单价为客户每人次的平均消费额；客流量为一定时期内来店内购物或消费的客户数量。

2. 单店盈利提升的途径

单店盈利提升的途径一般有两种，如图 3-12 所示。

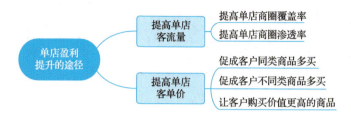

图 3-12　单店盈利提升的途径

1）提高单店客流量

（1）从提高单店商圈覆盖率的角度来提高单店客流量。从"客户知晓—购物体验—满意—忠诚"购物品牌体验过程来看，提高单店商圈覆盖率首先要解决客户的知晓度问题，其次是提升客户的购物体验。企业可以通过以下几种途径来解决这类问题。

① 单店商品组合的选择和调整。在单店规模和业态确定以后，企业商品的深度和广度也就确定了，便利店/超市/大卖场/专卖店都有较为严格的区隔，跨业态经营对于单店而言并不现实，因为后台的一系列支撑难以改变。但是单店的商品组合还是有一定的选择和调整空间的，企业完全可以根据周围商圈消费者的层次及商圈内竞争者的状况，突出自己的经营优势。只要有独特的卖点，企业就可以避免自己的稍稍偏远的目标客户被周边的竞争对手所拦截。

② 改善客户抵达单店的便利性和便捷性。客户抵达单店的便利性和便捷性是单店商圈覆盖率的一个重要影响因素，企业可以通过增设免费购物班车、改善单店的停车环境、与公共交通运输部门协同增加到本单店的公交路线或站点等来方便客户到达本单店。

③ 利用促销广告和服务口碑的扩散性来滚动扩大商圈。要提高商圈内居民对本单店的知晓度，需要有效利用促销广告和服务质量带来的口碑传播，利用这种扩散性传播来滚动扩大商圈。企业可以有意识地到那些商圈覆盖薄弱地带的小区去重点组织公关活动、散发促销广告，以提高这些地区居民对本单店的知晓度。

④ 强化在边缘区域的营销。边缘区域的客户是最容易流失的，边缘区域的客户也是最容易被竞争对手抢走的，如果能够在边缘地区构筑有效的防御体系，那么巩固自己的整体市场地位就相对容易了。因此对于边缘区域的营销要精耕细作，组织有效的纵深防御系统，如对这些地区的客户进行拜访、在小区开展公关活动、促销广告的传播到位等，都是强化营销的基本功。

（2）从提高单店商圈渗透率的角度来提高单店客流量。继续循着"客户知晓—购物体验—满意—忠诚"购物品牌体验过程，提高单店商圈渗透率，主要解决客户的满意度和忠诚度问题。如果说企业在扩大商圈覆盖率环节所做的工作主要是提高客户的知晓度、提升客户的购物体验，那么企业在接下来的环节中要做的就是让客户购物愉快、满意，并形成重复购买。具体如下。

① 单店营销工作的精细化。单店营销工作的精细化是一项无止境的工作，对于单

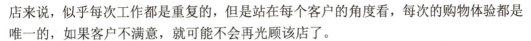

店来说，似乎每次工作都是重复的，但是站在每个客户的角度看，每次的购物体验都是唯一的，如果客户不满意，就可能不会再光顾该店了。

② 提升单店的服务质量，提供客户溢价的服务体验。单店的服务质量体现在每个环节，从客户踏入单店到离开，整个过程都存在企业服务质量监控点，并且服务质量不是各点的服务质量连加的结果，而是一种连乘的结果。因此，要提升单店整体的服务质量，就要关注每个环节的服务质量，力求营造一个整体的令客户满意的服务环境。

③ 为客户提供高性价比的商品。为客户提供高性价比的商品是提高客户满意度的核心，毕竟客户到单店购物是为了买东西，而不是仅仅为了饱眼福，因此为客户提供高性价比的商品是一切单店寻求的最终目标和核心目标。

那么如何来确保单店能够为客户提供高性价比的商品呢？企业需要在商品采购、物流配送、单店管理、信息管理、财务管理、人力资源管理、单店选址拓展等环节上加强管理，提高效率，降低成本，还要集中优势资源于优势品类上，为客户提供独特的高性价比商品。这样就凸显了单店的特色和独特的优势，避免与其他商家进行恶性价格竞争，同时也更容易得到客户认可。

2）提高单店客单价

提升单店客单价主要有促成客户同类商品多买、促成客户不同类商品多买、让客户购买价值更高的商品三种途径。

（1）促成客户同类商品多买。促成客户同类商品多买，是提升单店客单价的最基本途径，也是企业最常用的途径。一般来说有三种方式。

① 降价促销。通过降价方式刺激客户多买，由于存在商品价格弹性，所以对于那些价格弹性大的商品，如果价格弹性达到5，则每降价1个百分点，可以提升销量5个百分点。因此，通过降价促销这种方式可以有效提升客户的购买量。

② 捆绑销售。这种方式其实是降价促销的变形，如超市里常做的两捆蔬菜按单捆的价格出售、洗衣皂三块一起只卖两元等，这些都可以增加同类商品的销量，大部分还可以增加单个客户销售额。

③ 买赠活动。与捆绑销售类似，这种促销方式常见于新品的搭赠促销或者一些即将过期商品、待处理商品的处理上，同样也能刺激同类商品的销售。

（2）促成客户不同类商品多买。促成客户不同类商品多买，也可以通过上述捆绑销售和买赠活动来实现，如将饮料与牙膏捆绑在一起降价销售、将洗手液与灭蚊剂捆绑销售，这些都可以有效带动不同类商品的销售。在便利店中，企业经常采用这种异类商品的捆绑销售，如买面包或饭团一份加一元可以买饮料，买盒饭一份可以优惠多少元买一张电影票或演唱会门票等，都可以拉动不同类商品的销售。

在促成客户不同类商品多买的过程中，企业要考虑关联性商品和非关联性商品。关联性商品是指客户在购物或消费时经常一起购买的非同一品类的商品，如面包和牛奶、休闲食品和饮料、烟和打火机等，这种商品有一个共同特征就是互补性非常强，有效利用这种互补性可以拉动客户购买不同类商品。非关联性商品是指这些商品在消费中没有很强的互补性和相关性，但有可能刺激客户增加不同类商品的购买量。在美国，啤酒和尿布放在一起陈列可以刺激啤酒和尿布的销量，原因是美国的男人回家前常常被妻子吩咐买些尿布给孩子用，而在完成妻子使命的同时他们也不忘照顾自己的嗜好，常常会顺带买些啤酒。若啤酒离得远，那么那些喝啤酒欲望不是很强的客户也许就不买了；若啤酒就在近旁，那么他们的消费欲望便被瞬间点燃。其实在生活中这种暗示性的刺激购物经常出现，利用这种暗示性的刺激购物可以有效刺激客户多买一些看似不相干的不同品类的商品。

（3）促成客户购买价值更高的商品。如果客户消费的量是固定的，如一个人一次只能喝一瓶饮料，那么企业若能让客户购买价值更高的饮料，就可以提高客单价，在这方面采用一些看似无形却有意的引导方式引导客户进行消费升级，是一种很好的策略。

单店在过年过节时可以大力宣传某种主力商品，而这些主力商品常常会比此前的主力商品略高出一个档次，这点在酒类、营养品类、服装类上表现得比较明显。这可以有效地利用陈列和促销手段，推动消费者的消费升级，是比一般促销更有效的提升客单价的办法。

▶ **想一想**

请思考特许经营单店客户关系管理的重要性。

任务实施

根据以下案例完成实训。

华 润 万 家

华润万家是华润旗下优秀的零售连锁企业，从事的是与百姓生活紧密联系的零售行业。它坚持"时尚、品质、贴心、新鲜、低价、便利"的经营理念，经营有大卖场、生活超市、便利超市、区域购物中心、以中高消费市场为定位的 Olé 超市，以及为满足年轻消费者追求快捷、舒适的时尚生活而精心打造的全新形象便利店——Vango 等多种业态。

2019 年 4 月 18 日，华润万家获第八届"中国食品健康七星奖"。2019 年 9 月 7 日，中国商业联合会、中华全国商业信息中心发布 2018 年度中国零售百强名单，华润万家排名第七位。

华润万家制定了"全国发展、区域领先、多业态协同"的发展战略，形成了华东、华南、华北和香港四大业务发展区域，主营大型综合超市、综合超市、标准超市三种业态。

华润万家以持续改善消费者生活品质为己任，引领现代与健康的生活方式，实现多种业态优势互补，为消费者提供高质、超值、安全的商品与服务，最大限度地满足消费者的各种购物需求。

华润万家的业务主要包括大卖场、便利超市、生鲜超市、欢乐颂购物中心、Olé超市、Vango 24 小时便利店。

大卖场包括食品、日用消费品、药品、服装、化妆品、饰品等中高档品牌商品专柜。

便利超市以日常消费品为主，以社区居民为依托，突出便利优势。

生鲜超市以生鲜、食品为主，同时为顾客提供多项快捷、便利、亲民的服务。

欢乐颂购物中心以所在的区域家庭消费者为主要服务对象，不仅具备日常购物休闲、餐饮、文化、金融等服务功能，还迎合了消费者的"快乐消费"心态，增设了购物中心的游乐场所、剧场、影院等各种娱乐设施，为消费者带来"一站式消费"和"快乐消费"的双重体验。

Olé超市以进口商品为主，通过全新的国际化商品组合、专业化的服务，为现代都市人描绘精致的生活细节。

（资料来源：根据网络资料整理而成。）

实训要求：

请通过搜集资料的方式分析华润万家便利店的单店经营模式，并撰写分析报告。

任务评价

根据以上任务完成情况，完成任务评价表（表3-10）。

表 3-10　任务评价表

序号	项目	评价内容	达标	未达标
技能点	案例分析	了解特许经营单店经营模式的含义		
		熟悉特许经营单店经营模式设计的必要性		
		熟悉特许经营单店经营模式设计的原则		
素质点	系统思维	明确单店、总部一级体系共同组成一个有机整体		
	钉钉子精神	精准把握单店客户定位，明确单店盈利模式设计，充分实现单店的价值		

任务三　设计特许经营单店运营管理系统

任务目标

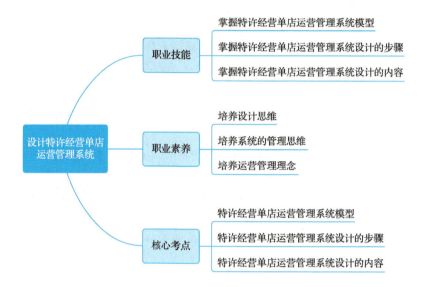

任务导入

延续本项目任务二，尽量用图示法为你的小店设计运营管理系统。

任务解析

你可以通过实地考察和网络搜索等多种方法，对该企业进行充分调研。在此基础上设计单店运营管理系统，可参照如图 3-13 所示的流程。

图 3-13　单店运营管理系统调研流程

知识要点

一、特许经营单店运营管理概述

（一）特许经营单店运营管理的多视角界定

1. 系统过程视角

从系统过程视角，对单店为客户提供商品或服务的全过程进行系统的管理，或者说对构成单店运营管理系统的各构成要素的管理即为特许经营单店运营管理。在 SIPOC 模型的基础上，特许经营单店运营管理的系统过程视角具体包括五项内容，如图 3-14 所示。

图 3-15　特许经营单店运营管理的系统过程视角

（1）供应者（supplier）。特许经营总部、加盟商和其他供应商共同承担着特许经营单店供应者的角色，根据特许经营合同的规定和单店业务开展的需要，三者分别扮演不同性质的资源投入者。

（2）输入（input）部分。单店的供应者向单店注入的各种资源包括商品、物料、能源、技术、劳动、设备和信息等，构成系统的输入部分。

（3）运营管理流程（process）。运营管理流程包括各种逻辑关系紧密的工作任务组合，通过各环节的协调运作，共同完成输入资源向输出价值的转化，并实现单店的经营目标。

（4）输出（output）部分。单店提供给最终消费者和客户的全部价值即系统的输出部分，在单店的具体产出中表现为商品/服务的组合。

（5）客户（client）。单店所服务的具体消费群体就是客户，也称消费终端，包括市场上的最终消费者和单店的直接客户。

特许经营单店运营活动的终极诉求就是实现经营目标，它指导着单店运营的全过程，促使单店运营管理系统各构成要素更好地集结在一起，共同协调运作。

2. 质量管理视角

站在质量管理的视角，特许经营单店运营管理是以单店的管理者为主体，以单店的盈利为目标，在特许经营总部的统一指导下开展的标准化的日常管理活动。这项日常管理活动围绕经营目标，以工作计划的制订为起点，在实践的基础上发现问题，按照特许经营总部的统一标准严格执行管理，并对实施效果进行研究评判，通过经验教训的总结提高为一个完整的循环周期，进而促使单店的运营管理水平在管理改进循环过程中得到持续提高。

因此，从质量管理视角看，特许经营单店的运营管理是包含计划（plan，P）、执行（do，D）、检查（check，C）、行动（act，A）等环节在内的循环反复的过程，即 PDCA循环（图 3-15），具体内容如下。

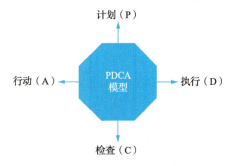

图 3-15　特许经营单店运营管理的质量管理视角

（1）计划，即分析现状，找出存在的问题及产生的原因，同时针对问题制订相应的解决方案，提出切实可行的执行计划和预期改进方案，并将责任分解到人，保证计划能够保质保量地完成。

（2）执行，即实施既定的行动计划，并在计划的执行过程中监督任务的完成情况。

（3）检查，即将行动结果和目标效果进行对比，评判任务的实际完成情况，进行实际效果的评估，在此基础上进一步总结经验和教训。

（4）行动，即把成功的经验作为标准，以便日后出现同样情况时有章可循；对失败的教训做进一步研究，以避免类似情况再度发生。

完成上述工作后，将待解决的问题转入下一个 PDCA 循环中，重新制订新的 PDCA循环计划。

（二）特许经营单店运营管理的特性

特许经营单店运营管理的特性体现在以下三个方面（图 3-16）。

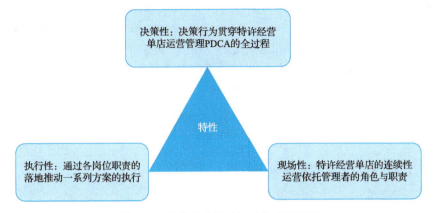

图 3-16　特许经营单店运营管理的特性

1．决策性

管理即决策，决策行为贯穿特许经营单店运营管理 PDCA 的全过程。

2．执行性

特许经营模式对单店管理者的角色及职责提出明确的要求，特许经营单店运营管理则是通过各岗位职责的落地推动一系列方案的执行。

3．现场性

特许经营单店的连续性运营依托管理者的角色与职责，通过在门店现场对人、货、场、信等元素进行综合运营与管理来实现。

（三）特许经营单店运营管理系统模型

管理学家戴明认为，任何一个组织都是一个由供应者、输入部分、运营管理流程、输出部分、客户这样相互关联、互动的五个部分组成的系统。这五个部分的英文单词的第一字母组成了 SIPOC，因而该系统称作 SIPOC 运营管理系统模型，如图 3-17 所示。图 3-17 中虚线部分是对实线部分的补充与解释。

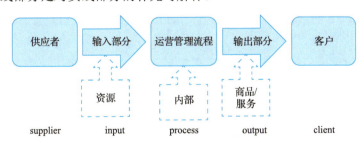

图 3-17　戴明的 SIPOC 运营管理系统模型

按照戴明的 SIPOC 运营管理系统模型，企业可以将单店看作一个由供应者（特许经营总部+加盟商+其他供应商）、输入部分、运营管理流程（单店运营管理流程）、输出部分、客户这样相互关联的五个部分组成的 SIPOC 组织系统。因为单店作为一种组织形态存在一个组织的目标，所以具体到每个单店来讲就是单店的经营目标。

单店 SIPOC 运营管理系统模型，为企业分析单店运营管理系统提供了解决方案。根据以客户为中心的当代营销理念，企业可以通过"单店的客户、输出部分、运营管理流程、输入部分、特许经营总部+加盟商+其他供应商"这样一个优先顺序来分别了解单店 SIPOC 运营管理系统的五个部分及其互动关系，并在此基础上推动单店经营目标的实现。单店 SIPOC 运营管理系统模型如图 3-18 所示。

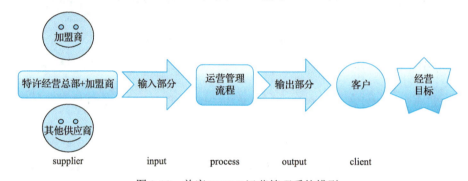

图 3-18 单店 SIPOC 运营管理系统模型

从图 3-18 中可以看出五个部分的关系如下。

（1）输出部分是单店提供给客户的全部价值，在具体的单店中表现为商品/服务的组合。

（2）输入部分是单店的供应者提供给单店的所有资源（商品、物料、能源、技术、劳务、设备、信息、资金等）。

（3）单店的运营管理流程将资源转化为提供给客户的价值。

（4）单店的供应者不仅包括特许经营总部，还包括加盟商和其他供应商。

（四）特许经营单店运营管理系统设计的步骤

从特许经营单店运营管理系统的定义来看，可以明确特许经营单店运营管理系统的设计就是对单店 SIOPC 运营管理系统模型中的五个部分及单店的经营目标的设计，其设计步骤如图 3-19 所示。

图 3-19 特许经营单店运营管理系统设计步骤

二、特许经营单店运营管理系统设计的内容

（一）单店系统客户的设计

单店系统客户的设计就是结合单店的客户定位对单店的客流量进行预估。对于任何一个单店来讲，客流量都是运营管理的基础。单店客流量的预估通常可以采用以下方法。

（1）对于从直营连锁或者原创型转换过来的单店的客流量，可以根据以往单店的运营管理数据（经验数据）预估。

（2）对于从分销体系转换过来的单店客流量，可以通过观察对等店的客流量来预估。具体方法如下：从一个月中挑选出节日一天、周末两天、平日五天，并将每天的营业时间划分为几个不同的时段，派人对对等店的客流情况进行观察，并做好记录；然后将八天的观察记录进行汇总整理，并结合本单店经营模式的特点对汇总的数据进行加权分析，最后得出平均每日单店客流量的预估数。

（二）单店系统输出部分的设计

单店系统输出的设计就是根据单店商品/服务的零售价格及客流量对单店的客单价进行预估，并在此基础上做出一个标准单店月度营业收入的总预算。

1. 客单价的预估

所谓客单价，就是客户平均为其一次消费而支付的费用，它与单店的商品/服务的组合有关。一般规律如下：单店提供给客户的商品/服务的组合越丰富、选择性越强，客户平均为其一次消费所支付的费用就越多，客单价就越高。

单店客单价的预估通常采用以下方法。

（1）对于从直营连锁或者原创型转换过来的单店的客单价，可以根据以往单店的运营管理数据（经验数据）预估。

（2）对于从分销体系转换过来的单店客单价，可以通过调查对等店的客单价来预估。

2. 月度营业收入预算

在完成单店客单价的预估之后，可以根据以下公式做出一个单店的标准月度营业收入总预算。

$$月度营业收入＝客单价×日客流量×30$$

由此可见，客单价与单店营业收入关系极大，两者呈正比例关系。客单价越高，则单店营业收入越高。

（三）单店运营管理流程的设计

单店运营管理流程就是单店为获得预定的系统输出而必须进行的一系列逻辑上相关的工作任务。直接给系统的客户提供价值的工作流程称为主流程，其他流程称为辅助流程。

单店运营管理流程的设计包括以下三项任务：①设计单店主流程和辅助流程；②设计保障主流程和辅助流程各项任务高效率完成的单店组织结构；③根据单店组织结构设计单店各岗位人员工资并做出标准单店每月人力资源成本预算。

1. 单店主流程和辅助流程的设计

不同类型单店的辅助流程差别不大，一般包括单店日常管理、客户管理、促销管理、信息管理、竞争店调查、内部行政管理等流程（人员、财务、设备）以及营业场所环境管理等。不同类型单店的主流程会有很大差别，并会导致单店的组织结构及人力资源成本预算有很大不同。

某商品零售型单店的运营管理系统管理流程如图 3-20 所示，在这个商品零售型单店运营管理系统管理流程中，商品是单店提供给客户最直接的价值，因此商品管理流程是主流程。虚线框下排列了若干流程，包括卖场管理、促销、客户管理、客户服务、人员管理和培训、财务管理、竞争店调查等，都是支持商品管理的辅助流程，其流程方向是朝向商品管理流程的。

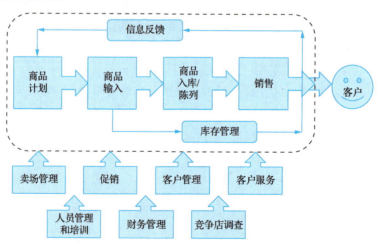

图 3-20　某商品零售型单店的运营管理系统管理流程

2. 单店组织结构的设计

在完成单店主流程和辅助流程的设计之后，还要设计保障主流程和辅助流程各项任

务高效率完成的单店组织结构，并据此计算出单店的全部人力资源成本。

一般而言，小型单店只设 3～4 人（包括店长和店员），组织结构简单，分工不细；而大型单店，如大型超市，可能有几十人或上百人，其组织机构健全、分工细致、部门众多、管理有序，可以保证商品销售和服务提供没有死角。但是，如果大型单店管理不善，则容易导致人浮于事、经济效益下降。因此，加盟到特许经营体系中的每个单店不仅要重视运营管理主辅流程的设计，还要对组织结构进行科学的设计，以保证对各部门职责的划定、对人员数量编制的确定、对相应岗位的责任和薪金标准的确定，据此确定单店的全部人工成本。

3. 单店每月人力资源成本预算

企业在设计组织结构的基础上可以做出该单店每月人力资源成本预算。某公司的单店每月人力资源成本预算如表 3-11 所示。

表 3-11　某公司的单店每月人力资源成本预算

人员岗位	岗位定编/人	工资标准/（元/人）	工资预算/元
总经理	1	10 000	10 000
部门经理	6	6 500	39 000
高级职员	23	5 000	115 000
普通职员	12	3 000	36 000
总计	42		200 000

（四）单店系统输入部分的设计

单店系统输入部分就是特许经营总部+加盟商+其他供应商提供给单店的全部有形和无形的资源。单店系统输入的设计就是确定特许经营总部+加盟商+其他供应商提供的各种资源要素及为获得这些资源单店必须支付的价格。

单店系统输入部分的设计包括以下三项任务：①确定单店供应者可能提供给单店的有形和无形的资源要素及单店的偿付方式；②设计出单店的商品/物料的进货价格和基本库存模式；③做出单店运营管理总成本预算（不含人力资源成本）。

1. 单店供应者提供给单店的资源要素设计

单店供应者提供给单店的资源要素设计如表 3-12 所示。

表 3-12　单店供应者提供给单店的资源要素设计

单店供应者	输入资源	单店偿付方式
特许经营总部	特许经营权要素	详见项目四任务二"特许费用设计",支付方式自定
	专用设备/系统授权使用	现金支付租金
	统一配送的货品/物料	按发生额现金支付
	培训督导 市场支持 技术支持	支付特许经营权使用费或按发生额现金支付
	其他资源	现金支付租金等
加盟商	投资（加盟费、设备、店铺装修、开业前筹备资金）	折旧或摊销
	流动资金	按发生额现金支付
其他供应商	营业空间	现金支付租金
	水、电、汽、通信	按发生额现金支付
	其他商品/物料/用品	按发生额现金支付
	其他服务	按发生额现金支付

2. 单店商品/物料的进货价格和基本库存模式设计

单店商品/物料的基本库存模式设计是指在设计单店的商品/物料的各品种（单品）进货价格基础上,根据单店主力商品/服务、辅助商品/服务、关联商品/服务的不同比例,确定相应的每种商品/物料的基本库存数量。

所谓基本库存数量,是指满足单店一个进货周期的商品/物料的库存数量。

通过对单店商品/物料基本库存模式的设计,可以确认单店首期铺货所需的资金总额,并为单店流动资金额度的确定提供决策依据。

3. 单店运营管理总成本预算

确定单店供应者提供给单店的资源要素、单店的偿付方式及单店的基本商品/物料库存模式之后,就要做出单店运营管理的成本预算（不含人力资源成本）,详见"（六）单店经营目标的设计"部分。

（五）单店系统供应者的设计

单店系统供应者由特许经营总部、加盟商及其他供应商三方组成。单店系统供应者的设计就是对单店资源的提供者（特许经营总部、加盟商及其他供应商）与单店的关系进行设计。例如,要求加盟商必须直接参与单店的日常运营管理,划定特许经营总部与单店之间的专业分工及配送关系,设计其他供应商提供的商品/物料必须达到的质量和服务标准。单店系统供应者的设计如图 3-21 所示。

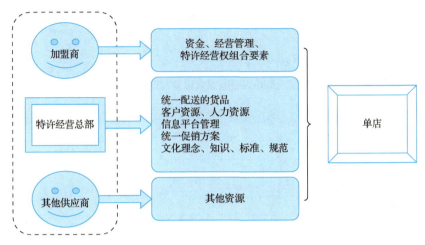

图 3-21　单店系统供应者的设计

（六）单店经营目标的设计

在完成单店 SIPOC 运营管理系统五个部分的设计之后，就可以设计单店经营目标了。

单店经营目标的设计，是根据供应者、输入部分、运营管理流程、输出部分及客户的设计情况来确定的，具体包括营业收入、标准运营成本、利润等内容。从特许经营运营管理整个体系角度看，单店经营目标就是单店运营管理的最终目标。单店经营目标分析如表 3-13 所示。

表 3-13　单店经营目标分析

经营目标分析要素	经营目标计算公式
（1）营业收入 （2）单店总运营管理成本 　A. 商品销售成本（或原材料成本） 　B. 全部人工成本（即人员工资+奖金+福利） 　C. 折旧费（装修、家具、设备） 　D. 经营费用（特许经营权使用费、促销费等） 　E. 水电费 　F. 开店费用摊销（加盟费、注册费等） 　G. 办公费及其他费用 　H. 店铺租金 总运营管理成本合计	（1）毛利润=营业收入-总运营成本 （2）所得税额=毛利润×所得税率 （3）纯利润=毛利润-所得税额

通过单店的输出部分和客户的设计，可以得到单店的营业收入预估结果；通过单店运营管理流程的设计，可以得到单店的全部人工成本；通过单店输入部分的设计，可以得到单店的全部商品销售（或原材料）成本。在此前提下，只要先对折旧费、经营费用、水电费、开店费用摊销、办公费及其他费用、店铺租金进行预估，再通过单店经营目标

的设计，就可以对单店总运营管理成本进行估算了。最后，先用营业收入减去总运营管理成本得出单店的毛利润，再用毛利润减去所得税额得到单店的纯利润。某特许经营饭店运营管理损益分析如表 3-14 所示。

表 3-14　某特许经营饭店运营管理损益分析　　　　　　　　　　　　单位：元

项目	金额
月营业收入	90 000
月商品销售成本	45 000
月人员工资+奖金+福利	6 000
店铺月租金	6 000
月折旧费（五年）	1 500
经营费用	1 000
开店费用摊销（两年）	500
办公费及其他费用	2 000
水电费	1 000
月运营成本总计	63 000
月毛利=月营业收入-月运营成本总计	27 000
月所得税（假定月所得税=月毛利×10%）	2 700
月纯利润	24 300

想一想

请思考特许经营单店各阶段运营管理模式之间的关联性。

任务实施

根据以下案例完成实训。

顶 新 集 团

顶新集团旗下有多个品牌，如全家便利店、德克士、康师傅私房牛肉面、那不乐思比萨等品牌。2019 年，顶新集团打通了之前各品牌独立运营的会员卡系统，推出了集享卡，实现了集团内不同商户的积分互通，发挥了集团优势。

集享卡积分规则非常简单、清晰，普通版集享卡消费 1 元等于 1 积分，积分现金等值比例为 100∶1，可直接抵扣支付金额。在对会员权益支持力度上，顶新集团通过集享联盟 App 发放商户门店优惠券。

顶新集团在普通集享卡的基础上，推出了尊享版集享卡，以消费者全家为例，需要支付年费 100 元，消费 1 元等于 2 积分，尊享期间积分不清零，享有专项优惠活动。

顶新集团打通积分系统，相当于解决了本集团不同门店顾客之间的互通问题，有助于提升会员的周期价值。同时，顶新集团通过集享联盟 App 维系了商户与会员之间的关系，进而引流发展自家的电商（如甄会选），提升本集团在电商冲击下的竞争力。

顶新集团旗下的品牌店作为传统的实体门店，在面对来自电商的冲击和顾客消费习惯变化时，主动拥抱大数据、人工智能等新技术，实行门店场景化和顾客会员化运营，从围绕销售商品运营到围绕服务顾客开展工作。这种转变不仅让门店营收保持了增长，还降低了运营成本。

顶新集团在实体门店自我进化的同时，优化商品供应链，提升门店评效，降低营销成本，拓展线上销售等。

早期门店选了好位置，客流量就有保障；店里商品多，客流量也有保障，门店的一切运营以商品、地理位置等客观体为主，但如今客观体改变了，人作为主观个体，对门店来说至关重要。顶新集团拥抱技术、拥抱互联网，主动将顾客转化为会员，实行会员数据化，围绕会员开展服务，为门店带来新的增长点。

（资料来源：人人都是产品经理. 3 个案例，解析门店经营新绝招[EB/OL].（2019-12-19）[2024-02-22]. https://baijiahao.baidu.com/s?id=1653329642435192186&wfr=spider&for=pc.）

实训要求：

通过查资料的形式了解顶新集团的单店运营管理模式，并形成报告。

💻 任务评价

根据以上任务完成情况，完成任务评价表（表 3-15）。

表 3-15　任务评价表

序号	项目	评价内容	达标	未达标
技能点	案例分析	掌握特许经营单店运营管理系统模型		
		掌握特许经营单店运营管理系统设计的步骤和内容		
		掌握特许经营单店的运营管理模式，能从多视角理解特许经营单店运营管理		
素质点	设计思维	提出运营单店的解决方案		
	分析解决问题	明确特许经营单店运营管理系统中各部分设计的要点及难点，并有针对性地进行设计		
	系统思维	明确单店运营管理是各部分有序运转的结果		
	运营管理理念	明确单店运营管理的思路与流程操作理念		

任务四　特许经营单店的盈利测算模型

▋任务目标

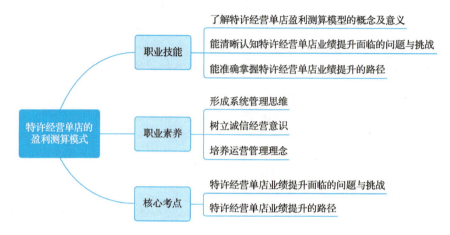

- 职业技能
  - 了解特许经营单店盈利测算模型的概念及意义
  - 能清晰认知特许经营单店业绩提升面临的问题与挑战
  - 能准确掌握特许经营单店业绩提升的路径
- 职业素养
  - 形成系统管理思维
  - 树立诚信经营意识
  - 培养运营管理理念
- 核心考点
  - 特许经营单店业绩提升面临的问题与挑战
  - 特许经营单店业绩提升的路径

特许经营单店的盈利测算模式

▋任务导入

延续本项目任务三，尽量用经营数据分析你的小店的盈利模式。

▋任务解析

任何单店的盈利模式最终都要用数字来表现，并反映到财务报表上。同样，财务报表能够更加精确地反映一个单店的盈利能力。

知识要点

一、特许经营单店盈利测算模型的概念及意义

特许经营单店盈利测算模型，就是通过对一个特许经营体系内各单店的经营情况进行综合分析，获得的一个能够反映该特许经营体系单店正常盈利能力的测算模型。由于商业经营本身面临很多变数和风险，所以即便是同一特许经营体系的单店在不同地区的盈利也可能存在较大的差异，甚至同一个单店在不同时期的盈利状况也会有所不同。因此，单店盈利测算在现实中只能有条件地使用。尽管如此，单店盈利测算仍然具有巨大的价值。

对加盟商来说，它是评估单店投资成本、营业收入、盈利状况和投资回报的重要参考依据。根据单店盈利测算模型及相关的投资分析，加盟商可以确定开设一个加盟店是否符合自己的期望，从而决定是否加盟一个特许经营体系。

对于特许经营总部或已经开设单店的加盟商而言，单店盈利测算模型也是单店经营

的重要参考工具。通过对单店盈利测算模型中的营业收入和成本费用进行分析，可以找出哪些商品或服务对盈利贡献较少、哪些成本费用过高，从而达到改善单店经营管理的目的。

情景案例

800万元从肯德基手里买一只"煮熟的鸡"

根据餐饮业内人士提供的数据，以一家肯德基特许经营店为例，粗略算一笔账：保守估计餐厅每天平均营业额为10万元，一年就是3650万元，当毛利率是50%时，每年的毛利是1825万元。除去肯德基11%的持续使用费用和广告费用、17%的税费，以及房屋租金、员工薪水，再加上5%的其他费用，加盟店一年税后净利润将是110.5万元。换言之，一次性800万元的加盟费，加盟商需要大约八年的时间去分摊。

必须说明的是，上述分析忽略了利息率、通胀率等可变因素。这只花800万元买下来的"鸡"可能不用八年就开始"生蛋"。在持续盈利的情形下，10年后加盟商大约会进账305万元。这个结果看来似乎还算诱人，但这是在"持续盈利"情形下的收益，而谁都无法预测是否还有其他风险及额外费用。

显然，这笔巨额的投入与某些品牌"花上10万元开家连锁店"相比，有天壤之别，买只"煮熟的鸡"其实也不容易。但是还是有许多人仍然钟情与肯德基结盟，只因为相信肯德基这个品牌。

（资料来源：卞君君，2009. 肯德基 中国式进化[M]. 北京：中信出版社.）

二、特许经营单店盈利分析

会计报表中的损益表能够反映单店一定期间的盈利状况。损益表又称利润表、收益表，可以反映收入、费用、投资收益、营业外支出及利润等情况。利用损益表，可以评价单店的盈利能力、投资价值。某公司某店损益表示例如表3-16所示。

表3-16 某公司某店损益表示例　　　　单位：元

项目	金额
一、收入	200 000
产品销售收入	190 000
其他业务利润	10 000
二、费用	170 000
产品销售成本	100 000
产品销售费用	39 500
管理费用	20 000
财务费用	500
税金	10 000
三、净利润	30 000

通过表 3-16，企业可以很快了解单店在一定时期的营业收入、费用及利润情况，并以此计算出毛利率、净利率等反映盈利能力的指标。

在加盟招募沟通或信息披露过程中，为了向加盟申请者说明特许经营项目的盈利状况，有的特许经营企业可能对损益表进行改进，以便单店的收益分析更为直观。国内某连锁书店的单店盈利测算表如表 3-17 所示，该表包含了小型店和中型店两种加盟店的情况，通过这张表可以非常直观地了解每种店型每个月的营业收入、成本费用及利润状况。

表 3-17　国内某连锁书店的单店盈利测算表　　　　　　　　单位：元

项目		小型店 （20 米²）	中型店 （60 米²）	备注
月营业 收入	预估营业额	15 000	47 000	包括会员销售、非会员销售、团体销售
	会员费	480	1 110	
	月营业总额	15 480	48 110	
月成本 费用	进货成本	10 500	32 900	平均进货折扣按六三折计算
	店面租金	500	3 000	
	人员工资	800	3 000	
	营运费用	270	800	
	行政费用	200	1 000	办公费及水电费、杂费
	品牌/广告费	300	450	
	税金	300	450	
	折旧摊提	246	522	
	月总成本费用	13 116	42 122	
利润	月毛利	4 980	15 210	月营业总额−进货成本
	月纯利	2 364	5 988	月营业总额−月总成本费用
	年利润总额	28 368	71 856	月纯利×12

三、特许经营单店投资回报分析

对于加盟商来说，最关心的就是自己每投入一元，在一定时期内（如一年）能获得多少回报，或者投资开办一个加盟店，多长时间能够收回投资。

单店投资回报的情况一般用单店投资回报率来表示，计算公式为

单店年投资回报率=单店年利润总额/单店总投资额

同样，很多特许经营企业会制作单店投资回报测算表（表3-18），以便更加清晰地向加盟商呈现加盟投资及回报的情况。

表 3-18　某连锁书店单店投资回报测算表

	项目	小型店（20 米²）	中型店（60 米²）	备注
开店投资	首期进货资金/元	60 000	180 000	3000 元/米²
	加盟费/元	5 000	10 000	合同期限内
	销售管理软件/元	3 000	3 000	一次性缴纳
	装修费/元	10 000	23 000	包括书架、门面等
	营业设备/元	10 000	100 000	包括计算机、电话、手持扫描仪
	开业费/元	2 000	5 000	包括注册、开业营销等
	总投资额/元	90 000	231 000	
投资回报	年利润总额/元	28 368	71 856	
	年投资回报率/%	31.52	31.10	
	资金回收期/月	12.7	8.5	

需要特别说明的是，根据我国《商业特许经营条例》规定，特许人在特许经营加盟推广和广告宣传的过程中，其广告宣传上不得含有加盟商从事该特许经营业务的收益情况。因此，在特许经营推广与加盟招募过程中，以上有关加盟店经营收益的分析可以在加盟咨询过程中作为帮助加盟申请人进行单店收益分析的分析工具和示例，但不要在广告宣传资料中出现。即便是在信息披露文件中，对单店盈利和投资回报率的分析也要说明数据的来源和依据，并说明该分析只供加盟商参考。

四、特许经营单店业绩提升分析

（一）特许经营单店业绩提升面临的问题

经过几十年的发展，特许经营已经呈现快速增长的趋势，并成为 21 世纪的主导商业模式。特别是近年来，"新零售"的概念被提出之后，特许经营企业以互联网为依托，通过运用大数据、人工智能等先进技术手段，对商品的生产、流通与销售过程进行升级改造，进而重塑特许经营的业态结构与生态圈，并对线上服务、线下体验及现代物流进行深度融合，探索有利于业绩提升的新模式。

当前，大数据与人工智能技术带动了整个社会的变革，新技术+原有产业=新产业，那些接受这个变革的特许经营企业常常会站在新时代的浪潮之巅。在这样的时代背景下，特许经营单店面临着众多的问题，具体如下。

1. 顾客定位不精准

随着移动终端的普及和广泛使用，很多特许经营企业仅把目光锁定在喜欢借助移动互联网消费的顾客群体上，未对顾客进行进一步细分，并未有针对性地潜心研究产品和服务，而是试图通过提高线上消费的比例来提升营业额。但事实证明，一味追求新潮流的表象，缺失理性的思考，对于特许经营企业的发展尤为不利。

2. 实体门店选址随意

同样地，很多特许经营单店只关注顾客线上购物的热潮，误以为实体门店的选址不如以前重要，在选址上变得随意，甚至试图节约租金成本，对线上营业额给予过高的期待。但事实表明，特许经营实体门店不会消失，理性选址依然重要。

3. 线上消费及配送影响产品与服务质量

由于特许经营企业过于关注线上营销渠道，所以顾客被迫放弃了到店选购商品的权利，如果遇到非标准化的商品，或者由天气、交通等原因引起的配送问题，则到达顾客手中的商品可能会存在质量问题。依托第三方物流配送，企业不仅难以保证商品的服务质量，还会受到第三方配送质量的牵制。因此，线上消费及配送会影响特许经营单店的产品与服务质量。

4. 依赖科技却忽略了原本的经营策略

随着人工智能、在线支付等科技手段的发展，部分特许经营企业忽略了原本利用广告招牌、主动营销、陈列方式等提高顾客进店率、购买率、客单价和回头率的经营策略，甚至放弃了提升顾客进店数，而一味寄希望于网上的销量，过分依赖科技却忽略了原本的经营策略。这会带来非常严重的经营后果。

想一想

尝试用 SWOT 模型分析"新零售"下特许经营单店的业绩提升问题。

（二）特许经营单店业绩提升面临的挑战

得益于智能化数字科技及高效物流，消费者的消费方式越来越便捷，以 85 后为代表的主流消费人群已构建了新的购物方式，更多采用线上购物、电子结算、物流配送等方式。随着技术的不断革新，有些特许经营企业甚至克服了物流配送短板，做到了 2 千米范围内 1 小时送达。特许经营作为最具增长潜力的连锁经营形式，应该结合智能化数字科技及高效物流，应对当前面临的挑战。

挑战一：自行研发线上营销平台并提供配送服务。特许经营企业自主研发 App，实现顾客到店自助下单或随处网上下单就可以享受门店的配送服务。

挑战二：协同电商第三方平台，构建商业生态圈。特许经营企业协同电商第三方平台，实现一站式在线下单、便捷结算、快速配送及贴心的售后服务，与合作企业结盟形成利益共同体。

挑战三：利用金融服务平台，实现供应链的整合。将线上营销平台与金融服务平台等进行连接，由营销平台提供门店商品的优惠信息。顾客到店消费时，可同时享受金融服务平台的便利服务。

五、特许经营单店业绩提升的路径

针对外部环境的变化，结合特许经营的优势，特许经营单店可以运用大数据和智能化工具改造原有门店，来实现最终盈利。改进特许经营单店盈利模式，须从顾客定位、选址模型、商品/服务的组合、关键经营策略四个方面着手。在智能革命缔造的"新零售"背景下，需要将大数据和智能化工具与这四个方面相结合，从而提高单店盈利水平和市场竞争能力。

（一）通过大数据分析精准锁定目标顾客

在特许经营单店盈利模式中，顾客定位是核心要素，数字化时代的核心应该是实现顾客的数字化。特许经营企业应该根据公司战略及发展规模，逐步完善和利用会员数字化经营客流，更精准地洞察消费需求，通过绑定实名认证支付账户积累会员，实现全链条的数据化。

（二）通过线上渠道整合线下实体店选址模型

特许经营单店应该利用大数据与云计算等技术实现双线引流、双线体验、双线互动。通过特许经营线上渠道整合线下实体门店选址分为三步：首先，应该在精准定位目标市场的情况下，选择适合的商圈及物业条件；其次，实体门店应该提供全面的线上线下服务，与周边环境形成强大的社区网络；最后，特许经营企业可进一步在技术上实现突破，组建自己的技术团队，设计一套线上线下一体的系统，使供应链、销售、物流完全配套，以实现特许经营体系线上线下的整合运营。

（三）通过数据智能技术丰富商品/服务的组合

特许经营单店如果不能在商品和服务上避免同质化、树立差异化，那么经营毛利的提升空间将受到限制，同时如果缺乏对商品和服务的实质性掌控，那么线上发展的步伐也会迟滞。因此，特许经营单店如有条件，则应该发展自有品牌，推进基地直采和海外直采，不断研发商品，围绕消费需求提供品质服务。此外，随着线上线下的深度融合，特许经营企业应根据市场需求匹配生产信息，可以通过大数据等技术从生产到消费进行预测，控制产能，提高效益，为消费者提供更加精准的个性化服务。借助技术的支持，特许经营单店能够根据门店的定位在商品、服务、价格上进行重新调整或改进，进而将会员转化为品牌和商品的忠诚顾客。

（四）通过新技术提升关键经营策略

一方面，根据获利公式"利润=收入-费用"，特许经营单店想要获得更多的利润，就应当科学地运用数字化智能技术，增加营业收入，减少营运成本和费用支出；另一方面，创新特许经营单店的定位，通过商品/服务为顾客提供理性价值与感性体验，运用大数据打造数字化、智能化的门店，真正将顾客与门店联系起来，使线上线下协同，优化顾客的购物体验。

 想一想

在"新零售"背景下，特许经营单店业绩提升有哪些路径？

任务实施

根据以下案例完成实训。

某酒店的模拟收益预算

某酒店现已拥有分店超 2000 家，覆盖全国超过 300 个主要城市，目前已建成经济型连锁酒店全国网络体系，成为中国经济型酒店行业的领先品牌。以位于某城市一级地段的七天酒店为例，该酒店建筑面积为 3500 平方米，年租金为 145 万元，有 100 间客房，年平均出租率为 90%，平均房价为 160 元。加盟该酒店的模拟收益预算如表 3-19 所示。

表 3-19 加盟某酒店的模拟收益预算

项目	计算结果	费用说明
投资	5 100 000 元	480+30=510（万元）
装修费	4 800 000 元	4.8 万元/房×100 间房客=480（万元）
一次性合作费	300 000 元	3000 元/房×100 房=30（万元）
总收入	5 518 800 元	525.6+26.28=551.88（万元）
年均房费收入	5 256 000 元	100 间房×90%×160 元×365 天=525.6（万元）
年均非房费收入	262 800 元	525.6×5%=26.28（万元）
经营毛利润	3 090 528 元	551.88（总收入）×56%=309.0528（万元） 56%为根据酒店分店平均水平估算的经营毛利润率
净利润	714 212 元	毛利润-租金-提成-摊销：309.0528-145-38.6316-48-6=71.4212（万元）
物业年租金	1 450 000 元	根据二线城市物业年租金水平预估
年收入提成	386 316 元	551.88（总收入）×7%=38.6316（万元）
装修费用摊销	480 000 元	按 10 年摊销：480 万元/10 年=48（万元/年）
合作费摊销	60 000 元	按 5 年摊销：30 万元/5 年=6（万元/年）
利润率	12.9%	71.4212（净利润）/551.88（总收入）×100%=12.9%
回收期	4.07 年	总投资/营运现金流：510 万元/125.4212 万元=4.07 年
投资收益率	24.6%	营运现金流/总投资：125.4212 万元/510 万元×100%=24.6%
营运现金流	1 254 212 元	毛利润-租金-提成：309.0528-145-38.6316=125.4212（万元）

注：该案例分析不代表该酒店对加盟店收益做实质性判断或保证，对于实际投资回报期，须结合经营状况、物业租金与实际毛利率等情况进行判断。

实训要求：

请根据以上案例计算该酒店的单店年投资回报率。

任务评价

根据以上任务完成情况，完成任务评价表（表3-20）。

表3-20　任务评价表

序号	项目	评价内容	达标	未达标
技能点	案例分析	熟悉特许经营单店盈利测算模型		
		能清晰认知特许经营单店业绩提升面临的问题与挑战		
		能准确掌握特许经营单店业绩提升的路径		
素质点	精益求精精神	能够对所学理论进行深入调研，开展认真、精准的分析		
	分析问题解决问题	能明确特许经营单店业绩提升面临的问题，并提出解决对策		

任务五　设计特许经营单店形象识别系统

任务目标

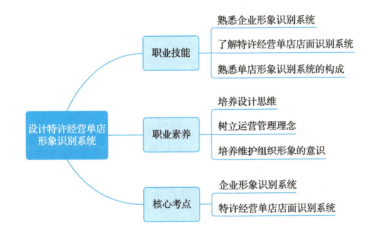

任务导入

截至2023年第三季度，周大生珠宝股价有限公司（以下简称周大生）门店数量为4831家，其门店总数在全国珠宝连锁企业中领先。

1999年，周大生在北京王府井百货开设第一家周大生珠宝专柜。2017年4月27日，周大生在深圳证券交易所A股上市。截至2021年9月底，公司在全国拥有终端门店4357家（统一形象、产品、价格体系和服务），形成行业领先的连锁渠道网络，品牌影响力和知名度持续提升，集群效应和资源整合优势进一步强化。

　　周大生是全国中高端主流市场钻石珠宝领先品牌，主要产品包括钻石镶嵌首饰、素金首饰。经过多年的深耕营运，周大生积极拥抱变革与创新，锐意进取，市场竞争力突出，已成为中国境内珠宝首饰市场最具竞争力的品牌之一。中国珠宝玉石首饰行业协会出具的证明显示，周大生品牌市场占有率在中国境内珠宝首饰市场排名前三。同时，自2011年起，该公司连续10年入选世界品牌实验室（World Brand Lab）"中国500最具价值品牌"，品牌价值从2018年的376.85亿元上升到2020年的572.26亿元，位居中国轻工业企业第二名。

　　周大生基于自己的商业模式和品牌定位，以钻石为主力产品，以比利时"LOVE100"星座极光百面切工钻石为核心产品，以黄金为人气产品，以铂金、K金、翡翠、珍珠、彩宝为配套产品，不断丰富和完善产品线。周大生自主创新，在业内首创"情景风格珠宝"，一经推出便得到消费者的青睐。周大生针对不同客群，推出"Shining girl""甜蜜星人""幸福时刻""幸福花嫁""都市独白""挚""缪斯女神""梵高"等珠宝系列，分别匹配年轻女孩、婚嫁人群、都市白领、精英女性等目标人群，满足年轻消费群体崛起带来的多样化需求。

　　历经20多年发展，周大生获得了国家相关部门和社会各界的高度评价，享有极高知名度和美誉度，荣获"亚洲品牌500强""中国500最具价值品牌""CCTV中国年度品牌""中国连锁品牌影响力50强""中国珠宝行业十大影响力品牌""公益爱心企业"等诸多称号。该公司董事长周宗文因其卓越贡献而获评"推动珠宝首饰产业发展功勋人物"称号，成为业内外公认的行业领军人物。

（资料来源：根据网络资料整理而成。）

　　请通过资料搜集的形式分析周大生单店形象统一化是如何实现的。

▌任务解析

　　特许经营商业模式强调统一化，其中单店形象识别系统就是特许经营体系必须统一的方面之一。单店形象识别系统的统一，不仅有利于单店的复制和特许经营品牌的传播，还有利于增强消费者对特定品牌商品和服务的消费信心。特许经营单店形象识别系统设计在参照CIS设计思路的基础上，还要专门针对单店的特许经营加盟性质进行店面识别（Space identity，SI）系统的设计。

 知识要点

一、特许经营单店形象识别系统的构成

　　单店形象识别系统主要是对企业文化与经营理念进行统一设计，利用整体表达体系，传达给企业内部与公众，使其对企业产生一致的认同感，以形成良好的企业印象，最终促进企业产品和服务的销售。

　　单店形象识别系统的构成要素有五个，即理念识别系统（mind identity system，MIS）、

行为识别系统（behavior identity system，BIS）、视觉识别系统（visual identity system，VIS）、听觉识别系统（audio identity system，AIS）、环境识别系统（environment identity system，EIS），五要素相辅相成、相互支持。单店形象识别系统的构成如图 3-22 所示。

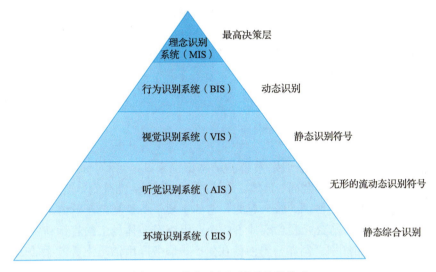

图 3-22　单店形象识别系统的构成

单店形象识别系统五要素功能各异、相互配合、缺一不可，它们共同塑造企业的形象，推动企业的发展。

在单店形象识别系统中，理念识别系统处于核心和灵魂的统摄地位，因为企业形象识别正是将企业的理念贯彻于其各种行为之中，并运用整体传媒系统，特别是视觉设计，传播给企业的内外部公众，使其对企业形象产生认同。

（一）理念识别系统

1．理念识别系统的内涵

理念识别系统也称企业理念或策略识别系统，是指企业经营管理的观念，是企业的精神和灵魂，也是单店形象识别系统的核心。例如，麦当劳快餐店的企业理念系统只有简单的四个字母，即 QSCV（quality，service，cleanness，value），意思是高品质的产品、快捷微笑的服务、优雅清洁的环境和物有所值。

2．理念识别系统的构成

理念识别系统的构成主要包括企业使命、经营理念、行为准则三个方面。

1）企业使命

企业使命是指企业依据什么样的使命来开展各种经营活动。企业使命是构成企业理念识别系统的出发点，也是企业行动的原动力。

2）经营理念

经营理念是企业对外界的宣言，表明企业应该如何去做，让外界真正了解经营者的价值观；同时也是对内的宣言，重点在于使全体员工全力实行企业既定的经营方针。企业的经营理念包括经营方向、经营思想、经营战略。

3）行为准则

行为准则是企业价值观的表现，它是员工在日常的工作中遵循的基本行为规范，是为实现企业宗旨和目标服务的。

（二）行为识别系统

1. 行为识别系统的内涵

行为识别系统是单店形象识别系统的动态识别系统，可称为单店形象识别系统的"做法"，它通过制定一整套全面、具体、系统的集体行为活动准则，把全体员工的生产、销售、管理等与企业活动协调、统一起来，它的主要任务是规范企业内部的各种管理及一切对外的经营活动，是企业理念统帅下的企业组织及全体员工的言行和各项活动所表现出的与其他企业的区别。例如，麦当劳在生产、服务和清洁卫生等方面的表现，就是其企业精神的具体体现。

2. 行为识别系统的构成

行为识别系统由两大部分构成：一是企业内部识别系统，二是企业外部识别系统。

1）企业内部识别系统

企业内部识别系统是指对全体员工的组织管理、教育培训及为员工创造良好的工作环境，使员工对企业理念认同，达成共识，增强企业凝聚力，从根本上改善企业的经营机制，保证为客户提供优质的服务。企业内部识别系统包括企业工作环境的营造、员工教育、员工行为的规范化和编唱企业之歌等。

2）企业外部识别系统

企业外部识别系统主要通过开展各种活动向社会公众不断地输出强烈的企业形象信息，从而提高企业的知名度、信誉度，从整体上塑造企业的形象。企业外部识别系统包括市场调查、服务水平、广告活动、公共关系、促销活动、文化活动等。

▍情景案例

优衣库员工把服务做到极致

优衣库门店店员见到任何一名顾客都要高喊"欢迎光临"，无论对方有无回应。只要顾客挑选了衣服，员工就必须立即将购物篮递到顾客手中。收银台一般只启动 1～2 台收银机，但是一旦发现排队人数增多，就立即会有店员小跑过来，再启动一台收银机。在下雨天，店员还会在印有"UNIQLO"的纸袋外再套一个透明塑料袋，防止纸袋被淋湿，一切细到极致。

　　在门店，最考验员工服务态度的项目是折叠衣服，折叠好的衣服随时都可能被顾客再次打开。店员必须微笑着迅速再次叠好衣服，叠衣服时还须用余光察觉旁边是否有顾客，以免打扰他们挑选衣服。

（三）视觉识别系统

1. 视觉识别系统的内涵

　　视觉识别系统主要将企业的经营理念和战略构想翻译成词汇和画面，使抽象理念落实为具体可见的传达符号，形成一整套象征化、同一化、标准化、系统化的符号系统。

　　视觉识别系统是企业形象的静态表现，与社会公众的联系最为密切，影响面也最广，是企业对外传播的"脸"。

2. 视觉识别系统的构成

　　视觉识别系统原则上由两大要素组成：一是基础要素，它包括企业名称、企业标志、标准字体、专用印刷字体、企业标准用色、企业造型或企业象征图案，以及各要素相互之间的规范组合；二是应用要素，即上述要素经规范组合后，应用于企业各领域中，包括既有办公事务用品、建筑及室内外环境、衣着服饰、广告宣传、产品包装、展示陈列、交通工具等。

3. 视觉识别系统设计中的基本要素

1）标志

　　标志是一种象征性的符号，具有明确的特定含义，通过简练的造型、生动的形象来传达企业、品牌的理念和内容特征等信息。标志是应用最广、出现次数最多的要素之一，是视觉识别的第一形象要素，因此在设计过程中首先需要确立标志的造型。

　　根据基本构成因素，标志可分为文字标志、图形标志、图文组合标志。

　　（1）文字标志。文字标志有的直接由中文、外文或汉语拼音构成，有的由汉语拼音或外文单词的首字母构成。

　　（2）图形标志。图形标志是通过几何图案或象形图案来表示的标志。图形标志又可分为三种，即具象图形标志、抽象图形标志、抽象图形与具象抽象相结合的标志。

　　（3）图文组合标志。图文组合标志集中了文字标志和图形标志的长处，克服了两者的不足。

2）标准字

　　标准字是指根据企业的理念、经营属性等设计的专用字体，并以此树立企业的形象，提高产品的信誉度和品质。

标准字是视觉识别设计中的另一个重要环节，它与一般印刷体不同，标准字的字体、字距、笔画等都要经过严格的设计。因此，不但要将企业的理念和特性贯穿在设计过程中，而且要了解同行业的其他标准字体，以免出现相似或相仿的情况。

3）标准色彩

标准色彩是指企业指定一种或几种特定的色彩作为企业专用色彩，利用色彩传达企业的理念、塑造企业形象。合理的色彩设计运用到各种媒体上，能对人的生理、心理产生良好的影响，使人们产生美好的联想。标准色彩并不都是单色使用，一般有以下三种类型。

（1）单色相标准色。单色相标准色强烈、刺激，追求单纯、明了、简洁的艺术效果，如味全公司及可口可乐公司的红色，灿坤电器公司及七天连锁酒店的黄色。

（2）多色相标准色。企业选定两种或两种以上的颜色进行搭配，起到强化色彩组合的美感效果，表现完整的企业特征，如全家便利商店的蓝、绿色搭配及统一便利商店的红、绿、橘色搭配。选用多种标准色彩有主副色之分。

（3）多色系统标准色。大型企业常会采用多色系统标准色，其主要分为主标准色与辅助色，主标准色代表母公司、主要品牌、主要产品，而辅助色则代表子公司、不同的事业部门、其他品牌与产品的分类。

4）企业造型（吉祥物）

在整个企业形象识别系统设计中，企业造型（吉祥物）以其醒目性、活泼性、趣味性越来越受到企业的青睐。以人物、植物、动物等为基本素材，通过夸张、变形、拟人、幽默等手法塑造出一个亲切可爱的形象，对于强化企业形象有不可估量的作用。例如，北京 2022 年冬奥会吉祥物"冰墩墩"和北京 2022 年冬残奥会吉祥物"雪容融"就深受大家喜爱。

4. 视觉识别系统设计中的应用设计

应用设计是基础设计的展开和运用，它必须以基础设计风格为指导。在运用中应严格遵循企业基本要素的规范组合，不可随意改动。由于该项内容广泛，设计者应同企业商定，有选择地决定设计项目。下面以常用的应用设计为例来进行探讨。

1）办公事务用品

办公事务用品包括名片、信封、信纸、徽章、工作证、请柬、贺卡、文件夹、公文袋、账票、备忘录、表格、办公用笔、公司专用笔记本等，这些项目的设计应将企业的基本信息（名称、标志、地址、电话、网址等）准确传达出去。办公事务用品的设计应充分体现企业的规范与精神，以形成严肃、完整、统一的格式，展示现代办公的高度集中化和现代企业文化。

2）企业招牌、标志与建筑环境

企业招牌、标志与建筑环境包括建筑造型、企业名称招牌、企业大门外观、霓虹灯广告、接待台、路标指示牌、部门标示牌、吊旗、吊牌、POP（point of purchase，卖点广告）、货架标牌等。这些设计是企业形象在公共场所的视觉再现。设计时以基础设计中的元素组合为基础，与周围环境相协调，因地制宜，达到简洁醒目的视觉效果。

3）交通运输工具

交通运输工具包括轿车、面包车、大巴士、货车、工具车、油罐车、船舶、飞机等。交通运输工具作为活动的媒体在视觉识别系统设计中占有十分重要的地位。设计中应考虑它们的移动性，字体应醒目，色彩要强烈，最大限度地展示其流动广告的视觉效果。

4）产品包装

产品包装包括包装纸、纸盒包装、纸袋包装、塑料袋包装、木箱包装、玻璃容器包装、陶瓷包装等。应用设计中的产品包装设计主要是将企业产品的各类包装条理化、系统化，统一设计风格和表现手法，使之成为企业整体形象的一部分。

5）广告媒体

广告媒体包括电视广告、报纸广告、杂志广告、路牌广告、招贴广告、网络广告、邮寄广告等。企业选择各种不同的广告媒体形式对外宣传，是一种长远、整体的宣传方式，也是现代企业信息传达的重要手段。

6）服装服饰

服装服饰包括（男、女）制服、工作服、宣传服、礼仪服、运动服、文化衫、领带、领带夹、领结、工作帽、纽扣、肩章、臂章、胸卡等。企业服装服饰设计在企业内部管理、员工归属感、企业凝聚力、标示不同岗位、整洁视觉环境等方面起着不可忽视的作用。一般来说，服装的色彩以企业标准色或标准色的延伸为主，造型款式注重细部设计，局部镶边，以彰显员工训练有素、有条不紊。

7）赠送礼品

赠送礼品包括 T 恤衫、领带、领带夹、领结、打火机、钥匙牌、纪念章、广告伞、广告笔、礼品袋等。企业礼品主要以企业识别为导向，以传播企业形象为目的，将企业形象表现在日常生活用品之上，便于与外界沟通交流、协调关系，这是一种有效的广告形式。

8）印刷出版物、网页

印刷出版物、网页包括企业简介、商品说明书、产品简介、消费者使用说明书、企业简报、年历、企业官网网页等。企业的印刷出版物代表企业形象并直接与外界接触，因此设计时应充分体现统一性和规范化，将企业的标志和标准字统一安置在某一特定的位置，以形成统一的视觉效果。

（四）听觉识别系统

1. 听觉识别系统的内涵

听觉识别系统是通过听觉刺激传达企业理念、品牌形象的系统。听觉刺激在公众头脑中产生的记忆和视觉相比毫不逊色。从理论上看，听觉识别的信息占人类获取信息的11%，因此听觉是一个非常重要的传播渠道。

2. 听觉识别系统的构成

1）歌曲

企业歌曲既是教育员工、凝聚员工、陶冶情操的宣教工具，又是企业文化的重要组成部分，还具有识别功能，歌曲一响人们就可以判断是哪个组织的。

2）广告音乐

（1）广告歌曲。广告歌曲是指广告中有歌词、有乐谱的广告音乐。广告歌曲一定要有特色，因为歌曲时间往往很短，所以歌曲如果没有个性就会很快被遗忘。

（2）广告乐曲。广告乐曲指没有歌词的广告音乐，以旋律取胜，如英特尔公司的广告乐曲。

3）注册的特殊声音

企业特有的某种声音，如本田公司生产的摩托车发动机音响很特殊，通过这一音响就可识别这一企业。对特殊声音可以进行注册，加以保护，作为企业的无形资产，并进行宣传。

4）特殊发言人的声音

特殊发言人的声音往往与固定的形象代表相统一。例如，小鸭圣吉奥请唐老鸭的配音演员李扬为其广告配音。大家不用看电视，一听声音就知道是什么企业。选择发言人要有特色，并用合同加以确定。

（五）环境识别系统

1. 环境识别系统的内涵

环境识别系统是用于企业环境识别的系统，亦称环境统一化系统。环境识别系统对人所能感受到的组织环境实行规范化的管理。

2. 环境识别系统的构成

环境识别系统内部包括门面、通道、楼道、厕所、配套用具、设施、智能化通信设施、空气清新度、安全设施的指示系统、使用功能和享受功能完善的组合等。

环境识别系统外部包括环境艺术设计、生态植物、绿地、雕塑、吉祥物，象征形象、建筑外饰、广告牌、灯箱、组织环境风格与社区风格的融合程度等。

　　3. 环境识别系统的设计原则

　　（1）根据企业理念来设计。

　　（2）根据企业的特征、企业文化、企业行业特色来设计。

　　（3）根据公众需求、公众的方便性、习俗文化来设计。

　　（4）要注意环境建设应以文化为主，不要比排场、比花钱、比高档装修，有文化才能有特色、有风格、有品位。

二、特许经营单店店面识别系统的设计

　　特许经营单店店面是其产品或服务对外推销的直接场所，是特许经营品牌推广的重要环节，能有效地传达企业品牌形象，增强用户对品牌的印象，从而推动产品的销售。在店面识别系统设计中，无论是展示橱窗还是展览会场的空间设计，都是企业形象的展现，门店商业空间的视觉环境、装潢、店堂广告都是吸引消费者的重要因素，会对消费者的决策产生重要的影响。如何在有限的空间里将企业及商品的信息通过构思精巧的设计巧妙地传达给消费者，并达到营销的目的，是特许经营企业需要关注的问题。

　　进行店面识别系统设计具有重要的意义：第一，店面识别系统设计能够统一特许经营体系的整体形象，使单店不会因位置的不同、门店店面尺寸大小不同而产生差异；第二，专业的店面识别系统设计可塑造店面独特的风格，使之较不易为他人所模仿；第三，店面识别系统设计平均可缩减40%～50%的店面装修施工时间，相对减轻了房租的负担并增加了营业的天数，同时还能降低30%左右的施工费用；第四，店面识别系统设计统一了各门店的条件，使管理更简易，也有利于控制商品和服务的品质；第五，特许经营体系拥有完整的店面识别系统设计，能增强加盟商对特许经营品牌的信心，提升加盟商的积极性。

　　店面识别系统设计主要包括整体风格统一规范、终端形象统一规范、终端形象规范示范三个方面，一般会最终形成一本活页式的店面识别标准管理手册。该手册通常从总则（管理原则、商圈确定、设计概念）、空间设计部分（平面系统、天花板系统、地坪系统、配电及照明系统、展示系统、壁面系统、招牌系统）、管理部分（材料说明、发包及施工程序、估价、协力厂商配合作业原则）三个方面进行详细说明。某特许经营企业的店面识别系统设计明细表如表 3-21 所示。

表 3-21　某特许经营企业的店面识别系统设计明细表

项目名称		细节部分		
整体风格统一规范	整体色彩及辅助色彩定位设计	1. LOGO 元素应用设计 2. 平面布局设计 3. 品牌风格体现设计	空间利用设计	1. 功能区域设计 2. 整体个性元素造型定位设计 3. 人体工程学科学定位设计
终端形象统一规范	空间风格统一规范	1. 门店整体风格效果规划 2. 门店内部效果规划 3. 门店门头设计 4. 大门规范设计 5. 辅助灯箱设计 6. 墙面效果规范设计 7. 展示橱窗设计 8. 试衣间效果设计（限服装类产品） 9. 休闲区效果设计 10. 天花（板）造型规范设计 11. 灯光表现设计（灯具规范） 12. 电路布置规范 13. 空间立面规范（立面图） 14. 地面设计 15. 室内导航指示系统设计 16. 主题形象墙、装饰墙设计 17. 流程规划布置	道具风格统一规范	1. 墙体产品展柜规范设计 2. 墙体产品展架规范设计 3. 墙体产品精品柜规范设计 4. 墙体产品分类展架规范设计 5. 中岛柜规范设计 6. 中岛架规范设计 7. 转角柜规范设计 8. 收银台整体规范设计 9. 收银台各类形式规格规范设计 10. 展示台整体设计 11. 流水台规范设计 12. 休息凳统一风格规范 13. 模特陈列台规范设计
终端形象规范示范	空间视觉范例	1. 旗舰型单店店面设计 2. 标准型单店店面设计 3. 特殊型单店店面设计 4. 一面开放型店中店店面范例 5. 两面开放型店中店店面范例 6. 三面开放型店中店店面范例 7. 中岛型店中店店面范例 8. 道具组合陈列范例 9. 装修应用规范	空间视觉识别手册	1. 手册使用规范 2. 创意设计理念 3. 门店分裂应用规范 4. 道具应用规范 5. 辅助设备应用规范 6. 色彩应用规范 7. 材料应用规范 8. 灯具应用规范

🖳 任务实施

根据以下案例完成实训。

八马茶业全面升级 塑造高端品牌形象

八马茶业隶属于八马茶业股份有限公司，源自百年制茶世家，是中国茶叶连锁领先品牌、高端茶市场领先品牌。八马茶业董事长王文礼为国家级非物质文化遗产项目乌龙茶制作技艺（铁观音制作技艺）代表性传承人。截至 2024 年 1 月 31 日，八马茶业全国门店超 3400 家。

"八马"品牌名称包含五层含义，具体如下。

（1）"八马"之义来源于《辞源》。

（2）"八马"之名来源于茶、马之间悠久的历史渊源。

（3）"八马"之名来源于人们记忆中特别深刻的马帮精神。

（4）"八马"之名来源于徐悲鸿著名的《八骏图》。

（5）"八马"之名还呼应了马的精神。

在全新品牌形象片亮相之际，铁观音第十三代传人、八马茶业董事长王文礼表示："八马的使命不仅在于传承百年技艺做好一杯茶，更在于守护和传承好茶这个滋养中华民族千年的精神食粮，让中国茶在现代焕发新的生机。"

从种子到叶子，枝头嫩芽积聚了天地的阳光雨露，迎来生命的第一次绽放；从叶子到干茶，茶叶在茶人手中翻腾跳跃，又经历烈火的试炼，于磨砺中积淀香气；从干茶到冲泡，干茶在沸水中翻腾舒展，最终与人"香遇"——品牌形象片不仅生动刻画出"茶的三次生命"，还展现出八马茶业对茶的坚守与传承。

八马茶业相关负责人介绍，八马茶业与《中国国家地理》杂志社已签署战略合作协议，双方将以更具地理视角、人文美学的高品质内容展现中国茶之美。品牌形象片便是双方内容共创的最新成果之一，八马茶业希望通过此片向外界传递其全新品牌形象。

值得注意的是，八马茶业的高端品牌形象已得到权威机构和业界认可。2022年5月，国际权威机构弗若斯特沙利文咨询公司出具的报告显示，基于高端中国茶行业比较研究，八马茶业被认证为"高端中国茶全国销量领先"品牌；同年7月，八马茶业还被中国茶叶流通协会认证为"高端茶市场领先品牌"。

据了解，八马茶业在实现自身跨越式发展的同时，不遗余力地推动中国茶文化的复兴。资料显示，八马茶业坚持标准化、品牌化、数字化的发展理念，为行业发展提供了一系列成功案例参考。凭借过硬的产品品质和强大的品牌号召力，八马茶业曾多次作为中国茶代表登上世界舞台，以茶为载体弘扬国粹。

未来，八马茶业将继续推动高端中国茶品牌形象的建设，携手合作伙伴，以高品质的内容推动茶文化的传播与传承。

（资料来源：佚名，2022. 八马茶业发布全新形象片 传递高端品牌形象[EB/OL].（2022-08-16）[2024-02-22]. https://baijiahao.baidu.com/s?id=1741288504635159368&wfr=spider&for=pc.）

实训要求：

（1）八马茶业是如何提升品牌形象的？

（2）请搜索观看《香遇一杯好茶》视频，并分析案例中八马茶叶运用了企业形象识别系统的哪些方面。

任务评价

根据以上任务完成情况，完成任务评价表（表3-22）。

表 3-22 任务评价表

序号	技能点	佐证	达标	未达标
技能点	案例分析	熟悉企业形象识别系统的构成		
		了解特许经营单店店面识别系统		
素质点	设计思维	具有品牌形象设计思维		
	创新精神	对于品牌文化宣传具有创新理念		
	文化传承理念	具有企业文化传承意识		

综 合 实 训

实训项目：便利店盈利模式调查。

实训目的：通过便利店盈利模式调查，了解便利店盈利模式和盈利策略，提高市场调查能力、经营管理能力，增强团队合作意识等。

实施方式：

（1）分组。学生 3~6 人为一组，每个学生承担不同内容的任务。

（2）企业市场调查。通过观察法、直接询问法、间接调查法等方式搜集一家特许经营企业的项目开发资料，并对相关资料进行分析与加工。

（3）成果展示。各小组撰写《便利店盈利模式实训报告》，在课堂上以 PPT 讲演的形式进行展示，并接受点评。

实训成果：完成《便利店盈利模式实训报告》，制作 PPT 并进行课堂展示。

项目考核评价：以自我评价和小组评价相结合的方式进行，指导教师根据项目考核评价和学生学习成果进行综合评价；也可先借助网络平台将结果上传，再借助平台进行自我评价、小组评价及综合评价。特许经营单店系统考核评价表如表 3-23 所示。

表 3-23 特许经营单店系统考核评价表

班级： 第（ ） 小组名称： 时间：

评价模块	评价内容	分值	自我评价	小组评价
理论知识	（1）掌握特许经营单店的实质、地位、角色、类型及特点	15		
	（2）掌握特许经营单店经营模式设计内容	15		
	（3）掌握特许经营单店运营管理系统设计内容	15		
实践能力	（1）能够对一家单店进行盈利模式的分析与设计	15		
	（2）能够分析一家单店的运营模式，并提出建议	20		
	（3）能够根据财务报表分析一家单店的盈利模式	10		
职业素养	（1）培养谦虚好学、爱岗敬业、团队合作的品质	5		
	（2）培养通过网络收集相关资料的信息技术应用能力	5		

综合评价：

指导教师或师傅签字：

思考与练习

一、名词解释

单店；单店模式；客户定位；单店盈利模式；单店运营管理系统模型；单店形象识别系统；视觉识别系统；单店盈利测算模型

二、简答题

1. 简述特许经营单店的类型及特点。
2. 简述特许经营单店系统的构成。
3. 简述特许经营单店系统设计的步骤和方法。
4. 简述特许经营单店客户定位设计。
5. 简述特许经营单店盈利提升的途径。
6. 简述特许经营单店运营管理系统设计内容。
7. 简述特许经营单店系统的构成。
8. 简述特许经营单店盈利测算模型的概念与意义。

项目四　特许经营总部管理系统

项 目 导 学

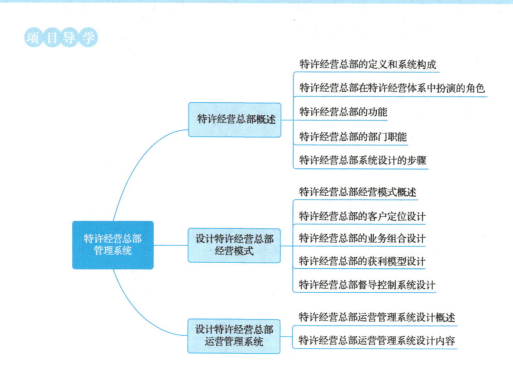

特许经营总部概述
- 特许经营总部的定义和系统构成
- 特许经营总部在特许经营体系中扮演的角色
- 特许经营总部的功能
- 特许经营总部的部门职能
- 特许经营总部系统设计的步骤

设计特许经营总部经营模式
- 特许经营总部经营模式概述
- 特许经营总部的客户定位设计
- 特许经营总部的业务组合设计
- 特许经营总部的获利模型设计
- 特许经营总部督导控制系统设计

设计特许经营总部运营管理系统
- 特许经营总部运营管理系统设计概述
- 特许经营总部运营管理系统设计内容

特许经营总部管理系统

任务一　特许经营总部概述

任务目标

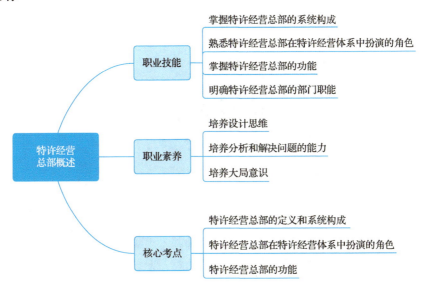

职业技能
- 掌握特许经营总部的系统构成
- 熟悉特许经营总部在特许经营体系中扮演的角色
- 掌握特许经营总部的功能
- 明确特许经营总部的部门职能

职业素养
- 培养设计思维
- 培养分析和解决问题的能力
- 培养大局意识

核心考点
- 特许经营总部的定义和系统构成
- 特许经营总部在特许经营体系中扮演的角色
- 特许经营总部的功能

任务导入

海底捞成立于 1994 年，是一家以经营川味火锅为主的连锁品牌，总部位于四川成都简阳。请根据调查及查阅的资料，绘制出企业总部的组织结构图。

任务解析

想快速、准确地认识和了解一家企业，可以从其组织结构图入手。组织结构图简洁明了地展示了企业的内部组成和职能、角色和职责、功能和关系，是呈现组织功能的重要图形。绘制组织结构图应先明确组织结构类型，再确定组织规模和部门设置，最后构建部门链接。

 知识要点

一、特许经营总部的定义和系统构成

特许经营总部是受特许人委托，代表特许人建立、发展、运营和管理特许经营体系的机构，是特许经营体系中不可或缺的子系统。作为一个系统，特许经营总部一般由以下三个部分组成。

（1）核心部分：特许经营总部的经营模式。

（2）基础部分：特许经营总部的运营管理系统。

（3）外在部分：特许经营总部的识别系统。

特许经营总部各组成部分间的关系如图4-1所示。在一个特许经营体系中，特许经营总部处于核心位置，其运营如何实现稳定高效是当前特许经营实践中面临的重要问题。

图4-1　特许经营总部各组成部分间的关系

二、特许经营总部在特许经营体系中扮演的角色

特许经营总部和单店都是特许经营体系中的基本组织形态，但特许经营总部在特许经营体系中与单店相比扮演着完全不同的重要角色，归纳起来有以下七点。

（一）领导者的角色

在激烈的市场竞争当中，特许经营总部必须担当起领导的责任，时刻关注市场竞争态势，及时调整竞争策略，制定行动方针和政策，从而保持和发展特许经营体系的核心竞争力。如果把激烈竞争的市场比作大海，那么特许经营体系犹如一支在惊涛骇浪中航行的庞大舰队，特许经营总部就是其中的旗舰，负责领航。

（二）授权者的角色

特许经营总部受特许人的委托，代表特许人发布特许经营招商信息，制订并实施加盟商招募计划，对特许经营申请者进行遴选、签约授权及开店前的指导和培训，因此扮演着特许经营授权者的角色。

（三）经营者的角色

特许人在委托特许经营总部建立、发展、运营和管理整个特许经营体系的同时，也授予特许经营总部很大的行政管理权力，同时要求特许经营总部对特许经营体系的运营结果负责。因此，特许经营总部必须承担特许经营体系年度经营计划的制订和组织实施的责任，也就是扮演特许经营体系经营者的角色。

（四）创新管理者的角色

特许经营体系是一个新型的社会经济组织，与在同一资本控制下的传统经济组织相比，具有在高度分散化经营的同时实现高度统一化管理的显著特征。这种新型的社会经济组织给特许人提出了新的管理学课题，即协调体系内不同投资主体——加盟商的行动，实现整体系统的高效率运转和快速发展。解决这个课题成为特许经营总部不可推卸的责任。

（五）培训者的角色

特许人通过与加盟商签订特许经营合同的方式将特许经营权授予加盟商使用。特许经营权的核心是特许人的知识产权，而知识只有通过一个完整的培训和教育的过程，才能真正实现从所有者向使用者的转移。这也是标准的特许经营合同中要规定培训是特许人必须履行的基本义务之一的原因。因此，特许经营总部扮演着培训者的角色。

（六）后台支持者的角色

单店负责直接服务于客户，向客户提供价值，并获取价值回报。特许经营总部在单店的系统中扮演的是供应者的角色，负责源源不断地向单店提供各种有形和无形的资源。如果把特许经营体系整体放到市场中来观察，单店就相当于前台的明星，以优秀的经营业绩放射出特许人品牌的光芒，特许经营总部则是强大的后台，以默默无闻的踏实工作支持着处于不同地区的单店，使单店在激烈的市场竞争中永远立于不败之地。

（七）信息中心的角色

单店处于市场的前沿，除了直接服务于客户，还负责收集并向特许经营总部反馈单店的运营管理信息和局部市场信息，特许经营总部则担负着汇总和处理这些信息的重要责任，并将这些信息作为运营管理决策的重要依据。另外，在特许经营运营管理体系的网络化结构中，特许经营总部要承担协调分店之间业务的责任，甚至要作为单店之间业务往来的结算中心。因此，从信息系统的角度观察特许经营总部，特许经营总部在特许经营体系中相当于一个服务器，支持着一个个终端——单店。

想一想

请结合你的理解，思考特许经营总部与单店在特许经营体系中扮演的不同角色。

三、特许经营总部的功能

特许经营总部的功能包括如下几个方面。

（1）为单店提供商品/物料配送。

（2）为单店提供市场支持。

（3）为单店提供技术支持。

（4）为单店提供培训和督导。

（5）收集和处理单店经营信息。

（6）整合和管理系统其他供应商。

（7）授权和管理加盟商。

特许经营总部的功能如图4-2所示。

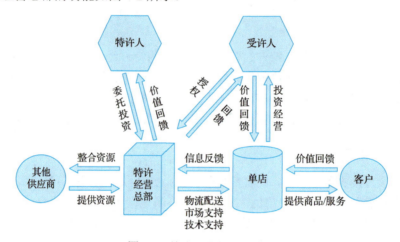

图4-2　特许经营总部的功能

四、特许经营总部的部门职能

项目二任务三介绍了特许经营总部组织结构设计的原则及特许经营总部组织结构的类型，下面重点介绍特许经营总部的部门职能。本部分以逸马国际顾问集团凝练的成果为例，在该企业10余年专业积累和企业实践的基础上，总结了支撑特许经营平台快速发展的部门设计与职能定位。

总经理下设决策委员会和总经办，统筹管理九个部门（图4-3），分别为品牌中心、拓展中心、运营中心、商品中心、人力资源中心、财务中心、行政部、网络运营中心和商学院。其中，品牌中心下设企划部、品牌推广部和工程部；拓展中心下设拓展部、加盟部和拓展服务部；运营中心下设开店部、直营部、督导部和客服部；商品中心下设商品设计部、商品开发部、商品监控部和储运部；人力资源中心下设招聘部、人事管理部和企业文化部；财务中心下设财务部、审计部和结算部；行政部下设信息管理部、行政管理部和后勤部；网络运营中心下设产品开发、网络营销部、网络客服部、网络仓储部和网络财务部。

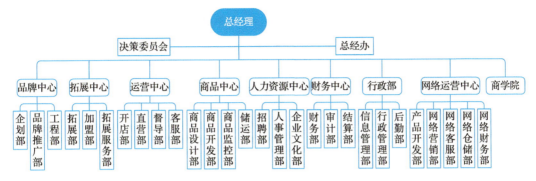

图 4-3　特许经营企业总部组织结构范例

1. 总经办职能

总经办职位结构如图 4-4 所示，其职能如下。

图 4-4　总经办职位结构

（1）直接受总经理的领导，对公司的战略发展规划、资金运作等重大事项有建议权。

（2）协调与统筹各分部、总部各部门之间的关系。

（3）协助总经理制定、贯彻、落实各项经营发展战略、计划，实现企业经营管理目标。

（4）主持公司财务战略的制定、财务管理及内部控制工作，筹集公司运营所需资金，完成企业财务计划。

（5）协助制定、组织实施公司人力资源战略，建设发展人力资源各项体系，最大限度地开发人力资源，为实现公司经营发展战略目标提供人力保障。

（6）策划、推进公司的业务运营战略、流程与计划，组织协调公司各部门执行相关工作，实现公司的运营目标。

（7）协调与维护对外关系。

（8）建立文件档案，定期整理、归档并保管。

（9）负责公司对外关系协调与维护等工作。

（10）负责抽查与突击检查各部门、各单店营运情况。

（11）负责监督总部、各区域、各门店、各部门的运营行为与运营活动是否符合公司标准与规范。

（12）负责公司各类文件、会议纪要等的签发、下达。

2. 品牌中心职能

品牌中心职位结构如图 4-5 所示，其职能如下。

图 4-5　品牌中心职位结构

（1）设计和制作各种宣传物料，进行新店面形象的设计。

（2）协助创建企业品牌，传播企业文化。

（3）策划门店统一活动方案及新开店面活动方案。

（4）指导门店进行营销推广。

（5）对市场信息进行调查研究，为公司的市场运作、品牌运作和商品设计与开发提供理论支持和数据支持。

（6）建立、健全、维护公司网站、媒体等宣传途径。

（7）制订促销计划和方案，协助公司实现销售目标。

（8）开发和维护公司与企业、媒体等有关机构、合作伙伴之间的关系。

（9）主持公司媒体公关活动，制订并组织执行媒体公关活动计划。

（10）负责新建门店的装修工程，提炼门店装修标准和流程。

3. 拓展中心职能

拓展中心职位结构如图 4-6 所示，其职能如下。

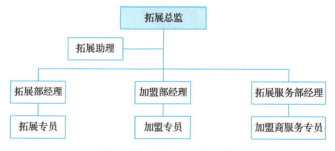

图 4-6　拓展中心职位结构

（1）负责对连锁扩张区域、城市进行市场调查。

（2）负责连锁新店的选址、评估等工作。

（3）负责签订场地租赁协议、物业管理协议，解决租赁、物业、消防通道等问题。

（4）负责寻找理想的合作加盟商，为公司提供合作加盟商的基本信息并进行洽谈。

（5）负责门店的出让、处理等相关事宜。

（6）负责加盟商加盟事务，如加盟商关系维护和处理等。

（7）对搜集到的市场信息、发展趋势等资料，要及时与相关部门沟通，对市场做出及时、有效的反应。

（8）确立房东、加盟商关系开发与维护政策，并指导、监督门店进行房东、加盟商关系开发与维护。

4. 运营中心职能

运营中心职位结构如图4-7所示，其职能如下。

图4-7　运营中心职位结构

（1）完成新店开张与培育。

（2）制定并完善门店日常营运的相关制度体系、业务流程。

（3）负责营销团队的建设与管理。

（4）负责门店的营销管理工作，完成下达的销售任务。

（5）随时掌握市场动向，为公司抓住发展机遇和规避未知风险提供科学依据。

（6）对市场信息进行调查研究，为公司的市场运作、品牌运作和商品设计与开发提供理论支持和数据支持。

（7）协助商品中心制订采购目标与计划，并实施监督与管控。

（8）负责监督总部及各部门对连锁门店服务的针对性、及时性和有效性。

（9）检查连锁门店的满意度，并向对应部门反馈合理化建议。

（10）通过督察、指导，规范和推广符合公司发展思路的运营行为，提升公司特许经营能力、执行能力，协助公司达成战略发展目标。

（11）对违规或不良行为进行纠正或处罚。

（12）监督门店会员资料的收集、完善，维护、完善会员数据库，定期进行数据分析，挖掘顾客需求。

（13）负责顾客的投诉记录及跟进，并协助相关部门处理好相关事宜。

（14）确立会员关系开发与维护政策，并指导、监督门店进行会员关系开发与维护。

5. 商品中心职能

商品中心职位结构如图4-8所示，其职能如下。

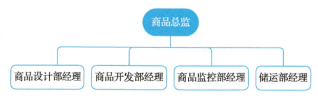

图 4-8　商品中心职位结构

（1）负责商品的设计开发与每季商品的结构分析与规划。

（2）负责制订商品采购目标与计划，并落实采购计划。

（3）负责采购商品的价格、质量等的选择与谈判，保证商品品质，负责确认、跟踪供应商出货、交货期限，及时通知相关部门。

（4）负责制定采购商品的价格策略，确定指导价。

（5）协同运营部门制订并实施销售计划与利润计划的分解与落实，协助、参与全国性及重大区域性促销活动的筹划与落实。

（6）建立并完善供应商管理制度，发展、选择和处理供应商关系。

（7）对公司总部及所有连锁门店的商品进行实时监控，对公司包括门店的商品结构、库存进行管控与调配。

（8）组织管理仓储与物流，实现物流顺畅的目标。

（9）监控门店商品的入库、安全储存，定期盘店。

（10）负责货品运送的督促与管理，避免货品破损与遗失。

（11）管理、监控、跟踪第三方物流，以保证货物准确、及时、安全到达。

（12）负责合作物流公司的管理、监督与评估、反馈，不断优化合作关系，加强成本控制意识，把物流成本降至最低。

6. 人力资源中心职能

人力资源中心职位结构如图 4-9 所示，其职能如下。

图 4-9　人力资源中心职位结构

（1）协助总经理制定、组织实施公司人力资源战略，建设发展人力资源各项体系，最大限度地开发人力资源，为实现公司经营发展战略目标提供人力保障。

（2）制订并实施公司各项招聘计划，完成招聘目标。

（3）建立并完善人力资源管理及行政体系和制度。

（4）制定并组织实施公司全员绩效考核制度。

（5）负责关于薪酬福利的各项日常工作。

（6）塑造、维护、发展和传播企业文化。

7. 财务中心职能

财务中心职位结构如图 4-10 所示，其职能如下。

图 4-10　财务中心职位结构

（1）建立、健全财务管理体系，对财务的日常管理、年度预算、资金运作等进行总体控制。

（2）负责财务报表的核算和统一监管，对单店财务进行统一管理、指导，编制各项财务报表，展开财务分析。

（3）对公司税收进行整体筹划与管理，按时完成税务申报及年度、月度审计工作。

（4）监控和预测现金流量，确定和监控公司负债与资本的合理结构，统筹管理和运作公司资金并对其进行有效的风险控制。

（5）为公司重大的投资、融资、并购等经营活动提供建议和决策支持，参与风险评估、指导、跟踪和控制。

（6）与财政、税务、银行、证券等相关部门及会计师事务所等相关中介机构建立并保持良好的关系。

（7）汇报公司经营状况、经营成果、财务收支及计划的具体情况，为高层提供财务分析的有益建议。

（8）负责与加盟商进行结算。

8. 行政部职能

行政部职位结构如图 4-11 所示，其职能如下。

图 4-11　行政部职位结构

（1）制订、完善计算机系统管理方案，拟定相应的技术方案并具体组织实施，以确保公司计算机系统正常、安全、稳定运行。

（2）完善公司各项行政管理制度及操作流程，负责对公司各部门行政管理制度的执行情况进行有效监督和检查。

（3）对公司的各项资产进行监督和管理，确保各类资产的正常使用，保障公司后勤服务工作的顺畅。

（4）负责行政办公用品的采购与管理和后勤补给的采购与管理及保障。

（5）做好公司客户接待、电话接听、传真收发等日常行政工作，保证公司信息沟通顺畅，提高公司运作效率。

（6）接受公司统筹安排及车辆的调度，负责及时、安全地完成人员接送、货品配送；协助上级做好车辆管理，负责公司车辆的使用、安全、清洗工作。

（7）负责公司总部办公场所及员工宿舍的环境卫生，定期、定时进行清洁与打扫，保障公司工作场所和宿舍的干净整洁。

（8）负责公司员工就餐安排。

9. 网络运营中心职能

网络运营中心职位结构如图 4-12 所示，其职能如下。

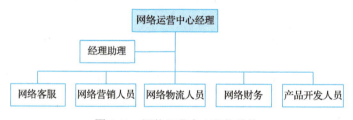

图 4-12　网络运营中心职位结构

（1）开发适合网络销售的商品。

（2）负责网上销售商品。

（3）根据销售需要不断调整产品信息和活动信息。

（4）做好顾客服务与顾客关系维护。

（5）负责网络品牌建设与推广。

（6）负责企业电子商务网站建设与维护。

（7）负责网上调研与网站流量统计分析。

（8）负责产品进销存管理及物流配送。

（9）建立、健全本中心财务管理体系，对本中心财务的日常管理、年度预算、资金运作等进行总体控制。

（10）负责本中心财务报表的核算，并编制各项财务报表，展开财务分析。

（11）汇报经营状况、经营成果、财务收支及计划的具体情况，为高层提供财务分析的有益建议。

（12）调查研究网站顾客对各种服务项目、产品、活动的满意度，为高层做出市场决策提供可靠依据。

五、特许经营总部系统设计的步骤

特许经营总部系统设计的步骤如图 4-13 所示。

图 4-13　特许经营总部系统设计的步骤

任务实施

完成以下实训。

请根据本任务内容进行总结分析，结合资料搜索，绘制一份海底捞的总部组织结构图，并注明各部门的职能。

任务评价

根据以上任务完成情况，完成任务评价表（表 4-1）。

表 4-1　任务评价表

序号	项目	评价内容	达标	未达标
技能点	案例分析	掌握特许经营总部的定义		
		能厘清特许经营总部的系统构成及其关联		
		能辨识特许经营总部的功能		
		能明确特许经营总部的部门职能		
素质点	大局意识	在经营管理中能以总部全局的利益为重		
	结构化思维	明确单店与总部、总部各部门之间的结构化关系		
	团队合作精神	分析总部部门划分与职责，能体现团队合作精神		

任务二　设计特许经营总部经营模式

任务目标

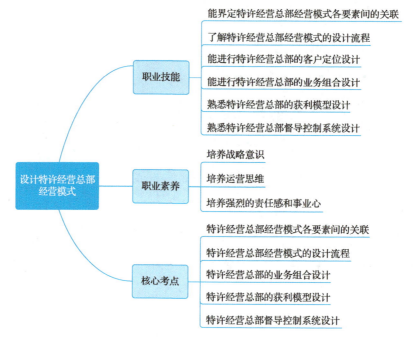

设计特许经营总部经营模式

职业技能
- 能界定特许经营总部经营模式各要素间的关联
- 了解特许经营总部经营模式的设计流程
- 能进行特许经营总部的客户定位设计
- 能进行特许经营总部的业务组合设计
- 熟悉特许经营总部的获利模型设计
- 熟悉特许经营总部督导控制系统设计

职业素养
- 培养战略意识
- 培养运营思维
- 培养强烈的责任感和事业心

核心考点
- 特许经营总部经营模式各要素间的关联
- 特许经营总部经营模式的设计流程
- 特许经营总部的业务组合设计
- 特许经营总部的获利模型设计
- 特许经营总部督导控制系统设计

任务导入

了解了海底捞的组织结构之后，请广泛搜集关于该企业总部的信息，尝试设计海底捞总部的获利模型，根据其业务范围分析不同板块的业务组合设计，根据掌握的信息分析当前的获利点，并尝试对其获利模型进行再设计。

任务解析

获利模型的设计是通过业务碎片化及业务重新组合进行的，开创新的获利点是企业创新发展的必然要求。特许经营总部获利模型的设计流程如图 4-14 所示。

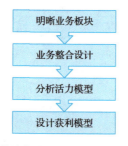

明晰业务板块

业务整合设计

分析活力模型

设计获利模型

图 4-14　特许经营总部获利模型的设计流程

知识要点

一、特许经营总部经营模式概述

（一）特许经营总部经营模式的界定

客户定位、业务组合、获利模型及特许人战略控制四个要素组合在一起就构成了特许经营总部的经营模式。

从系统的角度来看，特许经营总部服务于受许人和单店。特许经营总部对受许人有明确的选择条件，对单店系统有标准化的设计，这些就是特许经营总部的客户定位。与此同时，特许经营总部作为一个经营机构，必然有其业务组合和获利模型。特许人委托特许经营总部来建立、发展、运营、管理整个特许经营体系，因此特许经营总部要对整个体系有战略控制的手段。

（二）特许经营总部经营模式各要素间的关联

特许经营总部经营模式的四个要素之间具有很强的逻辑关联性（图 4-15）。客户定位取决于受许人和单店能否带来利润；获利模型在一定程度上取决于特许经营总部的业务组合；特许人战略控制往往取决于客户定位及业务组合；业务组合则要满足目标客户的需求，并能够产生利润，便于特许人对整个体系进行战略控制。

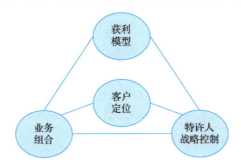

图 4-15　特许经营总部经营模式各要素间的关联

因此，特许经营总部的经营模式可以看作特许经营总部系统中的一个子系统，并且和单店经营模式是同构的。

（三）特许经营总部经营模式的设计流程

特许经营总部经营模式的设计是根据构成特许经营总部经营模式的四个要素及它们之间的关系进行的。按照业务的进展流程，特许经营总部的客户定位设计是前提，然后进行业务组合设计和获利模型设计，最后进行特许人战略控制设计。特许经营总部经营模式设计流程如图 4-16 所示。

图 4-16　特许经营总部经营模式设计流程

二、特许经营总部的客户定位设计

客户定位就是确定与本特许经营体系匹配度最高的受许人的条件。

可以将客户定位建立在以下假设的基础上：具有不同的投资动机、文化认同度、商业诚信度、心理素质、身体素质、家庭关系、社会关系、管理能力、资金实力、教育背景和行业经验的申请人与本特许经营体系具有不同的匹配度。某特许经营体系目标加盟商模型如表 4-2 所示。

表 4-2　某特许经营体系目标加盟商模型

选择参数	投资动机	文化认同度	商业诚信度	心理素质	身体素质	家庭关系	社会关系	管理能力	资金实力	教育背景	行业经验
等级标准	维持生存 1	很低 1	很低 1	很差 1	很差 1	不稳定 1	极少 1	很弱 1	无开店资金且无融资渠道 1	小学 1	无经验 1
	资金安全或打发时间 2	低 2	低 2	差 2	差 2	稳定 2	少 2	弱 2	可以自筹开店资金 2	初中 2	有间接经验 2
	财富增值 3	中 3	中 3	一般 3	一般 3	和睦 3	一般 3	中 3	有足够的开店资金 3	高中 3	有经验 3
	发展自己的事业 4	高 4	高 4	好 4	健康 4	支持 4	多但实力一般 4	强 4	有充足的开店资金和融资渠道 4	大学 4	有丰富经验 4
		很高 5	很高 5	很好 5	健壮 5	全力支持 5	丰富且有实力 5	很强 5		研究生及以上 5	
选择决策	2	3	4	3	5	3	3	4	3	3	2

对于客户定位，可以通过制作目标受许人模型（雷达图）来实现（图 4-17）。具体方法如下。

第一步，根据一定的假设，分别对投资动机、文化认同度、商业诚信度、心理素质、身体素质、家庭关系、社会关系、管理能力、资金实力、教育背景、行业经验设定出若干个等级，并对每个等级给定一个分值。

第二步，确定目标受许人每项的分值。

第三步，根据以上分值制作雷达图，即目标受许人模型。

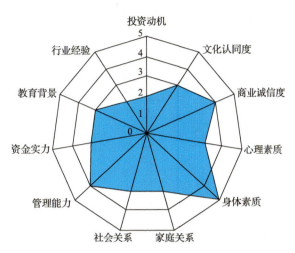

图 4-17 目标受许人模型（雷达图）

三、特许经营总部的业务组合设计

从特许经营总部的基本功能来看，其业务组合分为三大板块：一是市场拓展，包括特许经营权授权及对单店的开店支持；二是对现有单店的运营管理，包括市场支持系统、物流配送系统、培训督导系统、管理信息系统和技术支持系统等；三是对企业外部资源的整合，包括横向整合和后向整合。

因此，特许经营总部业务组合的设计就是设计满足总部客户需求的三大业务板块并制定总部对每个业务板块付出成本的补偿模式。

（一）市场拓展业务板块的设计

特许经营总部市场拓展业务板块的设计包括以下三个方面。

（1）设计招募的基本方式。在特许经营中常见的招募方式有五种：网上招商、招商会、广告招商、直销式招商、招商热线。招募方式通常是混合在一起使用的。

（2）设计并撰写招募工作所需的基础文件。需要用到的招募工作基础文件有加盟商指南、特许经营合同、特许经营操作手册、特许人信息披露文件、特许人备案文件等。

（3）设计开业支持的所有工作内容。特许经营总部为单店开业的所有板块提供支持，包括店铺选址支持、店铺租赁支持、店铺装修支持、开业前人员培训支持、设备和货品支持、对开业典礼的支持等。

（二）运营管理业务板块的设计

特许经营总部运营管理业务板块的设计包括六个方面，如表 4-3 所示。

表4-3 特许经营总部运营管理业务板块的设计

为单店输入的资源	单店偿付方式
（1）特许经营权组合	加盟商支付，单店摊销
（2）专用设备及管理信息系统	现金支付或租金
（3）统一的物流配送系统	按发生额现金支付
（4）培训督导业务	支付特许经营权使用费或按发生额现金支付
（5）市场支持业务	
（6）技术支持业务	

1. 特许经营权组合的设计

特许经营权组合的设计包括两部分内容：一是特许经营权设计，二是特许经营费用设计（表4-4）。

表4-4 特许经营权组合的设计内容

特许经营权组合设计	内容	
特许经营权设计	（1）特许经营权的有形物质部分	
	（2）特许经营权的无形技术部分	
	（3）特许经营权的企业文化部分	
	（4）特许经营权的主要约束部分（时间、区域、数量）	
特许经营费用设计	（1）特许经营费用的确定	① 加盟费
		② 保证金
		③ 特许经营权使用费
		④ 违约金
		⑤ 其他费用
	（2）特许经营费用的设计	① 加盟费的设计
		② 特许经营权使用费的设计
	（3）特许经营费用的影响因素	① 特许经营总部的发展阶段
		② 特许经营总部提供的援助
		③ 特许经营总部的管理水平
		④ 特许经营总部开展的推广活动

 想一想

请思考海底捞总部的特许经营权组合有哪些。

1）特许经营权设计

特许经营权就是特许人授予受许人的某种权利，在该权利之下，受许人可以在约定的条件下使用特许人的某种工业产权和/或知识产权，可以是单一的业务元素，如商标、专利等；也可以是若干业务元素的组合。特许经营权由四个部分组成，具体如下。

　　（1）特许经营权的有形物质部分。因为每个特许经营体系都要求各加盟店和直营店在店面、产品、原料、设备、工具方面做到一致，所以需要企业根据已有的和未来的发展计划，提炼出本体系所需要的统一的特许经营权，然后采用说明书（配以图案和照片）等方法，对其物理属性、化学属性和社会属性等进行详细的描述，以便受许人能够准确理解和把握相关标准，为双方签订特许经营合同和制作特许经营手册打下良好的基础。由于业种不同，各特许经营企业所经营的产品也各不相同，这就涉及特许经营产品的价格问题，包括特许人直接供应的产品的定价问题、受许人从第三人处购货的价格问题及特许经营产品的再卖价格问题。价格是经济的神经中枢，也是最敏感的法律问题。双方当事人都在产品的出售过程中享有合法的经济利益，但受许人不属于特许人的分支机构或代理人，因此特许人不能强迫受许人接受建议的价格，否则易引起纠纷。

　　（2）特许经营权的无形技术部分。这部分主要包括专利、专有技术、经营诀窍等内容，它是复制给受许人的特许经营权主体，是关键性的技术描述，应该准确全面，便于受许人在培训中及日后的单店运营中随时学习、体会和研究。特许经营权的技术按其属性可分为硬技术（工程类技术）和软技术（管理类技术）；按其存在形态可分为隐形技术（不能用语言、文字、声音、图像等方式交流和传授，但保密性好）和显性技术（可以用语言、文字、声音和图像等交流和传授，但保密性差）；按其是否属于专利可分为专利技术（可细分为发明专利、实用新型专利、外观设计专利等）和非专利技术；按其对企业的重要作用可分为关键技术（核心技术）、重要技术（辅助技术）、一般技术（普通技术）等；按其价值链环节可分为研发技术、工艺设计技术、生产技术、销售技术、售后服务技术等。企业在对特许经营权的技术部分进行设计时，应根据分类情况进行设计，以免混乱和遗漏。

　　（3）特许经营权的企业文化部分。企业文化是企业在长期的经营管理活动中培育形成的独特文化，具体包括企业使命、企业宗旨、企业格言、企业精神、企业价值观、企业管理风格、企业经营理念、企业经营目标等，其核心应包括特许经营权的内容。无论是在特许经营权的设计阶段，还是在特许经营权的授予阶段，抑或是在特许经营体系的构建、管理和维护阶段，企业文化都起着决定性的作用。特许人应当根据本企业的经营范围、经营特点、服务对象、发展愿景，结合个人的世界观、事业观和价值观等因素，来塑造能有效促进企业进步的独具特色的企业文化，然后通过企业形象识别系统的导入，逐步将企业文化外化为企业形象。特许经营企业可以通过企业形象识别系统的导入来逐步改善和加强自己独特的企业文化。

　　（4）特许经营权的主要约束部分，即特许经营权使用的时间、区域、数量方面的限制。所谓时间权益，就是受许人可以使用特许经营权组合的年限，这也是一份特许经营合同的有效期限。我国因为特许人的成熟程度较低、实力较弱，所以 3～5 年的规划比较符合实际，今后随着特许经营体系的巩固和发展，可以适当加长年限，以增强投资者信心、节约管理成本和交易成本。所谓区域权益，就是受许人使用特许经营组合区域的范围，它属于特许经营权组合的动态设计，与特许人的管理和控制能力有关。一般而言，每个开设的单店都具有独立的商圈，即保证每个单店核心商圈之间的最近范围是彼此相切的，以保证本区域内无其他单店的竞争，从而保证特许人和受许人的利益。在数量方面，根据特许经营体系扩张需要，单店可以有一个或多个，当特许经营体系发展到一定规模后，可以选择区域特许经营的授权方式，但对于区域加盟商，应限制其可能开设的单店数目，以减少管理风险。

2）特许经营费用设计

如何确定合适的特许经营费用是特许经营项目开发中一个非常关键的问题，它直接影响特许经营事业能否顺利开展。

（1）特许经营费用的确定。

① 加盟费。加盟费也称首期特许经营费，是加盟商在获得特许经营权时向总部一次性缴纳的费用，它包括加盟商有权使用特许经营总部开发的商标、特殊技术等的费用，体现了加盟商加入特许经营体系所得到的各种好处的价值。

② 保证金。保证金是指作为今后缴纳各项费用及债务的担保的资金，同时带有特许经营总部向加盟店提供商品的预付金的性质。

③ 特许经营权使用费。特许经营权使用费又称权益金，是特许经营总部因对加盟商进行经营指导而收取的费用，由加盟商按期缴纳。特许经营权使用费的计算方法依行业不同而不同。

④ 违约金。如果一方违背合同中规定的义务或从事禁止事项，则违约方按合同规定向受损的另一方缴纳违约金作为赔偿。

⑤ 其他费用。其他费用包括店铺设计及施工费、配续费、广告宣传费、设备租赁费、财务业务费、意外保险费等。

（2）特许经营费用的设计内容。

加盟费和特许经营权使用费的设计是特许经营权组合设计的精髓，加盟费体现的是特许人所拥有的品牌、专利、经营技术诀窍、经营模式、商誉等无形资产的价值，而特许经营权使用费体现的是特许人在受许人的经营活动中所拥有的权益。

① 加盟费的设计。如果将特许经营权组合视为特许人的产品，那么加盟费的本质就是特许经营权组合的价格，加盟费的设计就是制定特许经营权组合的价格。

加盟费的设计合理与否主要取决于三大因素：特许经营权组合的开发成本及市场价值、区域权益的价值和时间权益的价值。

加盟费收取的方式有以下三种：一是在签订特许经营合同时一次性收齐；二是将加盟费的总额除以特许经营合同的年限，计算出平均加盟费的数额后按年收取；三是不收加盟费。某些特许人，特别是那些品牌知名度很低的特许人在特许经营体系发展的初期采用免特许经营费或只收取少量特许经营费的方式来吸引受许人。

② 特许经营权使用费的设计。特许经营权使用费的本质是一种管理费，类似租用或购买公寓每月要缴纳物业管理费。

特许经营权使用费的设计主要取决于两大因素：一是特许人在受许人开业后给予的

各项培训和指导的费用，二是特许经营总部日常营运的成本。

特许经营权使用费收取的方式有三种：一是从加盟店每月的营业收入中提取一定的比例，这种收取方式比较合理，但在操作上比较困难；二是根据每个加盟店规模的不同，按月或按季收取一个固定数额，此种方式比较简单，但不够合理，也欠精确；三是不收取特许经营权使用费，不收取特许经营权使用费并不等于不从其他途径获得这部分收益，可以将其计入统一配送的货品价格之中，也可以从某些专用设备的租赁费用中获得。

（3）特许经营费用的影响因素。特许经营费用的多少受很多因素的影响，除了盈利因素，还有以下几个方面。

① 特许经营总部的发展阶段。当特许经营总部的特许经营业务还处于起步的摸索阶段，其特许经营概念还没有经受市场充分、彻底的检验，经营风险较大时，为了吸引更多的投资者、扩大影响，特许经营总部往往不惜一切代价出售特许经营权。如果特许经营总部业务成熟且拥有较高声誉和相当数量的受许者，就会严格挑选加盟商，特许经营费用也随之增加。

② 特许经营总部提供的援助。特许经营总部为加盟店提供援助的多少是决定特许经营费用高低的一个重要因素，因为提供的援助越多，其管理费用支出也越多，因弥补管理费用而收取的特许经营费也相应增加。

③ 特许经营总部的管理水平。尽管特许经营费用的多少与特许经营总部的管理水平有很大关系，但要准确评估企业管理水平是很难的。特许经营总部在开展特许经营业务时，不仅要使自己的管理品质真正上档次，还要注意对管理品质的外包装，做到精益求精，甚至用于推广的小册子、小名片也要印制精良，绝不能粗制滥造，以免损害公司形象。

④ 特许经营总部开展的推广活动。特许经营总部开展的各项宣传推广活动的费用往往由加盟商承担，并计入特许经营费用中，因而特许经营费用与特许经营总部开展推广活动的频率成正比，但它不一定与推广效果成正比。因此，特许经营总部不能想做多少广告就收多少宣传费，要有计划地推广，并注重推广的效果。

想一想

根据"新零售"下的特许经营发展情况，思考特许经营总部需要开拓的业务板块。

2. 专用设备及管理信息系统的设计

专用设备系统的设计是指设计由特许经营总部提供给单店的专用设备或软件，并在核算其设计成本、制造或购买成本的基础上制定相应的出售价格或租赁价格。建立特许经营总部、单店和供应商三者共享的信息平台，把单店客户、产品和服务销售、供应商提供的商品/物料等信息汇集到特许经营总部，辅助特许经营总部做出相应的经营决策，即为管理信息系统的设计。因此，做好信息系统服务是特许经营总部应该履行的基本职责，信息系统软件的开发也是特许人必须做的工作，该系统的建设对特许经营体系来说至关重要。

3. 统一的物流配送系统的设计

统一的物流配送系统的设计就是设计由特许经营总部提供给单店的货品/物料组合，并在核算其设计成本、制造或购买成本的基础上制定相应的配送价格，建立特许经营总部、单店和供应商三者共享的物流平台，在特许经营总部统一调度下把单店所需的货品/物料从供应商发送到单店。物流配送系统的设计对于商品分销型特许经营体系及快餐特许经营体系来说至关重要。提供完善的物流配送系统是特许经营总部应该履行的基本职责，因此，物流配送系统的设计也是特许经营总部必须做的工作。

4. 培训督导业务的设计

特许经营总部将特许人的经营理念及知识、技术、标准、规范与单店和合作者进行分享，提供完善的培训督导服务，这是特许人应该履行的基本义务，属于特许经营总部对单店运营支持的设计。因此，培训督导业务的设计是特许经营总部必须做的工作。相对成熟的特许经营企业通常会自建培训中心甚至大学，并且设有完善的分区域的培训督导组织。

5. 市场支持业务的设计

市场支持业务就是特许经营总部对单店品牌推广、新产品研发及商品/服务促销方面的整体策划、组织和执行，也属于特许经营总部对单店运营支持的设计。为单店提供市场支持是特许人必须履行的基本义务，因此，市场支持业务的设计对任何特许经营企业来说都是基础性的工作。

6. 技术支持业务的设计

特许经营总部在管理技术、生产操作技术、服务技术等方面为单店提供现场岗位人员的支持，这也属于特许经营总部对单店运营支持的设计，但并非所有的特许经营体系都有该项业务。在很多特许经营体系中，技术支持可以通过培训督导业务来实现。培训督导、市场支持及技术支持这三项业务往往是紧密结合在一起的，合称为营运支持系统。它们是特许经营总部为单店提供的一种免费服务，特许经营总部在这些业务上付出成本，并以向单店收取特许经营权使用费的方式得到补偿。

（三）外部资源整合业务板块的设计

特许经营总部外部资源整合业务板块的设计包括以下两个方面。

1. 对供应链上游资源的后向整合业务

对供应链上游资源的后向整合业务可以通过直接采购、OEM（original equipment manufacturer，定牌生产）和产品销售代理三种模式进行。

2. 对相关产业资源的横向整合业务

对相关产业资源的横向整合业务可以通过直接采购、OEM 和产业战略联盟三种模式进行。

企业外部资源整合业务是特许经营总部除特许经营权使用费之外的主要利润来源，补偿了特许经营总部在运作该业务板块方面付出的成本。

（四）特许经营总部业务组合的系统集成

依据简单化、标准化和专业化（simplification，standardization，specialization，3S）的设计原则，剔除重复的工作，强化特许经营总部业务三大板块之间的互动与整合关系。特许经营总部业务组合的系统集成如图 4-18 所示。

图 4-18　特许经营总部业务组合的系统集成

 **想一想**

在"新零售"下，随着大数据与智能革命对商业的巨大推动，特许经营作为最具增长潜力的连锁经营形式是否能够探索出顺应新消费需求的业务板块或组合至关重要？请结合所学知识，思考特许经营总部业务组合设计还有哪些可改进之处。

四、特许经营总部的获利模型设计

特许经营总部获利模型设计是指设计特许经营总部为选择的客户创造价值时获取回报的方式，即设计特许经营总部各种盈利方式的组合及总体盈利的水平。

与单店相比，特许经营总部通常会有更多的盈利方式，甚至某些特许经营总部利润的主要来源已经与其主营业务看上去毫无关联，典型的例子就是麦当劳总部的利润主要来自房地产。

 **想一想**

海底捞总部的获利方式有哪些？

特许经营总部获利模型归纳起来有以下几种：统一配送货品/物料的利润、设备租赁利润、培训利润、店铺租赁利润、财务利润、加盟费、特许经营权使用费、直营店上缴利润、其他衍生利润。特许经营总部获利模型如图4-19所示。

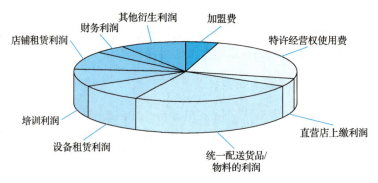

图4-19　特许经营总部获利模型

五、特许经营总部督导控制系统设计

1. 督导的内涵

顾名思义，督导就是监督和指导的意思。督导是指在特许经营体系中，由特许经营总部运营督导部门的专门人员按照一定的规则、标准对特许经营单店的理念、行为、人员、产品、服务、工作流程、经营管理策略等方面进行的支持、指导、管理和监督活动。

在很多时候，从事运营督导管理工作的专业人员即督导员，简称督导。在特许经营体系中，督导具有承上启下的作用。对特许经营企业而言，督导是特许经营总部与加盟店及顾客之间沟通的纽带。

2. 督导管理的组织建设

（1）督导管理的组织架构如图4-20所示。

图4-20　督导管理的组织架构

特许经营体系的督导工作一般属于特许经营总部营运管理部门的核心职能。营运也称运营，是指以加盟店为核心的特许经营体系的营业与运行。因此，负责为加盟店提供支持、指导、监督的督导管理部门通常隶属于特许经营总部的营运部门。通常在地区总部或区域特许经营公司中，也会设立相应的督导管理部门。

（2）督导的基本职责。

督导分为两大类。一类为专职督导，由特许经营总部职能部门经理、区域经理担任，这些人经验丰富，能准确发现、判断、指导和处理门店问题，属于"导师"级督导人员。另一类是从特许经营总部、区域、门店抽调而来的有培养潜质、素质较高的一般工作人员，他们充当兼职督导。这些人虽然对督导工作不够熟悉和了解，但由于采用简单、直观的检查表开展督导工作，所以经过"导师"级督导人员的指导，他们能够完成大量内容单一、程序简化的督导工作。督导的基本职责如下。

① 传达信息。将特许经营单店的市场信息及时、准确地传回特许经营总部，同时将特许经营总部的信息正确传达到特许经营单店。

② 业务查核。根据特许经营总部制定的标准运作规范，查核单店是否按特许经营总部的要求来运作，或该加盟店是否有违背合同规定的情况发生。特许经营总部应事先发给督导检查表，以便督导对各单店进行核查时使用。

③ 促进销售。督导应及时发现单店在商品销售过程中存在的问题，并根据外部环境的变化，辅导这些单店采取有效措施，提高营业额，创造更多的利润。

④ 经营分析。督导要根据区域内部单店的日报表、月报表及年度报告，计算出各项营业指标及异常点，以便及时采取应对措施。在一定时期内，各区域的督导要将资料进行汇总，以便进行综合分析。

（3）督导的素质要求。

① 思想素质。督导需要有强烈的责任感、事业心，以及良好的职业道德，要遵纪守法、廉洁奉公。

② 知识结构。督导应熟悉商品学、市场营销、经济法、数学和计算机管理等多门学科的知识。

③ 能力素质。具体包括指导能力，培训能力，信息分析能力，领导沟通能力，正确判断能力，专业技能，管理能力，自我提高、自我完善的能力，良好的品格和职业操守。

 想一想

只对受许人进行监督就可以了吗？特许人是不是也需要被监督？

3. 督导管理的方法

1）现场督导

现场督导是指特许经营总部的督导定期或不定期地到加盟店现场进行调研、诊断，并对加盟店的日常经营及加盟店员工的岗位操作进行指导和监督。

现场督导涉及加盟店经营管理的各方面，包括店面形象与环境、员工态度与技能、日常作业流程、产品或服务质量品质、客户服务质量、营销策略、财务与会计报表等。

现场督导是一种正式的交流与检查，督导部门或督导可以方便地对加盟店经营的各方面进行检查，通过正式的渠道获得相关的数据。当然，当加盟店知道有督导来检查时，可能会积极表现，做出与平时不一样的举动和行为，或者隐藏存在的不利问题，从而使得督导结果不一定能真实地反映加盟店员工的工作行为和状态。因此，进行现场督导也可能事先不通知加盟店，采取突然袭击的方式进行检查。

2）远程督导

远程督导是指特许经营总部的督导不在加盟店的现场，而是通过管理信息系统、加盟店的经营报表、书面报告或口头汇报等方式获得加盟店经营管理信息，发现加盟店存在的问题，并予以相应的指导和建议。在信息技术日益先进的今天，许多特许经营企业建立了完善的管理信息系统，通过管理信息系统，特许经营总部能够实时了解和掌握加盟店的经营动态，及时对加盟店予以指导和监督。另外，特许经营总部的一些新政策、新标准、新技术、新营销策略方式，也会被通过信息系统、电子邮件、传真或电话等远程传输方式传达给加盟商及其加盟店。

3）神秘顾客

神秘顾客，即影子顾客，是指特许经营企业聘请经过专门培训的人员，以顾客的身份、立场和态度来体验加盟店的服务，从中发现加盟店经营中存在的问题。神秘顾客的监督方法最早是由麦当劳、肯德基、罗杰斯等一批跨国公司引进到国内的。之所以叫神秘顾客，是因为员工们都不知道哪位是神秘顾客。

神秘顾客暗访这种方式之所以被企业的管理者所采用，是因为神秘顾客来无影、去无踪，没有时间规律，这就使加盟店的经理和员工时时感受到某种压力，不敢有丝毫懈怠，从而时刻保持良好的工作状态，提高了员工的责任心和服务质量。神秘顾客观察到的是服务人员无意识的表现，从心理和行为学角度来说，人在无意识时的表现是最真实的。

4. 督导检查表

督导检查表是督导管理常用的形式，通过督导检查表能够准确记录加盟店运营的具体情况，反映存在的问题，并对加盟店的运营状况进行量化的评估与考核。某连锁专卖店人员作业情况检查表如表4-5所示。

表 4-5　某连锁专卖店人员作业情况检查表

门店名称：

	检查项目	满分	得分	检查情况描述
导购顾问	着装、仪容仪表是否得体、整洁	10		
	服务态度、言谈举止是否符合标准	10		
	对工作职责和规范、流程的熟悉程度	10		
	对商品陈列技巧（产品组合合理、产品层次分明、主推产品突出、宣传包装醒目、赠品堆放抢眼、演示效果生动、整体气势集中）的了解与运用水平	10		
	对商品知识的了解与应用情况（卖点、价格、组合）	10		
	对店面货品（畅销品、滞销品、特卖品、最低售价、赠品）的熟悉程度	10		
	对竞争品牌的性能、价格等是否清楚	10		
	销售技巧的掌握情况（当地市场消费者心理、导购技巧）	10		
	促销活动时，店面各岗位工作人员是否充足，工作流程是否有条不紊、紧密协作；对促销方案的理解、准备、实施是否达到连锁公司统一要求，是否实现预期的活动目标	10		
	货架仓储、门店仓储的维护	10		
收银员	收银员是否热情、有亲和力	10		
	收银台是否整洁	10		
	收银员是否熟悉各种产品的价格	10		
	收银员的收银操作是否规范	10		
	总分	140		

总评：

督导：　　　　　　　　　　日期：　　年　月　日

　　运作一个覆盖大范围的特许经营体系，是对企业和特许人实力的考验。特许人需要对整个体系进行战略控制，即特许人直接控制整个体系发展的战略性资源。不同行业的战略性资源及特许人采用的战略控制手段可能不同。例如，服装行业的战略性资源是面料，采用的战略控制手段是控股面料供应商或与面料供应商形成战略联盟；餐饮行业的战略性资源是食材，采用的战略控制手段是控股食材生产基地或与食材供应商形成战略联盟。具体到每家企业，其战略控制之道也是不同的。例如，肯德基从品质、服务、创新、人性等方面进行战略控制，联想则采用"四个一致"和"六个统一"的"1+1"诠释特许经营。

　　特许人对整个体系的控制手段不仅包括对体系中战略性资源的控制，还包括对受许人关系、品牌、组织文化等的控制。

 任务实施

　　完成以下实训。

学生以小组为单位，每组5~6人，通过观察法、网络资料搜集、实地访问等方法进行便利店盈利调查，分析学校周边便利店的盈利模式，并尝试用图形或表格表示出来，最后形成调查报告。

任务评价

根据以上任务完成情况，完成任务评价表（表4-6）。

表4-6　任务评价表

序号	项目	评价内容	达标	未达标
技能点	调查报告	能界定特许经营总部经营模式		
		熟悉特许经营总部的获利模型设计		
		能进行特许经营总部的客户定位设计		
		能进行特许经营总部督导控制系统设计		
素质点	责任意识	明晰权力分配下每个权力主体的责任担当		
	团队合作精神	分析技能定位与权力分配，能体现团队合作的整体性		
	系统思维	明确上下级之间的权力分配关系及其必要性		

任务三　设计特许经营总部运营管理系统

任务目标

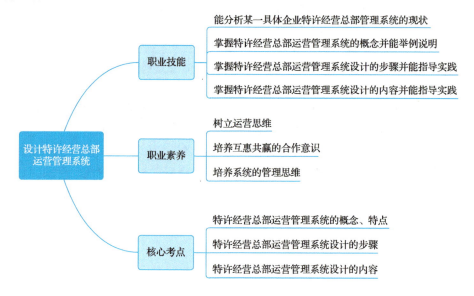

任务导入

请学生以小组为单位，以流程图的形式规划和设计出海底捞某业务模块的运营管理系统，就本业务模块的特点和受益群体的期望，思考如何改进运营管理系统来实现该业务模块的目标。

任务解析

可以运用运营管理的"投入—转化—产出"原理完成该任务。首先，分析投入的软资源和硬资源（分析投入资源）；其次，监督资源整合利用的转化过程（监督转化过程）；再次，按照目标调控商品/服务，以保证产出效益（按目标调控商品/服务）；最后，形成设计方案。任务运营管理的规划与设计流程如图 4-21 所示。

图 4-21　任务运营管理的规划与设计流程

知识要点

一、特许经营总部运营管理系统设计概述

（一）特许经营总部运营管理系统的概念

根据戴明的 SIPOC 系统理论，特许经营总部运营管理系统可以用 SIPOC 运营管理系统模型来描述，如图 4-22 所示。

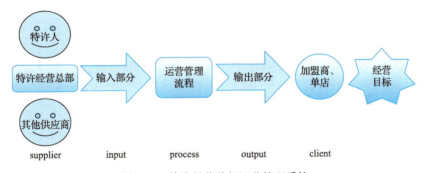

图 4-22　特许经营总部运营管理系统

特许经营总部系统的客户包括两个：一个是加盟商，另一个是单店。

输出部分是特许经营总部提供给加盟商和单店的全部价值，在具体的特许经营总部运营管理中表现为特许经营总部提供给加盟商、单店的各种有形和无形的资源。

输入部分是特许经营总部的供应者提供给特许经营总部的所有资源。

特许经营总部通过运营管理流程将资源转化为提供给加盟商、单店的价值。

特许经营总部的供应者不仅包括特许人，还包括其他供应商。

特许经营总部运营管理系统作为一种组织形态也存在一个组织目标，具体来讲就是特许经营总部的经营目标。

（二）特许经营总部运营管理系统设计的特点

单店运营管理系统设计与特许经营总部运营管理系统设计最大的区别是：前者是一种相对静态的设计，而后者是一种动态的设计。

单店运营管理系统是特许经营权的要素之一，被授予 N 个加盟商使用，基本上是一种既不随时间变化而变化，也不随加盟商所在地域变化而变化的标准化的、相对静态的系统。

特许经营总部运营管理系统的重要功能之一就是体系的推广、市场的开拓。随着体系规模的不断扩大、加盟商数量和单店数量的不断增多及分布地域的不断扩张，特许经营总部运营管理系统也会随时间和空间两个维度上的变化进行调整。进一步讲，特许经营总部运营管理系统设计应当反映一个特许经营体系下一年度的发展变化。

特许经营总部运营管理系统并不是孤立存在的，它是在一个更大的系统内（即特定行业内或商业生态系统中）运作的。因此，在设计特许经营总部运营管理系统时，还必须考虑行业内或商业生态系统中各种竞争力量和参与者对特许经营总部运营管理系统的影响。

由此看来，特许经营总部运营管理系统设计就是结合特许经营总体发展规划来制订下一年度的特许经营总部经营计划。

（三）特许经营总部运营管理系统设计的步骤

从特许经营总部运营管理系统的定义可以明确，所谓特许经营总部运营管理系统设计，就是对构成特许经营总部的 SIOPC 运营管理系统模型中的五个部分及特许经营总部的经营目标进行设计，其设计流程如图4-23所示。

图4-23　特许经营总部运营管理系统设计流程

二、特许经营总部运营管理系统设计内容

（一）客户的设计

特许经营总部运营管理系统客户的设计，是指结合特许经营发展总体规划，做出下一年加盟商和单店的发展数量、单店开业时间及其地区分布的计划。

【例 4-1】某特许经营总部在 2023 年已有 10 家加盟店、1 家直营店的基础上，根据总体发展规划，制订 2024 年的加盟商和单店发展数量、单店开业时间及其地区分布的计划。某特许经营总部 2024 年发展加盟商计划如表 4-7 所示。

表 4-7　某特许经营总部 2024 年发展加盟商计划　　单位：家

单店地区分布		加盟店				直营店			总计
		福州	厦门	泉州	合计	厦门	漳州	合计	
2024 年已有单店数量		5	5		10	1		1	11
2024 年新增单店数量	1 月	1			1			0	
	2 月		2		2			0	
	3 月	2			2			0	
	4 月		1	1	2			0	
	5 月			2	2			0	
	6 月		1		1			0	
	7 月				0			0	
	8 月		1	1	2			0	
	9 月				0			0	
	10 月	2			2			0	
	11 月				0			0	
	12 月				0		1	1	
	合计	5	5	4	14	0	1	1	
2024 年年末单店数量合计		10	10	4	24	1	1	2	26

（二）输出部分的设计

特许经营总部运营管理系统输出部分的设计是指根据特许经营总部提供给加盟商和单店的全部价值，对下一年度每个加盟商和单店回馈给特许经营总部的价值进行预估，并在此基础上做出下一年度特许经营总部营业收入的预算。

【例 4-2】在例 4-1 中，假设已设计单店每月的营业收入为 15 万元，加盟费为 5 万元/5 年，特许经营权使用费是加盟店营业收入的 2%，特许经营总部配送给每个单店货品/物料的收入是 5 万元/月。根据以上条件做出 2024 年度该特许经营总部营业收入的总预算，如表 4-8 所示。

表 4-8　2024 年度该特许经营总部营业收入的总预算

项目	店铺类型	1月	2月	3月	4月	5月	6月	7月	8月	9月	10月	11月	12月	总计
2024 年新增单店数/家	加盟店新增	1	2	2	2	2	1	0	2	0	2	0	0	14
	直营店新增	0	0	0	0	0	0	0	0	0	0	0	1	1
	加盟店合计	11	13	15	17	19	20	20	22	22	24	24	24	24
	直营店合计	1	1	1	1	1	1	1	1	1	1	1	2	2
特许经营总部来自加盟店的收入/万元	加盟费	5	10	10	10	10	5	0	10	0	10	0	0	70
	特许经营权使用费	3.3	3.9	4.5	5.1	5.7	6	6	6.6	6.6	7.2	7.2	7.2	69.3
	货品/物料的收入	55	65	75	85	95	100	100	110	110	120	120	120	1155
特许经营总部来自直营店的利润/万元		15	15	15	15	15	15	15	15	15	15	15	30	195
特许经营总部收入合计/万元		78.3	93.9	104.5	115.1	125.7	126	121	141.6	131.6	152.2	142.2	157.2	1489.3

（三）运营管理流程的设计

1. 特许经营总部运营管理流程设计的概念

特许经营总部运营管理流程就是特许经营总部为获得预定的输出部分而必须进行的一系列逻辑上相关的工作任务。那些直接给客户提供价值的工作流程称为主流程，其他流程称为辅助流程。

特许经营总部运营管理流程的设计包括以下三项任务。

（1）设计特许经营总部运营管理系统的主流程和辅助流程。

（2）设计保障主流程和辅助流程各项任务高效率完成，并与下一年度特许经营总部经营计划相匹配的特许经营总部组织结构。

（3）做出特许经营总部的人力资源成本预算。

2. 特许经营总部主流程和辅助流程的设计

特许经营总部运营管理涉及诸多流程，包括授权流程、物流配送流程、客户管理流程、人力资源管理流程、信息管理流程、营销策划流程、培训与督导流程七大主流程，还包括财务管理流程和行政管理流程等辅助流程。这是特许经营总部为获得预定的输出部分而必须进行的一系列工作和任务。只有设计好主辅流程，才能保证高效率地完成特许经营总部的运营与管理。特许经营总部运营管理流程如图 4-24 所示。图 4-24 说明了特许经营总部运营管理流程中包含的主流程、辅助流程及这些流程与特许经营总部输出部分的对应关系。

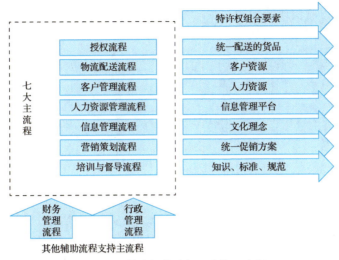

图 4-24　特许经营总部运营管理流程

1）特许经营总部授权流程的设计

特许经营总部授权流程就是特许经营总部为实现加盟商招募和开店计划而进行的一系列逻辑上相关的工作任务，如图 4-25 所示。

图 4-25　特许经营总部授权流程

特许经营总部授权流程需要对应合适的授权体系结构，不同的特许经营授权体系会采用不同的授权体系结构，但其总体流程是相同的。按照特许人向受许人授权区域的大小及性质的不同，特许经营授权体系划分为单店授权体系、区域授权系和区域主授权体系。不论是哪种授权体系，招募受许人时都要在宏观上遵循并按照流程进行操作，具体如下。首先制订受许人招募计划并发布受许人招募信息，在提出特许经营申请的众多候选受许人中挑选最合适的受许人，与其签订特许经营意向书。对于准受许人，特许经营总部给予相应的加盟店选址指导，待时机成熟时签订正式特许经营合同，正式确立特许人和受许人之间的合同契约关系。在加盟店正式开业前，特许经营总部还要对受许人进行必要的培训和指导，并按合同提供首期货品和设备。

2）特许经营总部培训与督导流程的设计

特许经营总部培训与督导流程是指为实现特许人的知识、标准、规范及文化理念在特许经营体系内的快速传播和落实，特许经营总部开展一系列逻辑上相关的工作，如图 4-26 所示。

图 4-26   特许经营总部培训/督导流程

特许经营总部培训督导流程是循环反复的动态过程，是持续发展的前进过程。为了有效管理单店，特许经营总部一般在各授权区域设有办事处，内设区域经理、组长、督导等。以这些区域办事处作为特许经营总部与单店之间信息沟通的桥梁，实施对单店的管理约束。其中，督导是关键性人物，特许经营总部为了保证特许经营业务的顺利发展，要培养一支训练有素、诚实可信的高素质督导人员队伍。

3）特许经营总部物流配送流程

特许经营总部物流配送流程是指准确、安全、及时地向单店提供特许经营总部统一配送的货品的过程。特许经营总部物流配送流程本身就构成一个复杂的系统，因为与物品的流动并行存在着信息的流动，所以不同特许经营体系的特许经营总部物流配送流程千差万别。特许经营总部物流配送流程如图 4-27 所示。

图 4-27   特许经营总部物流配送流程

（1）配送中心的基本功能。

① 集中功能。特许经营总部配送中心先将各供应商的商品整合到一起，再配送到各加盟店。这样做的最大好处是能减少运输费，可以减少各单店收货时的拥挤及混乱现象。特许经营总部配送中心的集中功能如图 4-28 所示。

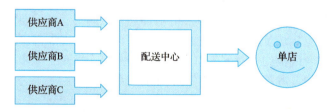

图 4-28   特许经营总部配送中心的集中功能

② 整理分类功能。一般来讲，一个供应商需要向多个单店送货，这些分散的单店可能属于同一个商品销售经营项目体系，也可能属于不同的体系。若存在成熟的物流配送流程，则可在配送中心将商品分类整理成个别的订单，并安排相应的运输部门负责送至各单店。这样做的好处是可以降低商品在库存中心的搬运和储存成本。另外，由于所有的车辆都进行了充分装载，所以可使资源利用达到最大化。特许经营总部配送中心的整理分类功能如图 4-29 所示。

图 4-29　特许经营总部配送中心的整理分类功能

③ 加工功能。通过对商品的加工，一方面可以扩大经营范围和提高配送水平，满足消费者的需要；另一方面可以提高商品的价值，从而提高特许经营体系的整体经济效益。

④ 储存功能。有些商品具有季节性，因此有必要在非销售旺季时进行储存，防止售卖时缺货。

（2）配送中心组织结构。配送中心组织结构按职能不同一般可分为检验组、库管组、储运组、信息组和技术组。特许经营总部配送中心组织结构如图 4-30 所示。

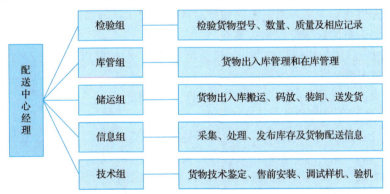

图 4-30　特许经营总部配送中心组织结构

4）特许经营总部信息管理流程的设计

特许经营总部信息系统是特许经营企业的神经。为了更好地管理规模化、广域化、细节化的特许经营体系，特许经营总部必须建立现代化的信息管理系统，以提高管理效率、降低管理成本，同时以信息技术为基础进行新领域的业务拓展。

例如，某市大型特许经营便利店 A，其总部以 MIS 为中心、以各单店 POS（point of sale，销售终端）系统为基础建立信息管理中心。同时，在特许经营总部各部门之间、特许经营总部与单店、特许经营总部与供应商之间建立健全的信息沟通网络和制度。便利店 A 对其特许经营总部信息管理部门建设的要求如下。

（1）特许经营总部信息管理中心要具备销售管理、财务管理、采购管理、库存管理、人事管理等各项功能。

（2）特许经营总部要建设一个配送中心，由它来统一处理订货信息和物流配送。

（3）每个加盟店要普及 POS 系统和 EOS（electronic ordering system，电子订货系统），用订货机配合订货簿或订货卡，实现订货作业的简便、准确和高效。

（4）特许经营总部要制定便于加盟店店长就市场动态和经营状况进行双向、多向交流的制度，以便特许经营总部的经营思想及时传达到各单店，同时使各单店的经营情况能够及时反馈到特许经营总部，促进各单店店长之间的信息沟通。

5）特许经营总部人力资源管理流程的设计

人力资源部是特许经营企业组织中举足轻重的一个部门，人力资源管理规划也是特许经营总部的一项长期性的战略任务。特许经营总部在进行人力资源规划时要考虑以下因素。

（1）特许经营体系在经营规模的扩张过程中，对各类管理人员及操作人员数量的需求情况。

（2）特许经营企业在规模扩张过程中因开发新的经济增长点而产生的对新型人才及技术的需求，如食品加工、服饰营销、房地产开发、菜谱设计、进出口贸易等方面。

（3）各类人员在特许经营企业内部的成长晋升情况，如店长助理—店长—督导—部门主管等。

（4）人才在特许经营企业内部各部门成长过程中的流动性与稳定性。

（5）特许经营企业是否实施跨区域发展特许经营体系推广计划。若有此计划，则须考虑其对各类人员的区域配置需求情况。

（6）根据部门化和岗位化的要求，配合用工制度、分配制度对各类人员的层次结构、需求情况进行分析。

（7）各类岗位人员的任职条件和岗位职责分配情况。

6）特许经营总部营销策划流程的设计

在特许经营体系中，各单店运营的好坏与特许经营总部所做的广告宣传和促销力度及效果有很大的关系。一般来讲，由特许经营总部制订年度广告及促销计划，并由特许经营总部负责组织，在全国范围内、某特定区域内及当地进行统一实施。在实施过程中，特许经营总部负责派遣资深的行销人员或经营督导帮助单店执行特许经营总部的整体营销方案。特许经营总部营销策划方案设计主要包括以下内容。

（1）广告媒体的选择及方案设计，如电视频道的选择、时段的选择及报纸版面的分析、评估及选择。

（2）促销计划的制订与执行，如分析促销计划的成本及收益、培训促销人员、统一各特许经营单店的促销时间。

（3）营销计划效果评估，如根据市场需求及消费者需求对营销计划细节进行调整，在营销实施过程中及营销活动结束后进行效果评估。

（4）公共关系的建立、处理及协调，如在加盟店所在区域的营销活动中，特许经营总部的专业人员根据各加盟店所在区域合理选择电视、报纸及电台等宣传媒介。

特许经营总部在市场营销方面具有专业的策划能力及丰富的经验，使得其从加盟商那里获得的资金可以有效地得到利用，提升了单店的知名度及营业额，也增强了特许经营总部的影响力和营销能力。

7）特许经营总部客户管理流程的设计

特许经营总部的客户就是加盟商或潜在加盟商。特许经营总部客户管理流程包括客户资料管理、客户联络和拜访。客户资料管理包括客户资料收集、客户资料整理、客户资料处理；客户联络和拜访包括联络客户及拜访客户。

3. 特许经营总部组织结构设计

在完成特许经营总部主流程和辅助流程的设计之后，还要设计保障主流程和辅助流程各项任务高效率完成的特许经营总部组织结构。

特许经营总部组织结构的设计首先要根据运营管理流程设置相应的工作岗位、责任部门及指挥/协调链。例如，对应授权流程，特许经营总部通常会设置授权中心（授权部或发展部）；对应物流配送流程，特许经营总部通常会设置配送中心（储运部）；对应培训流程，特许经营总部通常会设置培训中心（培训部）等。

4. 特许经营总部人力资源成本预算

在特许经营总部组织结构设计的基础上，要根据组织结构中每个岗位的具体工作职责和对特许经营总部运营管理绩效的重要程度确定每个岗位的基本工资标准，并据此做出特许经营总部下一年度的人力资源成本预算。

【例4-3】某公司特许经营总部组织结构设计如图4-31所示，特许经营总部人力资源总成本预算如表4-9所示。

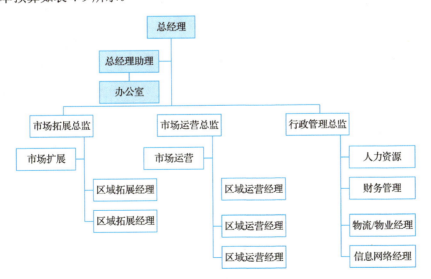

图4-31　某公司特许经营总部组织结构设计

表4-9　特许经营总部人力资源总成本预算

人员岗位	岗位定编/人	工资标准/（万元/年）	工资预算/（万元/年）
总经理	1	20	20
总监	3	10	30
部门经理	11	5	55
普通职员	11	3	33
总计	27		138

（四）输入部分的设计

1. 特许经营总部输入部分设计的概念

特许经营总部输入部分就是"特许人+其他供应商"提供给特许经营总部的全部有形和无形的资源。特许经营总部输入部分的设计就是确定"特许人+其他供应商"提供的各种资源要素及为获得这些资源特许经营总部必须支付的价格，并根据对特许经营总部年度营业收入的预算，做出特许经营总部运营管理的年度运营成本预算。

特许经营总部输入部分的设计（表4-10）主要包括以下三项任务。

表4-10　特许经营总部输入部分的设计

特许经营总部供应者	输入资源	特许经营总部偿付方式
特许人	对特许经营总部的投资（商标注册、系统开发、办公场所及装修、办公设备、开业前筹备金、对直营店投资）	折旧或摊销
	流动资金	按发生额现金支付
其他供应商	特许经营总部办公楼	现金支付租金
	设备	按发生额现金支付
	商品	按发生额现金支付
	其他物料和用品	按发生额现金支付
	水、电、气、通信	按发生额现金支付
	其他服务	按发生额现金支付

（1）列出特许人对特许经营总部的投资项目明细清单，并说明特许经营总部摊销和折旧方式。

（2）列出其他供应商下一年度对特许经营总部输入的所有资源明细清单，并说明特许经营总部必须支付的价格和偿付方式。

（3）设计出下一年度特许经营总部运营管理总成本预算。

2. 特许人对特许经营总部的投资项目明细清单

特许人对特许经营总部的投资项目明细清单如表4-11所示。

表 4-11 特许人对特许经营总部的投资项目明细清单

科目	子科目	偿付方式
商标注册	×××	按年摊销，利润上缴或分红
特许经营总部经营场所装修和家具、设备投资	×××	按年摊销，利润上缴或分红
特许经营总部筹建期费用	×××	按年摊销，利润上缴或分红
流动资金	×××	支付财务费用

某公司总部于 2023 年 1 月 1 日开始运作 2023 年度运营管理成本预算。在此之前特许人投资总部的建设资金总计 100 万元，总部筹建资金 50 万元。截至 2022 年年底，总部运营管理着 5 家直营分校和 5 家特许经营分校。在已做出 2023 年度总部 3000 万元总收入预算的前提下，每月支付总部办公楼租金 5 万元，总部水、电、气、通信费用预算为每月 1 万元，人员差旅费用预算为每月 2 万元，其他物料和用品费用为每月 1000 元，广告及促销费用为总部年度总收入的 2%，据此做出该总部 2023 年度运营管理成本预算（表 4-12）。

表 4-12 某公司总部 2023 年度运营管理成本预算

项目	运营管理成本/万元	备注
总部装修、设备、家具折旧	20	100/5
总部筹建资金摊销	10	50/5
总部办公楼租金	60	5×12
水、电、气、通信费用	12	1×12
广告促销费	60	3000×2%
人员差旅费	24	2×12
其他物料和用品费用	1.2	0.1×12
总部人工成本	148	
合计	335.2	

3. 其他供应商下一年度对特许经营总部输入的所有资源明细清单

其他供应商下一年度对特许经营总部输入的所有资源明细清单如表 4-13 所示。

表 4-13 其他供应商下一年度对特许经营总部输入的所有资源明细清单

科目	子科目	价格	偿付方式
商品/物料	商品	×××	现金购买
广告	物料	×××	现金购买
营业场所		×××	现金支付租金和物业费
水、电、气、通信设施	水	×××	现金支付
	电	×××	
	气	×××	
	通信	×××	

（五）供应者的设计

特许经营总部的供应者由特许人及其他供应商组成。特许经营总部供应者的设计就是对特许经营总部资源的提供者与特许经营总部的关系进行设计。

在不同的特许经营体系中，三者之间的关系有很大不同。

【例4-4】特许经营总部是特许人组织中的一个部门，如广州流行美模式，如图4-32所示。

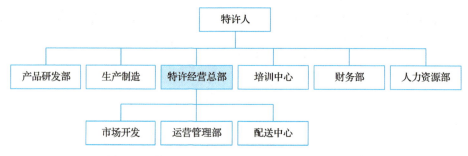

图 4-32　特许经营总部是特许人组织中的一个部门

【例4-5】特许经营总部是特许人直接投资控股的、与特许人企业分立的法人组织，如重庆小天鹅等，如图4-33所示。

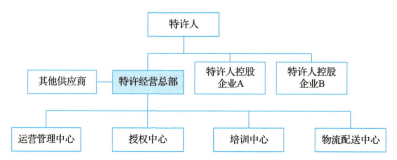

图 4-33　特许经营总部是特许人直接投资控股的法人组织

（六）经营目标的设计

在完成特许经营总部 SIPOC 运营管理系统模型中五个部分的设计之后，就可以设计特许经营总部的经营目标了。特许经营总部经营目标的设计就是确定一个特许经营总部年度总营业收入指标、年度运营管理总成本、年利润指标。这项设计可以通过特许经营总部年度运营管理损益分析表（表4-14）来完成。

表 4-14　特许经营总部年度运营管理损益分析表

项目	金额	说明
一、总收入	×××	=1）+2）+3）−4）+5）
1）加盟费	×××	
2）特许经营权使用费	×××	
3）商品/服务销售收入	×××	
4）减：商品/物料销售成本	×××	
5）营业外收入	×××	
二、运营管理总成本	×××	=6）+7）+8）+9）+10）+11）+12）+13）+14）+15）
6）总部装修、设备、家具折旧	×××	
7）总部筹建资金摊销	×××	
8）总部办公楼租金	×××	
9）总部水、电、气、通信费用	×××	
10）总部广告促销费用	×××	
11）总部人员差旅费用	×××	
12）总部其他物料和用品费用	×××	
13）总部财务费用	×××	
14）总部人工成本	×××	
15）其他费用	×××	
三、税前利润	××××××	=总收入−运营管理总成本
四、所得税	×××	=税前利润×25%（独资企业税率）
五、税后利润	×××	=16）+17）
16）总部税后利润	×××	=税前利润−所得税
17）直营店税后利润	×××	

💻 **任务实施**

根据以下案例完成实训。

天 虹 超 市

以前的天虹超市和众多门店一样，面临着电商的冲击。现在的天虹超市，拥有的会员数量已经排在国内前列。从 2019 年半年度财报数据看，天虹超市已有超过 1800 万名会员。

天虹超市现有的会员制度将会员划分为两个等级，分别是银卡会员和金卡会员。

银卡会员注册门槛低，任何顾客通过关注天虹公众号即可注册。

金卡会员注册门槛则很高，必须是当日消费 1 万元或者一年内银卡会员消费 1.5 万元才能升级为金卡会员，这充分调动了线上线下资源一起发力：线下门店贴出引导语，现场工作人员主动引导顾客注册会员；线上通过公众号、App、小程序推送活动及提供优惠券，吸引顾客成为会员。

天虹超市官方公布的数据显示，2015 年天虹超市与微信合作后，2016 年年末天虹微信会员数量就达到 500 万，其中活跃用户达到 40%；2018 年天虹超市红领巾 App 会员数量达到 840 万，会员带来的 GMV（gross merchandise volume，成交总额）将近 18 亿元，同比增长超 30%；另外天虹超市小程序上的会员数量也超过了 150 万。

在开卡门槛、领卡流程和营销推广方式发生变化后，天虹超市的会员数量迎来高速增长，也带动了营收的增长。

表面上看，天虹超市降低了开卡门槛、加大了推广力度和优化了领卡流程，实际上是天虹超市在商业策略选择上发生了变化。从有差别服务会员和非会员转变为有区别地服务普通会员和核心会员，从人工销售到技术精准营销，天虹超市主动拥抱技术带来的流程改进，以数据驱动提升商品销售效率和顾客服务效率。

天虹超市的一系列动作改变了因电商冲击产生的困境。推广了会员服务，提升了集团服务质量；基于会员，推出了线上商城，敢于跟电商平台比价，部分商品价格比电商平台还便宜，并提供同城免费送货上门服务。对天虹超市来说，线下线上协同作战是一种发展的手段。

（资料来源：人人都是产品经理. 3 个案例，解析门店经营新绝招[EB/OL]，（2019-12-19）[2024-02-20]. https://baijiahao.baidu.com/s?id=1653329642435192186&wfr=spider&for=pc.）

实训要求：

（1）天虹超市在突破电商困境方面做了哪些努力？

（2）通过查阅资料了解天虹超市的特许经营体系，并形成考察报告。

💻 任务评价

根据以上任务完成情况，完成任务评价表（表 4-15）。

表 4-15　任务评价表

序号	项目	评价内容	达标	未达标
技能点	案例分析	能认识特许经营总部运营管理系统设计的特点		
		能明确特许经营总部运营管理系统设计的步骤		
		能掌握特许经营总部运营管理系统设计的内容		
素质点	战略意识	围绕运营管理的理念与目标，创造运营管理的竞争优势		
	运营思维	针对特许经营总部运营管理系统设计的特点，树立系统规划与分步实施的运营管理理念		
	团队合作精神	分析特许经营总部运营管理系统，体现团队合作的整体性		

综 合 实 训

实训项目：特许经营企业督导管理调查。

实训目的：通过特许经营企业督导管理调查，了解督导管理的内容和方法，提高市场调查能力、督导管理能力，增强团队合作意识和吃苦耐劳精神。

实施方式：

（1）分组。学生 3～6 人为一组，每个学生承担不同内容的任务。

（2）跟踪学习。学生通过跟踪学习、观察法、直接询问法、间接调查法等方式搜集特许经营企业的项目开发资料，并对相关资料进行分析与加工。

（3）成果展示。各小组撰写《特许经营企业督导管理调查报告》，在课堂上以 PPT 讲演的形式进行展示，并接受点评。

实训成果：完成《特许经营企业督导管理调查报告》，制作 PPT 并进行课堂展示。

项目考核评价：以自我评价和小组评价相结合的方式进行，指导教师根据项目考核评价和学生学习成果进行综合评价；也可先借助网络平台将结果上传，再借助平台进行自我评价、小组评价及综合评价。特许经营总部管理系统考核评价表如表 4-16 所示。

表 4-16　特许经营总部管理系统考核评价表

班级：　　　第（　　　）　　　小组名称：　　　　　　时间：

评价模块	评价内容	分值	自我评价	小组评价
理论知识	（1）掌握特许经营总部的定义和系统构成	15		
	（2）掌握特许经营总部的获利模型设计	15		
	（3）掌握特许经营的总部运营管理系统设计内容	15		
实践能力	（1）能编制调研方案	15		
	（2）能撰写调研报告	20		
	（3）能制作用于调研报告汇报的 PPT 并讲解	10		
职业素养	（1）培养谦虚好学、爱岗敬业、团队合作精神	5		
	（2）培养通过网络收集相关资料的信息化技术应用能力	5		

综合评价：

指导教师或师傅签字：

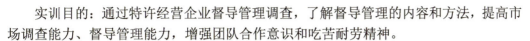

思考与练习

一、名词解释

特许经营总部；特许经营总部经营模式；特许经营权；特许经营费用；特许经营手册；特许经营总部运营管理系统；特许经营总部运营管理流程

二、简答题

1. 简述特许经营总部的系统构成。
2. 简述特许经营总部的定义。
3. 简述特许经营总部在特许经营体系中扮演的角色。
4. 简述特许经营总部经营模式的界定。
5. 简述督导管理的方法。
6. 简述特许经营权组合的设计。
7. 简述特许经营总部运营管理流程设计的内容。

项目五　特许经营体系的招商与加盟

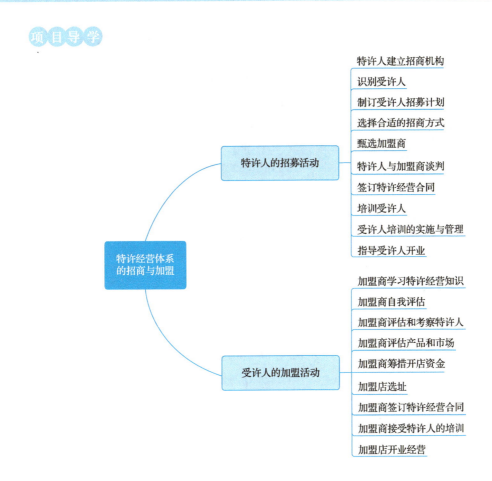

特许经营体系的招商与加盟

特许人的招募活动
- 特许人建立招商机构
- 识别受许人
- 制订受许人招募计划
- 选择合适的招商方式
- 甄选加盟商
- 特许人与加盟商谈判
- 签订特许经营合同
- 培训受许人
- 受许人培训的实施与管理
- 指导受许人开业

受许人的加盟活动
- 加盟商学习特许经营知识
- 加盟商自我评估
- 加盟商评估和考察特许人
- 加盟商评估产品和市场
- 加盟商筹措开店资金
- 加盟店选址
- 加盟商签订特许经营合同
- 加盟商接受特许人的培训
- 加盟店开业经营

任务一　特许人的招募活动

▎**任务目标**

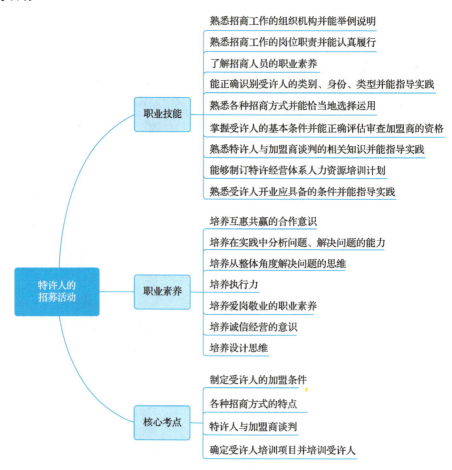

▎**任务导入**

X 品牌是一个小笼包品牌，其创始人专注于餐饮细分市场，最终理想是把中国的小笼包传播到世界各地。通过各方考察论证，该企业决定采用特许经营模式拓展国内外市场，但是招募合格的受许人是一个难题。

▎**任务解析**

作为一个成熟的品牌，X 品牌拥有稳定的客源。想要将小笼包传播到世界各地，需要运营特许经营模式。对于如何招募合格的受许人，该企业总结了招募活动的主要流程。

特许人的招募活动流程如图 5-1 所示。

图 5-1　特许人的招募活动流程

知识要点

一、特许人建立招商机构

特许经营总部通常会成立一个组织来专门负责特许经营体系的招商工作。该组织可能是特许经营总部中的一个常设部门（授权部/中心），也可能只是一个项目小组。

（一）招商工作的组织机构

招商工作的组织机构是非常简单的直线制结构，这样的结构工作效率高、沟通速度快、各岗位和人员的职责分明。招商工作的组织机构如图 5-2 所示。

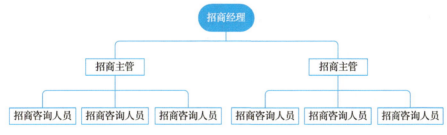

图 5-2　招商工作的组织机构

通常，招商主管的职责范围或岗位领域可以按照地区来划分，如华北地区招商主管、华南地区招商主管，或更小地区的招商主管，如按照省份或城市来设立地区性的招商主管。招商咨询人员的职责范围或岗位领域可以在招商主管的地区内进行再细分；也可以由招商主管根据招商的流程来分配，即每个招商咨询人员分别负责招商流程中的某个或某几个环节，如有人负责前期的发布信息、回答咨询等，有人则专门负责中期的实地考察、与潜在加盟商谈判并签订合同等。对于特许人特别是较小型的特许人而言，招商工作也可以只设招商顾问一种岗位。

（二）招商工作的岗位职责

1. 招商经理的岗位职责

（1）根据上级领导下达的年度经营指标，制订加盟商招商计划和工作进度、分阶段拓展目标、实施方案和执行策略。

（2）对分阶段拓展目标进行任务分解并组织实施、督导完成，以系统的方式计划所有活动，以避免工作效率低。

（3）建立基本的加盟系统，制定加盟作业流程，设定合格加盟商的基本条件。

（4）负责对加盟商的资信及业务拓展计划（区域、店数、时间等）进行审核及评估分析。

（5）负责与准加盟商招商的谈判及信息管理结果的呈报。

（6）负责对合同的解释说明和合同的签订。

（7）定期对本部门的工作效率进行分析及评估，并指导部门所属人员进行整改。

（8）在本部门所属人员需要公司支援时，给予相应支援。

（9）对本部门所属人员规划的工作建议进行审核、评估。

（10）领导、培训、激励、评估及督导部门所属人员不断提高其业务水平及绩效。

（11）接受上级领导的业务督导和业务培训。

（12）与其他部门密切合作，完成上级领导布置的其他工作任务。

2. 招商主管的岗位职责

（1）负责协助招商经理制订加盟商招商工作计划、构思并协调工作安排。

（2）接受招商经理的业务督导和业务培训。

（3）与其他部门合作，完成招商经理布置的其他工作任务。

（4）负责协助招商经理推进招商活动。

（5）负责与准加盟商的联系、跟踪洽谈及谈判总结的呈报。

（6）对参与招商的加盟商进行资格审核和评估分析。

（7）负责竞争对手信息的收集及参与应对策略的制定。

3. 招商咨询人员的岗位职责

（1）负责"招商热线"的接听工作和客户咨询的解答。

（2）负责对加盟申请人以书面、E-mail、传真等方式进行咨询。

（3）负责"加盟申请人数据库"的建设和维护。

（4）负责"加盟申请人数据库"的数据录入。

（5）负责所有加盟招商相关文件的编写。

（6）负责整理和保存所有加盟招商资料。

（7）对参与招商的加盟商进行资格审核和评估分析。

（8）与其他部门合作，完成招商经理布置的工作任务。

（9）负责协助招商经理对加盟商招商工作计划进行构思及安排，协助上级招商主管实施招商活动。

（三）招商人员的职业素养

1. 招商人员的职业道德

（1）招商人员要具有高尚的个人道德情操。
（2）招商人员要遵纪守法、廉洁奉公。
（3）招商人员要认真细致、谦恭负责。
（4）招商人员要尊重他人、不卑不亢。
（5）招商人员要与同事团结互助、友好相处、相互配合。

2. 招商人员的心理素质

（1）事业心，包括敬业精神、创业精神，以及勇于进取、勇于创新、勇于奉献的精神。
（2）责任感，即对工作的高度负责精神，在面对重大责任时或在紧急关头，要刚毅果断，勇于在权限内做出决策；敢于承担责任，做到秉公办事、不徇私情，坚持公正的立场，充分发挥综合能力。
（3）意志力，即意志坚强、稳健持重、不畏困难，不被小恩小惠所诱惑。特许经营招商不仅是双方智力、技能和实力的比较，还是意志、耐性和毅力的比拼。
（4）自控力，招商人员要自觉地控制自己的情绪和行动，要适度约束自己的言谈举止。

3. 招商人员应具备的知识、能力

（1）相关知识。招商涉及连锁经营管理、特许经营学、零售学、经济学、心理学、社会学、会计与税收等相关学科，以及最新的相关法律法规知识。随着新知识、新技能不断涌现，招商人员只有掌握这些基本知识，适时学习充电，才能更好做好招商。
（2）语言表达能力。招商信息主要是通过文字形式传递出去的，而招商谈判则主要是通过语言来进行的。招商人员语言表达必须正确规范，使用有效的语法、修辞和逻辑，使表达更具吸引力、说服力和感染力。
（3）社交能力。在招商过程中，招商人员应做好以下几点：待人热情诚恳，行为自然大方；能设身处地地站在客户的立场上考虑问题，体谅客户的难处；有自制能力，能控制自己的感情，能沉着、冷静地处理问题；既有主见，又不刚愎自用。
（4）应变能力。招商人员除必须掌握招商项目的具体情况和市场行情外，还应积极进取、勇于开拓，谈判时机智、幽默、放松，应对自如。

（四）招商人员的激励

招商人员的激励是指激发、引导招商人员主动、积极、创造性地完成上级下达的某一预期目标，争取达到更佳的招商效果。激励分为物质激励和精神激励。物质激励是指工资、奖金、津贴等的提高或发放；精神激励则指表扬、表彰、晋升职务、评定更高一级的职称等。激励方式主要有以下几种。

（1）目标激励。招商机构通过设置一定的工作目标鼓励招商人员努力实现目标，实现目标后招商人员可得到应得的奖励，如成功招商按比例提成等。

（2）奖励激励。招商机构及时对招商人员成功的招商行为给予肯定和表彰，使其得到发扬光大。

（3）榜样激励。榜样激励是指树立一个真实的良好的榜样，使其他招商人员有学习方向，从而调动招商人员的积极性。

（4）竞争激励。竞争激励是指围绕招商目标使招商人员展开竞争，强化招商效果。但这种方式须保证公正、合理，避免恶性竞争，否则适得其反。

二、识别受许人

（一）受许人的类别

（1）加盟商：与特许人签订了加盟合同并进行合作的受许人。

（2）加盟申请人：向特许人递交加盟申请的法人或自然人。

（3）准受许人：已与特许人签订加盟意向书，但还没签订正式特许经营合同的加盟申请人。

（二）受许人的身份

受许人作为特许经营的主体，可以是法人或自然人，具体如下。

（1）受许人在特许经营过程中，主要处于被培训、被支持、被授权的被动地位。

（2）从特许经营双方的实力来讲，受许人不一定实力不如特许人，有时受许人的实力会超过特许人。

（3）特许人作为经营者，要最大化实现自身的经济利益，需要将受许人作为特许经营体系的伙伴看待，而不能将其当作进行市场扩张的工具。

（4）受许人必须满足一定的标准，只有具备一定条件的企业或者法人才能成为受许人。

（5）受许人加盟经营与独立创业有所不同，不能按照自己的经营思路进行企业运营管理，不能创建自己的品牌。

（三）受许人的类型

受许人的类型与特许经营的类型密切相关，特许经营的类型决定了受许人存在的类型。特许经营按授予特许经营权的方式划分为单体特许经营模式、区域直接特许经营模式、区域复合特许经营模式，因此受许人的类型可分为单体受许人和区域受许人。

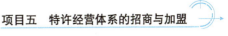

1．单体受许人

单体受许人主要适用于单体特许经营模式（也称为一般特许经营模式），由特许人授予受许人在某个地点开设一家加盟店的权利，特许人与受许人直接签订特许经营合同，受许人参与店铺的运营，且受许人的经济实力较弱。

2．区域受许人

区域受许人主要适用于区域特许经营模式，由特许人将指定区域内的独家特许经营权授予受许人，受许人可将特许经营权再授予其他申请者，也可自己在该地区开设特许经营网点，从事经营活动。

单体受许人和区域受许人的优缺点如表 5-1 所示。

表 5-1　单体受许人和区域受许人的优缺点

优缺点	受许人类型	
	单体受许人	区域受许人
优点	特许人直接控制受许人	有助于区域受许人实现规模效益
	对受许人的投资能力没有限制	特许经营企业快速扩张
	没有区域独占权	特许人的管理负担小
	不会对特许人构成威胁	区域受许人可改进特许经营体系
缺点	网点发展速度慢	在合同范围内，特许人无法发展新的受许人
	特许经营总部投入较大	对区域受许人控制力弱
	限制了有实力的受许人	过分依赖区域受许人，特许经营合同执行缺乏保证
		特许经营收入分流

三、制订受许人招募计划

（一）受许人招募工作的内容

（1）研究受许人的加盟条件。
（2）拟订年度、季度的招募计划。
（3）策划招募活动和广告。
（4）审核加盟申请。
（5）与准受许人谈判，签订加盟意向书。
（6）与受许人谈判，签订加盟合同。

（二）制定受许人的加盟条件

受许人应该接受特许人的选择，特许人可以参照表 5-2 制定适合自己品牌的加盟条件，选择合适的受许人。

蜜雪冰城加盟要求

表 5-2　受许人选择评估表

评估项目	子项	具体考察内容	评价		
			条件优越	符合要求	尚有欠缺
店铺条件	商圈条件	所在地点的繁荣程度、所在地区的商业类型及范围等			
	店址条件	交通状况、交通路线、附近的公共设施等			
	营业面积	各类型的特许经营企业有各自的要求			
	客源条件	基本客源、同业的竞争状况等			
资金及运营状况	保证金	以现金或非现金的担保品为担保			
	周转金	贷款能力及初期周转金			
	员工雇佣	对员工雇佣及培训程序是否熟悉			
	经营计划	利润、最低毛利保证、风险及初期可能遇到的各种问题			
申请者自身的条件	个人品行	过往经历、不良记录情况			
	学历和专业知识	学历、专业知识条件、管理要求			
	加盟动机和经营理念	加盟申请者关于利润、开业遇到的困难，公司经营、公司文化及理念等方面的心理准备			
	个性、潜力及可塑性	个性、诚意、持续的经营热情、潜力、可塑性			
	沟通能力	能否配合企业的做法、认同企业的经营理念，以达到企业的标准			
	健康状况	身体状况能否胜任繁忙的工作			
	婚姻状况	是否已婚、有无责任感			
	工作经验	是否有相同行业的工作经验			
其他辅助条件	家庭支持	家庭是否支持、配偶能否共同参与			
	当地经营关键	当地总体消费水平、投资环境、社会治安情况			

▶ **测一测**

　　你想过加盟创业吗？你对哪个品牌比较熟悉？在正式申请成为受许人之前，请按照表 5-2 进行自测，看看自己的条件如何，以及未来如何改进。

四、选择合适的招商方式

　　对于不同的行业及处于不同时期的特许经营企业来说，特许人招商的方式可能会不同，但主要有以下几种。

（一）特许展招商

1. 特许展的含义

特许展是特许展览会的简称，是一种具有一定规模和相对固定的举办日期，以宣传特许人品牌形象、招募加盟商为主要形式，以促成特许人和潜在加盟商之间的交流洽谈为最终目的的中介性活动。由中国连锁经营协会主办的中国特许展是亚洲最大的特许展览会，每年分别在北京、上海、成都等巡回举办，助力特许经营企业拓展业务。

2. 选择特许展时考虑的因素

（1）展会的目标市场。展会的目标市场包括主题定位、目的、观众结构等。企业参展前应确定该展会是否与企业的发展计划相吻合、能否促进企业达到预期的目标。

（2）展会的规模。成功的展会必然具备一定的规模，规模大的展会可以吸引更多的专业观众，而这正是保证参展商达到参展目的的最主要因素。评估展会的规模主要考虑参展商和专业观众的数量及展览馆面积的大小。

（3）展会组织者的能力。选择有影响力、富有经验、对行业认知度高的组织者。企业可以从对外的招展函、广告及各项组织计划等方面来评估组织者的策划能力和宣传招商能力。

（4）展会的历史和影响。这主要考察在近几年的展会中参展商有哪些、展会的效果如何等。企业应选择有影响力、知名度高、参展商多且参展商的影响力强的展会。

（5）参展的费用。企业根据自身的财力在预算内选择适合的展会，参展的费用不能给企业造成额外的负担。对于开支谨慎的中小企业来讲，更是如此。

（6）展会所在城市和展览馆。一般来说，大城市、国际性大都市是展会选择的重点城市，其交通运输、酒店、报关、签证及展览馆的配套和服务水平都要优于其他城市。

3. 参展前的准备

（1）费用预算。参展企业应提前做好费用预算。参展费用包括展位费、展位装饰装修费、展品运输费、交通费、食宿费、设备租赁费、广告宣传费、资料印刷费、礼品制作费、会议室租赁费等。

（2）展览资料。宣传单或者手册是宣传企业最基本的工具，企业要想获得好的宣传效果，就必须重视展览资料，展览资料可以展现一个企业的水平和实力。

（3）参展人员。合适的参展人员能得到更佳的参展效果、更好的销售业绩。参展人员应具备以下基本条件：对公司的产品、经营模式有较深入的了解；自信，适应能力强；性格外向，乐于与人交谈沟通。

（4）参展服饰。直观形象是最有影响力的，参展人员作为公司的代言人，在展会期间应穿着正式、统一的服装，一方面代表公司的形象，另一方面也是对参观者的尊重。

参展人员高雅庄重的服装会给参观者留下良好的印象。

（5）布展。展位就是战场，有利的战场更适合作战。展位的布置很讲究，要通过展位突出企业特色，使企业在众多展位中引人注目。

4. 参展中的工作

（1）展位的选择。展位的选择具体涉及展位的位置、面积的大小。根据所处位置、周边通道、相邻展位等情况，可以将展位划分为单开面型、双开面型、双向通道型、内角型、半岛型、环岛型等不同类型，不同的展位类型有不同的平面布置方法和要求。展位的选择一般是根据人潮在整个会场移动的方向来考虑的。展位面积通常为9平方米，称为标准展位。

（2）展台的设计。展台要能反映企业的形象，能吸引观众的注意力，能为相关人员提供工作的功能环境。展台设计要做到以下几点：从目标观众的角度来设计，简洁、突出，有醒目标志；明确表达主题等。

（3）展品的选择。在展品的选择上，要选择能体现自身产品优势的展品，展品品质是帮助参展企业给观众留下良好印象的最重要因素。选择展品有三条原则，即针对性、代表性、独特性。

（4）展示方式。在展示方式上，展品本身在大部分情况下并不能说明企业产品的全部情况、显示企业产品的全部特征，一般需要配以图表、资料、照片、模型、道具、模特或讲解员等真人实物，借助装饰、布景、照明、视听设备等展示手段，加以说明、强调和渲染。

（5）展台的人员配备。人员配备的质量决定了参展企业在展会上的成败，企业配备的人员的能力及其展示反映了企业在行业中的地位。展台的人员配备一般可以从以下几个方面来考虑：第一，根据展览性质选派相关部门的人员；第二，根据工作量的大小决定人员数量；第三，注重人员的基本素质，如相貌、声音、性格、能动性等；第四，加强现场培训，如专业知识、产品性能、演示方法等方面的培训。

5. 展会结束后的工作

（1）意向加盟商的追踪。展会结束后一周内，应与意向加盟商取得联系，并为他们提供进一步的资料信息，或者邀请对方到特许经营总部或样板店来参观，以便进一步沟通，其后进入正常的加盟资格审核、谈判程序，直至签约。

（2）展会效果的评估。展会结束后一周内，有必要对展会的整体工作进行评价，包括对展会的投入与收效情况、参展的技巧等进行总结，这是下次参展获得更大成功的基础。

（二）媒体招商

媒体招商是常见的一种招商方式，主要通过各种广告媒体将企业的招商信息传播出

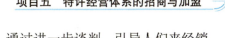

去，通过电话、传真、信件等方式来收集客户资料，通过进一步谈判，引导人们来经销本企业的产品。

情景案例

"名门闺秀"的广告招商

"名门闺秀"自 2002 年 7 月推出特许经营体系以来，发展迅速。"名门闺秀"在媒体投放和品牌传播策略上，舍弃了传统的狂轰滥炸的炒作方式，而是采取科学的整合营销、精确的宣传，将软硬广告相结合，双管齐下，使其互为呼应。

（1）将宣传诉求划分为招商和消费两大块。针对招商，"名门闺秀"只选择财经类或行业媒体类中最具影响力的杂志，如《商界》《销售与市场》《医学美学美容》等；对于终端传播，则选择与品牌格调和品位相匹配的媒体，锁定了《时尚》《瑞丽》《女友》《优雅》等数十种时尚类、女性类高档杂志。

（2）有效地利用媒体资源，达到四两拨千斤的效果。由于"名门闺秀"在数十家最具影响力的财经类、时尚类杂志发布了全年度的招商、产品广告，成为这些媒体杂志重要的客户，所以拥有良好的媒体资源。"名门闺秀"的文案创作人员定期撰写大量题材各异、可读性极强的文章，分门别类地投放于各类媒体。

（资料来源：马凤棋，2014. 特许经营管理[M]. 大连：大连理工大学出版社.）

1. 传统媒体

在国内众多媒体中，大部分特许经营企业摒弃价格昂贵的电视广告，一般选择适合招募加盟商且效果比较好的财经类杂志、报纸或行业内媒体，其中最具影响力的杂志有《连锁》《商界》《销售与市场》等，报纸有《中国经营报》等。成功运用媒体广告招商的特许经营企业有不少，广东的"名门闺秀"是其中之一。此种招商方式适合资金实力雄厚、有整合媒体资源能力的特许经营企业。

2. 网络媒体

随着电子信息技术的进步，招商渠道更加多元化，招商工作能够全天候 24 小时进行。随着电子商务时代的来临，网络招商为很多传统企业打破传统地域束缚、扩大渠道影响力提供了很好的机会。传统线下招商加盟，无论是加盟代理产品还是以形象店形式加盟，加盟商都会面临压货、店面租金等压力。网络渠道招商的兴起，以批发、代发货等形式的合作为代表的新一代网络加盟合作形式的流行，解决了不少商家资金短缺的问题。同时，随着日新月异的网络招商合作形式的出现，很多传统产品也赶上了招商大潮，如家具行业、母婴用品行业、餐饮业、鞋业等。很多传统行业实行网络招商，为广大创业者提供了更多的机会。

（三）人员招商

人员招商是最直接的一种招商方式，就是我们平常所说的"扫街"。它主要是在企业确定招商群体后，针对竞争对手和相关产品的加盟商有目的地进行走访和沟通，传达企业的招商信息并进行招商。

这种招商方式主要适用于特许经营企业发展初期。由于特许经营企业发展初期实力较弱，无法对没有经验的潜在加盟商进行有效的指导和培训，所以特许经营企业的目标招商群主要为竞争对手的加盟商和相关产品的加盟商。因此，特许经营企业可安排业务人员对目标招商群进行有针对性的、快速的走访。

人员招商的优点是针对性强、招商效率较高、可以节省大量的广告费；缺点是无法找到有闲置资金的潜在加盟商、对业务人员的素质要求较高。

（四）店面 POP

特许经营企业一般拥有相当数量的直营店和加盟店，因此以店面 POP 的方式传递招募加盟店的信息，是特许经营企业最常用且成本最低的招商方式。店面 POP 的形式有招牌、橱窗海报、吊旗、立体卡通模型等。特许经营企业运用店面 POP 招商，一方面是因为成本费用低，另一方面是考虑潜在加盟商在门店出现的可能性较高，配合门店的商品展示及实际经营状况展示，通常更具参考价值和说服力。

> **读一读**
>
> 广州有一家专卖发饰用品的特许经营企业，叫"流行美"。该企业从来不做媒体广告，也不参加招商会或展览会，只通过在店面摆放 POP 招商广告，以及通过加盟商推荐亲朋好友加盟，在短短的几年内已经拥有将近 1000 家连锁店。这种方式适合专卖店经营情况良好的特许经营企业，既节省成本，又不会引起竞争对手的注意，在无声无息中占领市场。

（五）招商加盟说明会

招商加盟说明会是一种主动招商加盟的方式。由于一般大众对新特许人的企业体系及商品不了解，所以即使是知名的特许人也很难通过书面或广告的方式，使有意愿的加盟商对本企业有全面的了解。这时只有采用面对面的立即沟通方式，才能收到较佳的说服效果。另外，还可以以实际商品作为说明。对缺乏详细书面资料的特许人来说，这是效果较好的招商方式。召开定期或不定期的说明会是经常使用的招商方法，说明会大多在企业本身的场地或所在地举办，但也有针对特定加盟商的分区座谈会或说明会。

情景案例

华联网络便利店招商加盟说明会

华联网络便利店招商加盟说明会经历了三个环节，具体如下：首先是介绍环节，会议介绍了加盟华联网络便利店的相关条件、资金、收益回报等；其次是提问环节，加盟商提出自己的疑问，由加盟拓展人员给出问题的解决方案；最后是加盟商参观华联网络便利店样板店，在华联网络便利店样板店内，加盟商饶有兴致地参观了店内的货架、商品陈列、雪泥冰机器等。对于加盟商的各种提问，加盟拓展人员都给出了令人满意的回答。

（资料来源：马凤棋，2014. 特许经营管理[M]. 大连：大连理工大学出版社.）

（六）内部创业制度

内部创业制度是专门针对内部员工成为加盟商而设立的一种制度，一方面是对现有员工的一种激励，另一方面也为企业解决加盟商的来源问题。具体条件如下。

情景案例：西贝超级肉夹馍的加盟方式

（1）一般内部创业的资格限制在店长或副店长级别以上。

（2）要有一定的工作年限。

（3）工作绩效考核在优秀或优良水平。

（4）有时还要求申请者必须上过一定时数的培训课程并取得合格的成绩等。

如果员工的申请被审核通过，则企业一般提供三种创业方式，具体如下。

（1）员工自有资金，即完全由员工准备全部资金，相当于特许经营总部将直营店卖给申请的员工，但价格相对于外部加盟商要优惠一些。

（2）入股方式，这种方式比较常见，通常公司所占的股份大于员工，如员工与公司之比为30∶70或40∶60。

（3）公司内部创业贷款，有些公司为创业的员工提供内部创业贷款，帮助创业的员工筹集资金。

至于员工创业的店面选择，主要有员工自行选择和公司选择两种，非由公司选择的店面只有经过审核批准才能加盟。

（七）网站或者公众号等招募

特许人在自己的官方网站可以发布招募加盟商的信息。随着移动终端的广泛使用，越来越多的信息在特许人的公众号上进行发布，便于潜在加盟商查阅相关信息。

读一读

　　谭木匠2021年的连锁店数量已达1200家，而这还是谭木匠严加控制的结果。谭木匠的加盟申请通过率很低，因为谭本匠把加盟商的选择看得尤为重要，认为这是维护其连锁品牌形象的首要控制系统。申请人首先要将加盟申请的资料递交给所在片区经理，片区经理对申请者的经历、学历、经商经验及对谭木匠的认识等方面进行初步审核。初审通过之后，片区经理和督导会约申请人在某地面谈。严格控制加盟商，不至于因盲目扩张而使品牌管理失控，或许这就是谭木匠能够运营到今天的原因。

五、甄选加盟商

　　对于特许经营总部来说，选择合适的加盟商是特许经营事业取得成功的关键因素之一。一般而言，特许经营总部需要在加盟商、加盟店铺、资金情况和其他方面设立一些基本条件。

　　（一）受许人的基本条件

　　对特许人来说，受许人的选择过程至关重要，正确选择受许人有利于工作的顺利开展。特许人应该认真研究选择受许人的过程，设计好向申请人提出的问题、面试、申请者审核标准等。

　　1. 成为受许人的基本条件

　　（1）拥有足够成为加盟商的资金。
　　（2）准备或选定了加盟特许经营体系的营业场所。
　　（3）具有一定的经营与管理经验。
　　（4）具有创业的勇气和信心。
　　（5）有服从、接受特许经营体系要求的意愿和决心。
　　（6）具有良好的沟通能力。

　　2. 成为受许人的路径

　　（1）特许经营权的购买。
　　（2）特许经营产品、服务的销售。
　　（3）销售授权。
　　（4）促进区域的发展等。

3. 受许人的资格条件

除了国家政策规定的受许人的基本要求和特许人摸索出来的基本条件，成功的特许经营企业还制定了以下几条受许人应该具备的资格标准。

1）一定的管理经验

受许人在加盟之后会从特许经营总部获得系统的管理知识和技术知识的培训，但是其面对的情况较为复杂，拥有一定的管理经验有利于其更好地胜任自己的角色。

2）长期作战的心理准备

受许人决定加盟特许经营体系时，需要有心理准备。特许经营需要全身心投入，要取得成功需要比一般人付出更多。目前存在以下对特许经营的错误认识：加盟了特许经营体系，特许经营总部会为加盟商事事考虑周全，加盟商不需要过多操心；选择加入特许经营组织，就是一种"舒心"的选择，省去了创业的辛苦与拼搏。

3）一定的财力

特许人要求受许人必须具有相当的资金实力，用于前期店铺租赁、装修和后期的首批进货。一些特许人还要求受许人交纳一定的加盟费和保证金。因此，受许人在开始加盟时有足够的资金格外重要。

4）良好的经营意识

加盟特许经营体系后，受许人确实不需要为货源、器材、采购和广告宣传担心，成功看起来仅一步之遥，但是在利用特许经营总部的知名度和信誉收获了客源之后，这些客源能不能成为加盟商的稳定客源或者忠诚顾客，还要看受许人自身的经营意识。

受许人的经营意识主要体现在以下两个方面：能够以创业的心态进行加盟事业，凡事尽心尽力，认真经营；为获取利润持续改进自身的服务和管理水平。

5）独立性

具有独立性的潜在受许人能自己进行日常管理工作，自己做出符合实际情况的客观决策。同时，其独立性也不应该强大到使其不遵守体系规则或想脱离体系。

（二）评估审查加盟商的资格

企业在开展特许经营初期，也许并没有一套标准的加盟商资格审查表，只是根据审查人的经验来评估加盟商是否合适。但在多次的约谈和审查中，许多特许经营总部会逐渐发展出一些成熟的审查项目来，为了简化工作，还会将这些审查项目制成相应的表格，使加盟商的审查工作变得更规范、更简单，即使是工作经验不太丰富的人也能比较容易地掌握这些表格。

六、特许人与加盟商谈判

（一）特许经营商务谈判的含义

谈判是人们为了各自的目的而相互协商的活动，是一个"谈"与"判"、"协"与"商"的过程。特许经营商务谈判是指特许人和潜在加盟商为了协调彼此之间的商务关系、满足各自的商务需求，通过协商对话来争取达成某项商务交易的行为和过程。

特许经营商务谈判的原则包括自愿、平等、互利、求同、效益、合法。

（二）特许经营商务谈判的步骤

特许经营商务谈判可以分为准备阶段、开局阶段、磋商阶段、成交阶段四个阶段。

1. 准备阶段

谈判的准备阶段是谈判过程中的第一个阶段。在这一阶段，谈判各方尚未进行正式的接触，他们各自在为将来的谈判做一些准备工作，以求在谈判中做到有备无患。一般来讲，谈判的准备工作做得越充分，谈判的效果就会越好。同时，在交易谈判的准备阶段，谈判的各方要就谈判时间、地点等问题进行简单磋商，从而为下一步接触打好基础。

2. 开局阶段

谈判的开局阶段是谈判双方正式接触、就谈判的非实质性内容进行交谈的阶段。在谈判的开局阶段，谈判各方按照既定的谈判计划，逐步向谈判对方展示己方的要求、意图及其他一些信息，并根据谈判对方传递的信息预测对方的实力、特点，为下一步讨价还价做好准备。在开局阶段，谈判各方刚刚开始接触，对对方的实力、特点还不太了解，因此传达信息和收集信息是这一阶段的主要行为。在这一阶段，谈判各方还不会对交易的一些实质性的、具体的问题进行接触，而是就谈判的目的、谈判过程进行磋商、确定。

3. 磋商阶段

谈判的磋商阶段是继谈判开局之后进行的讨价还价阶段。在准备阶段和开局阶段，谈判各方对谈判对手有了一定程度的了解，因此在这一阶段谈判各方可以根据自己所获信息来与谈判对手就交易的各项条件进行磋商。磋商过程是谈判各方不断冲突和较量的过程。在这一过程中，谈判各方经过讨价、还价、妥协、让步，试图向达成一致意见的方向过渡。因此，磋商阶段对谈判技巧有很高的要求。磋商阶段是对各种谈判信息进行充分展示和运用的过程。

4. 成交阶段

在经过磋商阶段的较量后，谈判的利益分歧越来越小，谈判各方就交易项目的各项条款逐渐形成一致意见，谈判进入成交阶段。成交即一项交易谈判的结束。在这个阶段，谈判各方经过磋商，要以一定的法律形式确认并固定谈判的内容及结果，为将来谈判各方在交易过程中合理处理相互关系提供可靠的依据。因此，谈判各方要在这一阶段签订合同。该合同具有一定的法律效力，对谈判各方在今后的交易合作中的行为有一定的约束力。签订合同是谈判过程全部结束的标志，同时也预示着交易合作过程的开始。

（三）特许经营商务谈判人员的素质

1. 思想品质

（1）维护和争取己方利益。对于谈判人员来说，必须自觉维护和争取己方利益，绝不能收受贿赂、中饱私囊；必须严守己方秘密，绝不能掉以轻心、毫无防范；必须认真做好授权范围以内的事情，并对授权范围以外的事情及时请示，以免造成决策失误。

（2）遵守谈判职业准则。谈判职业准则可以概括为三个字：礼、诚、信。礼即礼貌待人、友善处理；诚即光明正大、诚心谈判；信即谈判者言而有信。

（3）求胜的决心、毅力和耐力。谈判如同作战，一旦接受谈判，谈判人员就要按己方既定的原则与目标，以求胜的决心、毅力和耐力去和对手周旋，努力实现己方的目标。

2. 知识结构

谈判人员必须具备"T"形知识结构，即广博的知识面和较深的专业学问。一个不具备"T"形知识结构的谈判人员，往往会在谈判过程中具有某种盲目性，难以应对复杂的谈判局面。

3. 谈判能力

（1）交际能力。一个优秀的谈判人员应当熟悉谈判的一般礼仪，熟练掌握交际语言，学会运用各种交际方式，善于在交际中发现有用的信息，在交际中树立美好的形象。

（2）表达能力。表达能力包括语言表达能力和文字表述能力。谈判贵在"谈"，口才是决定谈判结果优劣的重要因素之一。谈判要以文字的形式达成协议、合同，因此文字功底也很重要。

（3）判断能力。"谈判"，既要"谈"，也要"判"，其中"判"就是判断。在谈判过程中，由于谈判各方往往制造种种假象，以掩盖自己的真实意图，所以谈判人员必须迅速根据所掌握的信息对谈判对手的言谈举止加以分析和综合，做出合理的判断。

七、签订特许经营合同

在确定准加盟商并与之签订特许经营加盟意向书之后，就应该开始做签订正式特许经营合同的准备，且这种准备工作通常不应超过一个月，具体准备工作包括协助和指导准加盟商进行加盟店的选址、加盟店的租赁、加盟店的工商营业登记。在完成上述一切准备工作之后，应与准加盟商签订特许经营合同，同时授予加盟商相应的身份证书和标识。最后，要根据《商业特许经营管理条例》的相关规定向商务主管部门备案。

（一）特许经营合同的类型

1. 产品分销特许经营合同和经营模式特许经营合同

按合同规定的特许经营权内容，特许经营合同可以划分为产品分销特许经营合同和经营模式特许经营合同两种基本类型。

1）产品分销特许经营合同

产品分销特许经营合同是一种比较早的特许经营方式，是一种向受许人转让某一特定品牌产品的制造权及经营权的商品商标型特许经营模式。合同约定特许人向受许人提供技术、专利和商标等知识产品，以及在规定范围内的使用权，但不参与具体的经营活动。例如，汽车经销商的经营、加油站服务及饮料的灌装与销售等。目前产品分销特许经营模式已逐渐演化成经营模式特许化。

2）经营模式特许经营合同

经营模式特许经营合同重点在于经营模式特许，称为第二代特许经营合同。合同约定特许人提供经营模式，而非产品，合同中的质量标准、经营方针都要按照特许人的规定来约定。受许人须交纳加盟费和后续的特许经营权使用费，而特许人利用这些经费为受许人提供培训、研究开发和后续支持。

▶ **想一想**

（1）制造商与批发商之间的特许经营合同的实际案例有哪些？

（2）哪些工业品符合制造商与零售商之间的特许经营合同的特征？

2. 不同主体间订立的特许经营合同

特许经营合同按合同主体构成可以划分为制造商与批发商之间的特许经营合同、制造商与零售商之间的特许经营合同、批发商与零售商之间的特许经营合同、零售商与零售商之间的特许经营合同。

1）制造商与批发商之间的特许经营合同

在特许经营合同中，一般制造商为特许人，批发商为受许人，在符合特许人要求的前提下，按双方约定的方式分销产品，且特许人允许受许人销售或再加工特许人的商品。

2）制造商与零售商之间的特许经营合同

在大型工业品分销渠道中，由于涉及商品金额较大且其商品服务具有特殊性，一般制造商与零售商会达成特许经营协议，其中制造商为特许人，零售商为受许人。两者之间特许经营的特征与商品商标型特许经营模式有相似之处。例如，在汽车、石油销售渠道中往往签订这样的合同。

3）批发商与零售商之间的特许经营合同

批发商与零售商之间的特许经营合同主要适用于计算机商店、药店、超级市场和汽车维修业务。

4）零售商与零售商之间的特许经营合同

零售商与零售商之间的特许经营合同是典型的经营模式特许经营合同，代表企业类型是快餐店。

3. 内容综合型特许经营合同与分离记载型特许经营合同

根据合同内容的记载方式（是否集中于单个合同），特许经营合同可分为内容综合型特许经营合同与分记载型特许经营合同。

1）内容综合型特许经营合同

内容综合型特许经营合同是指所有涉及的事项都在一份合同中详细约定，不再以补充协议、专业手册等附录文件对合同进行补充约定。合同涉及的经营规模较小，适合特许经营企业的初创阶段及小规模特许经营企业。这种形式的合同具有文件简单、明确等优点。但一个成熟的特许经营体系涉及事项较多，涉及的各项差异性较大的权利和义务也较多，一般难以在一份合同中穷尽并详细规定，因此本类型的特许经营合同不太适合国内特许经营快速成熟化、规模化的发展趋势。

2）分离记载型特许经营合同

分离记载型特许经营合同采用文件群的方式记录相关事项，双方的基本权利和义务体现在特许经营合同的文本正本中，至于专业化的细节问题则以附件形式附于合同后，如专题文本、引用文件等。例如，对于复杂的特许经营体系，在其合同某些条款中会约定受许人应遵守特定的培训手册等日常经营管理文件的规定，并把这些文件作为合同的附件。只要有这些引用条款，附件即为合同内容的一部分，当事双方就必须遵守。

4. 直接特许经营合同和区域特许经营合同

按特许经营体系层级划分，特许经营合同可分为直接特许经营合同和区域特许经营合同。

1）直接特许经营合同

直接特许经营合同是指特许人直接给予受许人特许经营相关权利，受许人因此得以经营特许经营体系中的单份事业，特许人与受许人之间存在直接权利和义务关系的合同。这种合同在法律关系上的安排相对简单，合同主体也仅有特许人和受许人两方。从经营管理的角度来说，这种合同仅存在于特许经营总部与加盟商之间。

2）区域特许经营合同

区域特许经营合同是指在特许经营体系复合构建的情况下产生的不同特许经营主体间的复杂合同体系。严格来说，这不是一类特许经营合同。

当特许人多层次开展特许经营时，可向最终受许人直接授予经营单一事业的权利，也可将某区域或某一范围内特许经营的权利授予区域特许人经营，而区域特许人则依据与总特许人签订的合同约定，与最终受许人签订特许经营合同。当然区域特许人仍可以将某区域或某一范围内特许经营的权利向下一级区域特许人授权。在理论上，这种授权操作可无限延续，但在实际操作中则不符合市场经营规律，通常仅一层区域特许。区域特许经营合同的构建关系如图 5-3 所示。

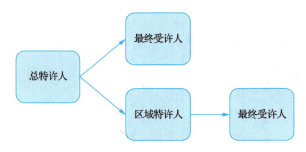

图 5-3 区域特许经营合同的构建关系

（二）特许经营合同的内容

经营内容、经营方针、服务能力在不同的特许经营系统中存在差异。不同的合同类型，其合同内容也各有侧重点。但是，一份特许经营合同主要规定的是特许人与受许人双方的权利和义务，其内容大多包括以下几个方面。

1. 商标、商号等的使用

在多数特许经营体系中，特许方拥有以下无形资产。

（1）贸易商标或贸易名称及相应的商誉。

（2）一种商业模式或一种体系，其各要素记载于一本手册中，有些内容可能是商业秘密。

（3）在某种情况下，可能是一份制作方法、秘方、专门技艺、设计图样和操作方法的文件。

（4）上述某些项目的版权。

因此，在签订特许经营合同时，应准确说明特许人拥有哪些无形资产、受许方可使用的无形资产的种类和范围。

2. 合同期限

合同期限是双方合作关系的持续时间，任何合作关系都有期限。随着合作关系及相关情况的不断发展变化，相应的特许经营关系也会随之发生变化。合同期限短则 3～5 年，长则 10 年以上，没有固定的期限。但西方国家法律通常规定，合同的持续时间应该大于加盟商收回初始投资的年限。

3. 特许经营总部提供服务的种类和范围

合同中要详细说明特许经营总部为加盟店提供的服务及其范围，如开业前的初始服务及开业后的后续服务。初始服务主要有选址、店铺装修、培训、开店设备的购置、融资等；后续服务包括经营过程监控、经营标准化监视及帮助加盟店获得一定利润等。特许经营总部应就操作方法的改进及革新持续向加盟店进行传授，并传达相关的市场调查研究信息。同时，特许经营总部应集中开展统一的促销与广告活动，应向加盟店提供集中采购的优惠货源，特许经营总部的专家应向加盟店提供管理咨询服务等。合同中详细列出这些服务项目，是对加盟商利益的一种法律保护。

4. 区域保护

多数特许经营总部会在投予一个加盟商特许经营权之后承诺不会在其所属区域内新开加盟店。区域保护界定标准可以是加盟店营业场所的半径范围、行政边界（县/城市）、邮政编码等。

有些特许经营体系，尤其是顾客流动性较强的体系，特许经营总部还会对在区域内外开展的营销活动做出详细规定。

5. 加盟费用

双方签订了特许经营合同之后，加盟商需要为得到特许经营总部的经营模式、商标、商号使用许可等支付一定的费用，同时也需要一次性交纳一笔加盟费，其后按照收入或利润的一定比例交纳特许经营权使用费。

合同存续期间，加盟商需要交纳其他费用，如广告费等，并且要在合同中标明项目、对应金额、交纳方式、支付时间等。

6. 加盟店的义务

特许经营合同规定了加盟商和特许经营总部的权利与义务，因此加盟店在获得特许经营总部的支持并正规经营后，需要承担对应的责任。一般情况下，特许经营总部会制定一套完整的义务制度文件，如操作手册或营业手册。这些手册中会有一些内容涉及加盟商的义务，并可作为加盟商开业后的经营活动参考指南。随着特许经营体系的发展，操作手册将不断得到更新和完善。

7. 对加盟店的经营控制

特许经营的模式就是高度复制经营业务和经营方式，形成资本统一经营的外在形象。因此每家加盟店都需要按照特许经营总部的统一要求进行经营，否则就破坏了特许经营体系的完整性。为了保障特许经营体系的整体形象，特许经营总部需要对加盟店进行有效的控制，因此会在特许经营合同中说明控制的方法，尤其是对商品或服务的要求，以确保加盟商达到规定的质量标准。加盟店手册中应该明确加盟特色的保持方法、质量检验和质量控制的方法。

8. 加盟店的转让

加盟商可能会因种种客观原因而无法继续经营加盟店，这就涉及加盟店转让或出售的问题，加盟店是否能转让、如何转让、转让给何种人等都必须列入合同中，以免将来因此发生纠纷。有些合同中明确表明，假如加盟商要转让自己的企业，特许经营总部有优先购买权，或者有权选择转让的对象。在这种情况下，要特别说明加盟店的转让价应以市场价为准。当然，大多数特许经营总部是不会回收加盟店的，但又不愿因加盟店关门而影响自己的声誉，一般会同意加盟店转让，但会设置一些条件，如设置选择新加盟商的标准及选择程序等。

9. 仲裁

在加盟合作过程中，加盟双方可能会出现摩擦和冲突，比较合适的解决办法就是选择仲裁。仲裁是由双方选择的仲裁人进行的私下诉讼，它的优点在于整个程序都是在私下进行的。为了节省时间和费用，双方可以事先在合同中设定仲裁的规则。仲裁最重要的就是选择合适的仲裁人，其应该公平公正、完全客观，只有这样才能确保双方顺利和解，否则可能激化双方的矛盾，只能采取法律途径维护各方的权益。

根据从西方国家的实践中得出的经验，当双方当事人产生冲突时，仲裁的裁定结果通常要比法院的判决轻得多。在美国，各州法院为保护小商人的地位和利益，对特许经营总部违法行为的裁决有时非常严厉，要求特许经营总部的赔偿要高于加盟商实际损害利益的3倍。因此，约定仲裁条款可以避免加盟双方把纠纷提交给法院。

10. 合同终止及后果

合同的确立是为了规范和约束双方的行为，但是仍然存在不遵守合同的情况。合同应明确规定，任何一方违反协议到什么程度，另一方有权终止合同。当然，也应写明违反合同的一方是否有机会弥补其过失，以避免合同终止。一般来说，合约终止后，加盟商不能再使用特许经营总部的贸易商标、名称、各种标志，不能再享有总部提供的其他权利。

11. 限制竞争

加盟商在合同存续期间不得另外单独从事与该特许经营业务类似的业务。一般合同会规定在合同存续期间及合同解除的几年之内，加盟商都必须遵守合同中相关的限制竞争条款。这一条款对特许经营总部维持特许经营体系在市场竞争中的地位十分重要，如果缺少这一条款，则很可能让原先的加盟商在合同期满后成为竞争对手。

除了以上内容，合同中一般还约定地域的限制、营业时间的规定、保守商业秘密等。

▶ **读一读**

《中华人民共和国民法典》（以下简称《民法典》）第五百八十五条　当事人可以约定一方违约时应当根据违约情况向对方支付一定数额的违约金，也可以约定因违约产生的损失赔偿额的计算方法。

约定的违约金低于造成的损失的，人民法院或者仲裁机构可以根据当事人的请求予以增加；约定的违约金过分高于造成的损失的，人民法院或者仲裁机构可以根据当事人的请求予以适当减少。

当事人就迟延履行约定违约金的，违约方支付违约金后，还应当履行债务。

第五百八十六条　当事人可以约定一方向对方给付定金作为债权的担保。定金合同自实际交付定金时成立。

定金的数额由当事人约定；但是，不得超过主合同标的额的百分之二十，超过部分不产生定金的效力。实际交付的定金数额多于或者少于约定数额的，视为变更约定的定金数额。

八、培训受许人

（一）制订特许经营体系人力资源培训计划

受许人签订合同，加入特许经营体系，从义务上来说，特许经营总部需要对受许人进行培训，有效的培训是特许经营企业复制成功模式或运营方法的有效途径。从流程上来说，培训受许人首先应该制订特许经营人力资源培训计划。

1. 制订特许经营体系人力资源培训计划的前提

（1）特许经营企业已经制定了特许经营的发展战略，对特许经营总部和门店的发展有了明确的发展计划。

（2）对门店发展的速度和规模有明确的规划。

（3）特许经营总部制订了人力资源发展规划及执行计划。

（4）受许人需要制订门店营业用人计划。

（5）积极关注国际国内政治、经济，以及有关企业经营的新形势、新趋向。

（6）关注行业新技术的发展或特许经营体系新技术、新设备的应用。

（7）能够明确人力资源的培训需求。

2. 特许经营体系人力资源培训计划的内容

（1）培训目的：根据培训需求确定培训目的，如掌握连锁特许经营企业的发展历程。

（2）培训目标：根据培训目的确定培训目标，如掌握企业发展历程、认同企业文化。

（3）培训对象：包括签约受许人、潜在受许人、店长、门店管理人员、操作人员、门店服务人员等。

（4）培训内容：主要包括岗前培训、员工管理培训和开业培训，涉及管理和技术等内容。

（5）培训时间：根据人力资源计划，制订年度和月度培训计划。培训计划因特许经营体系的不同而有较大差异。大多数的受许人培训时间在5～60天，培训项目根据主题差异会有不同的时间跨度、复杂程度。

（6）培训讲师：实施培训的师资包括内部讲师和外部讲师，内部讲师由各专业的负责人担任，外部讲师由门店总经理和总部联合认定聘用。培训讲师要具有特许经营的理论知识和丰富的实践经验，最重要的是具有在特许经营企业重要部门的实践经验。负责受许人培训的人员应掌握有效的培训程序，并对特定行业的运作要求和特点有深入了解。

（7）培训场地：根据培训主题确定培训场地，理论培训可以是特许经营总部，实践培训可以在特许经营总部或加盟商所在门店。

（8）培训组织：特许人一般会在特许组织内部设立培训部或者培训职能部门来组织培训。

（9）效果评估与考核：培训后需要对培训情况进行考核、验收、评估，以确认培训效果，颁发合格证书并进行持续跟踪。

（二）确定受许人培训项目

特许经营体系的培训从三个方面进行，具体如下：成立培训或者承担培训的部门，设计培训场地，开发培训项目。受许人的培训项目主要包括以下九个方面。

（1）特许经营体系和公司的历史。

（2）特许经营体系的经营理念与企业文化。

（3）特许经营企业的发展战略。

（4）特许经营企业的经营环境。

（5）特许经营的业务介绍。

（6）特许经营合同的签订。

（7）特许经营手册。

（8）特许经营营运知识。

（9）法律知识。

九、受许人培训的实施与管理

（一）受许人培训形式及其特点

为了使培训工作卓有成效，特许人的培训计划不仅需要设计合理的培训内容，还需要选择合理的培训方法。各种培训方法及其特点如表 5-3 所示。

表 5-3　各种培训方法及其特点

方法	特点
课堂讲授	接近现实，内容连续；可以利用职业教育机构或专家优势；被培训者不能积极参与
演示	有利于演示设备或销售技巧；展示培训各方面的事宜；被培训者积极参与
录像	活跃；有利于演示；可多次使用；缺乏被培训者的积极参与
项目指导	以固定方式提供信息；要求被培训者做出反应；提供行为反馈；能根据被培训者的进度进行调整；初始投资大
会议	适用于管理培训；会议领导人必须鼓励参与，强化训练
敏感性训练	深入地相互影响；对管理人员了解员工十分有用
案例研究	提出现实的或假设的问题，包括环境、有关信息和疑问；在实践中学习；面对大量互不相同的问题
角色扮演	被培训者投身真实环境之中并行使职责
行为模式训练	被培训者对录像或角色扮演课程中的行为模式进行模仿
技能指导	被培训者以自定进度的方式完成一系列任务或训练
咨询式培训	将培训、诊断、咨询有机结合，从加盟店实际情况和适应未来发展出发，对加盟店营业和成长过程中出现的问题进行解答，并提供实际的解决思路和方向，实施具有时效性的培训解决方案

（二）受许人培训内容

受许人培训内容可以按签约前、签约后和运营中三个不同的阶段层层递进，如图 5-4 所示。

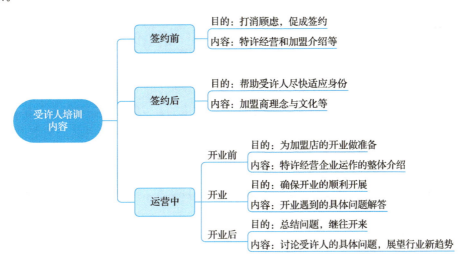

图 5-4　受许人培训内容

1. 签约前

在受许人签约前，培训主要是为了打消受许人的顾虑，进而促成签约。因此，培训的内容主要包括特许经营和加盟介绍，加盟商素质及自我评估，如何选择特许人，企业的历史、成就与经营目标，企业的理念与文化，企业特许经营业务分析，企业特许经营财务分析，特许经营合同（标准版）分析，加盟事业筹备事宜，特许经营陷阱回避等。

2. 签约后

在受许人签约之后，培训的目的是帮助受许人尽快适应新身份，使其能够快速经营门店。培训的内容主要包括加盟商的理念与文化、特许经营合同（加盟版）分析、特许经营加盟商手册分析等。

3. 运营中

运营中的培训一般分为开业前、开业和开业后三个阶段的培训，每个阶段加盟商的培训需求不同，因而培训内容和采取的培训方法也应有所不同。

1）开业前培训

双方一旦签订特许经营合同，加盟商就要按规定接受特许人的培训。培训时间一般在门店开业前一周或一个月，有的甚至更早，如麦当劳公司的培训要提前半年以上。这个时期的培训一般以课堂讲授为主，也有现场实践。在授课结束后受许人往往在样板店实习一段时间，考试合格之后方能独立开店。授课的内容非常广泛，包括特许经营总部的方针政策、人员管理、采购、销售、促销、财务管理、操作技能等。这些内容都写在培训手册中，培训手册涵盖了所有特许经营体系的制度和运作程序，是特许经营总部知识产权的综合成果。

2）开业培训

开业培训是在加盟店正式营业的初期对加盟商进行的现场培训。特许人往往会派出培训部成员或督导人员与加盟商一起工作，解决开业时所面临的各种难题。加盟商将课堂讲授的知识转变成自己的实际经验还是有一定难度的，虽然加盟商在样板店实践了一段时间，但由于各门店所面临的问题不一样，在刚开业时加盟店各方面尚未走上正轨，此时加盟商非常希望得到特许人的指导与支持。大多数特许人相信，从开业前培训到开业培训最好由同一培训员提供服务，这种亲近感有助于双方建立良好的业务关系，并能提升加盟商的忠诚度、工作热情和团队精神。

 想一想

从受许人角度思考最重要的培训内容是什么。

3）开业后培训

特许人对加盟商的后续培训没有统一的模式，其方式因企业不同、行业不同而大不相同。有些特许人在加盟店开业后没有正规的培训项目，而是将后续培训交给督导去做；

有些特许人在季度、半年或年度的交流会上提供培训；有些特许人则在需要时就加盟商感兴趣的话题举行研讨会。一些大型特许经营企业会制订计划进行定期的再培训，以保证加盟商的知识不断更新。

（三）受许人培训管理

1. 重视培训内容的设计

加盟商培训不能只图热闹、走过场，要从加盟店管理的实际情况出发，分析加盟店存在的瓶颈，突出实战性、先进性、启发性和可操作性。应针对不同的加盟商背景、不同的行业背景和不同的区域市场进行个性化培训内容的设计，以便达到最佳效果。

2. 重视培训教师的选择

培训效果与培训教师的选择关系密切，培训教师必须拥有丰富的企业实践经验。首先，培训教师应是一名优秀的连锁企业管理专家，对加盟商遇到的各种问题十分熟悉，并有一套科学的解答方案；其次，培训教师应是一名学者，拥有深厚的专业理论知识，对企业问题知其然也知其所以然；最后，他才是一名培训教师，会灵活运用多种培训技巧，将自己的知识传授给被培训者。

3. 重视培训过程的互动

加盟商培训不是简单的教与学、简单的灌输和接受，而是为加盟店解决实际问题提供一系列解决方案。因此，在培训前，培训教师要对特许经营体系的加盟商、督导进行调研与访谈，加盟商也要积极配合提供一些资料与信息，以便结合加盟店存在的问题进行培训。在培训过程中，培训教师要与加盟商充分沟通，了解每个加盟商的知识结构和素质水平，选择合适的培训方式，全方位互动，调动加盟商的兴趣，营造良好的培训氛围。

4. 重视培训效果的评估

培训课程结束后，培训工作并没有完结，特许经营总部还需要通过加盟商的反馈对每次培训进行准确的评估，总结经验，提炼出好的培训方法和培训内容，以便今后设计更合适的培训方案。

总之，对加盟商的培训不是一朝一夕的事情，而是一项长期而艰巨的任务。特许人要确立培训的战略思想，把对加盟商的培训视作长期提升终端营销能力和消费者品牌忠诚度的重要措施，视作获取特许经营体系核心竞争力的重要环节。只有这样，对加盟商的培训工作才能落到实处，并取得良好的效果。

十、指导受许人开业

特许人完成对加盟商的培训之后，加盟商开始进行加盟店开业的准备，此时特许人则应向加盟商提供开业指导和开业支持，主要包括下列四项：协助和指导加盟商进行加盟店的装修，根据合同规定向加盟店提供所需的设备，根据合同规定向加盟店提供首期销售的货品，协助和指导加盟商组织加盟店开业庆典活动。

任务实施

根据以下内容完成实训。

实训目的：通过模拟谈判，了解特许人与加盟商谈判的步骤和流程，掌握特许经营谈判人员应具备的素质，提高表达能力、应用能力、团队合作能力等。

实施方式：

（1）分组。学生 3～6 人为一组，每个学生承担不同内容的任务。

（2）企业市场调查。通过观察法、直接询问法、间接调查法等方式搜集谈判资料，并对相关资料进行分析与加工，结合角色扮演开展模拟谈判。

（3）成果展示。各小组撰写《特许人与加盟商模拟谈判报告》，在课堂上以 PPT 讲演的形式进行展示，并接受点评。

实训成果：完成《特许人与加盟商模拟谈判报告》，制作 PPT 并进行课堂展示。

任务评价

根据以上任务完成情况，完成任务评价表（表 5-4）。

表 5-4　任务评价表

序号	项目	评价内容	达标	未达标
技能点	招商谈判前的准备	能建立招商机构		
		能选择合适的招商方式		
		能甄选加盟商		
	谈判流程模拟	熟悉谈判流程		
		有谈判人员应具备的素质		
	签订合同	拟订特许经营合同内容		
	培训受许人	熟悉培训内容设计		
	指导受许人开业	熟悉开业流程内容设计		
素质点	团队合作精神	能和团队成员协商，共同完成实训任务		
	互惠共赢的合作意识	在谈判中体现合作意识		
	设计思维	培训内容设计完整		
	从整体角度考虑问题、解决问题	在谈判中体现解决问题的能力		

任务二　受许人的加盟活动

▌任务目标

受许人的加盟活动

职业技能
- 掌握加盟商学习特许经营知识的途径
- 能正确评估自己是否适合加盟创业
- 学会评估和考察特许人
- 掌握评估产品和市场时应考虑的问题并能指导实践
- 熟悉加盟商筹措开店资金的方法并能指导实践
- 掌握加盟店的选址策略并能指导实践
- 掌握加盟店开业经营的相关内容并能指导实践
- 熟悉特许经营体系加盟活动的流程并能指导实践

职业素养
- 培养信息收集和处理能力
- 提高自我认知水平和决策能力
- 提升利用所学知识解决实际问题的能力
- 提升良好的人际沟通与合作能力
- 培养爱岗敬业的职业素养
- 培养诚信经营的意识

核心考点
- 加盟商自我评估
- 加盟商评估考察特许人
- 加盟商筹措资金的方法、加盟店的选址策略、签订特许经营合同的注意事项

▌任务导入

大学毕业后，如果你想加盟一家品牌店进行自主创业，那么应该如何着手呢？

▌任务解析

如果想加盟创业，那么不妨试试图5-5所示的流程。

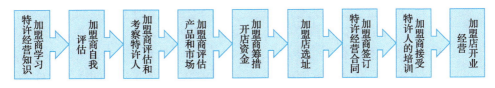

加盟商学习特许经营知识 → 加盟商自我评估 → 加盟商评估和考察特许人 → 加盟商评估产品和市场 → 加盟商筹措开店资金 → 加盟店选址 → 签订特许经营合同 → 特许人的培训加盟商接受 → 加盟店开业经营

图5-5　受许人加盟活动流程

💻 **知识要点**

一、加盟商学习特许经营知识

（一）学习特许经营知识的必要性

特许经营作为一种商业模式，与其他传统的商业模式相比有独特的交易内容和交易规则，综合起来有以下两点。

（1）加盟商从特许人那里购买的是一种权利，而非一般意义上的商品，并且这种权利的核心是特许人的知识产权。

（2）加盟商与特许人之间的交易不是一次性完成的，而是在一个长期契约关系下，通过无数次的交易和互动完成的。

（二）学习特许经营知识的途径

理论与知识准备的基本方式就是参加培训和自我学习，其主要内容是学习特许经营原理与实务，熟悉特许经营相关法律法规。这是潜在加盟商迈向特许经营的第一步。

具体的途径主要有以下五种，潜在加盟商可以选择一种或几种适合自己的途径。

（1）通过图书、杂志、报纸、网络学习特许经营知识。

（2）参加培训班、讲座、研讨会等学术性交流会议和活动。

（3）向特许经营方面的专家和学者、特许经营界的业内人士等咨询。

（4）参加展会、特许人举办的招商加盟说明会等。

（5）直接向特许人咨询。

在网络化的今天，潜在加盟商完全可以用更轻松、更便捷的方式来了解、学习大量的特许经营信息和知识，如到国内外的特许经营类网站上进行浏览。

二、加盟商自我评估

加盟商在加入特许经营体系以前，应对自己进行评估，以便明确自己是否适合拥有一项特许经营权，具体如下。

（一）独立经营的适应性

评估自己是否
适合当加盟商

独立经营的适应性不仅是关于资金来源和独立意识的问题，还是自我价值体现的过程。一个成功的独立经营者不仅要有努力工作的愿望，还要具有较高的综合素质。事实上，大多数人还没有意识到独立经营所需要的工作量到底有多大，有时独立经营者的工作时间更长。对于独立经营者来说，良好的身体素质与资金的收支平衡同样重要。

（二）家庭的支持

如果加盟商能够发动家人一起投入特许经营中，就会使家人更加理解自己所承担的压力，从而在心理上为自己减轻压力。

（三）个性特征

自我评估中最重要的问题也许是个性特征问题，即自己是否真正喜欢这份事业。如果不喜欢抛头露面或炒菜做饭，那么快餐连锁店一定不适合加盟商；如果特许经营的商品不是加盟商所感兴趣的类型，那么这种特许经营同样不适合加盟商。除此之外，对个性特征的分析还揭示出：虽然特许经营对加盟商来说是个好选择，但某种特许经营形式也许并不适合加盟商。如果加盟商是一个非常独立的人，并且不愿意从事一项受人监督的工作，那么特许经营只会使加盟商与特许人产生长期冲突。

（四）领导能力与纪律性

成功的特许经营依靠的是标准化的外观设计、干净整齐的营业环境及严格规范的管理制度，不遵守这些规则就等于违反了特许经营合同，最终将导致加盟商被特许人除名。从事特许经营意味着必须接受规范统一的领导及严格的纪律约束。虽然这并不代表加盟商要对全体员工声色俱厉，但确实应有做一些不受欢迎的决定的勇气，包括在迫不得已时解雇违纪员工。

（五）足够的资金

购买特许经营权是一笔投资，并且有可能是加盟商最大的一笔投资。虽然加盟商用信用抵押可能获得一部分融资，但其余的投资需要加盟商有现金或现成贷款来支付。因此，当加盟商制订财务计划时，要仔细考虑计算以下方面：①需要投入多少资金？会因冒险损失多少资金？需要多少钱生活？②加入特许经营体系需要的总投资是多少？③加盟商能赚多少？要多长时间才能实现收支持平并开始盈利？④对可能的机会及是否能达到财务目标进行详细的评价等。

（六）问卷调查

下面列举一些问题供加盟商进行自我评估，并且用以考评加盟商的适合程度：①你喜欢抛头露面吗？你是否有些害羞或保守？②你能够积极主动地工作吗？你是否能够听取他人建议并做得更好？③在什么情况下你才会考虑经商？你愿意担任管理者还是愿意做员工？④你是一名合格的组织者和管理者吗？⑤你能够保证长时间地努力工作吗？你是否容易在工作时产生疲劳？

三、加盟商评估和考察特许人

（一）评估特许人所在的行业

1. 该行业的发展前景

特许经营总部所经营的行业在市场中是处于上升时期还是衰退时期，其营业额的增长是暂时性的还是长久性的，这些是非常重要的问题。需要注意的是，有一些新潮时尚的行业在短期内看似十分红火，但一旦过时，就会一落千丈。例如，曾经流行过一段时间的十字绣制作、气球派对、氧吧等，流行时生意红红火火，潮流过后却冷冷清清，这些时尚项目都不适合加盟商经营。

2. 该行业的盈利性

加盟商投资相当数额的资金加盟，对投资回报存有很大希望，因此，加盟的行业必须具有令人满意的盈利性。加盟商还需要考虑行业的短期盈利性和长期盈利性的良好结合问题。

3. 该行业是否适合自己

加盟商应该衡量自己的能力，如这一行业的特许经营机会是否提供了开拓和发展个人能力的空间。有些行业是需要具备一定的专业知识的，如商业服务，若以前没有接受过这方面的专门培训，就不要去冒险。

4. 该行业能否方便地招聘到所需要的员工

如果加盟商在其准备开店的当地或附近招聘不到合适的员工，不得不从外地招聘，那么员工的使用成本及当地社会文化、员工忠诚度、地方政府就业政策等都可能会带来麻烦。

5. 从事该行业能否得到来自家庭、朋友、社会的支持

加盟商需要得到周围人群的理解和支持，最好的办法就是选择一个能获得周围人群支持或至少他们并不反对的行业从事特许经营。在选择行业的过程中，征求家庭成员、朋友、原单位同事、有关专家、特许人等的建议对加盟商最终做出合理的决策很有帮助。

（二）评估特许人

1. 评估特许人的资格

加盟商的成功依赖特许经营总部的经营成功，因此要了解特许人的资格，务必要求特许人提供以下信息和资料：①特许经营组织发展的详细历史；②特许经营组织的背景

和经验，企业负责人、主要股东及管理人员的主要经历；③企业总部决定采取特许经营，而不采取扩张直接经营的方式发展自己业务的原因；④特许人是否为第一次从事特许经营；⑤在开始出售特许经营权之前企业进行了多少试点经营，特许人具有的特许经营的经验或知识；⑥特许人为特许经营做的准备工作；⑦在把该企业建成特许经营组织的过程中，企业总部投入的现金；等等。

2. 评估特许人竞争力状况

（1）特许人发展历史及所处阶段。一般情况下，特许人处于特许经营发展的何种阶段，可以从其加盟商的数量体现出来。①加盟商数量为 1～10 个，这时特许经营总部还处于探索阶段；②加盟商数量为 11～40 个，这时特许经营总部已克服了最初阶段的困难，但仍然处于一个相对不稳定的阶段；③加盟商数量为 41～100 个，这时特许经营体系比较成熟，特许经营总部有了良好的组织体系，并能从特许经营活动中获得合理的回报；④加盟商数量为 100 个以上，这时特许体系已完全成熟，特许经营总部能成功地采用各种措施，在市场中对各种发展机会做出迅速反应。

（2）特许人的财政状况。加盟商要搜集的特许人的财政资料主要如下。①公司性质。总部是上市公司还是非上市公司？如果是非上市公司，那么是不是有限公司？公司的主要股东的背景及财力如何？公司现有资本及债务是多少？②公司的年度财务报告。加盟商要尽可能索取一份公司的年度财务报告，但不能完全轻信报告中的数字，须经专业人士分析，以防特许人以各种理由将盈利水平调高或调低。③利润来源。如果总部赚钱的方式不是主要来源于特许经营事业，那么最好不要选择这样的特许经营体系。④其他业务。加盟商要选择的是主要靠特许经营事业本身赚钱的特许经营体系。因为有时公司的总利润是由其他业务带来的，这会掩盖其特许经营业务亏损的实情。⑤销售记录报告。很少有特许经营总部会将各时期的销售记录公开给加盟商，一般只提供预计销售额做参考，但大部分预计是用业绩最佳的样板店作为参考的，因此加盟商应谨慎。

（3）特许人的企业管理水平，其主要内容如下。①公司目标。特许人是否有明确的发展目标。②管理结构。加盟商应尽可能取得一份特许经营总部的组织结构图，这份结构图能显示公司管理的一些运作方式。③管理人员素质。公司管理阶层的才能和经验是公司不断发展的关键。高层领导的才能是最重要的，很多公司的手册会简述高层领导的创业经历和工作经验，这是了解特许经营总部高层领导素质的好途径。如果特许经营总部是小型企业，那么加盟商应在洽谈时注意向接待人了解这方面的情况。④员工流失率。员工流失率的高低可以在一定程度上反映公司的管理水平及工作状况。

（三）考察特许经营总部

1. 审查特许经营总部资格证件

（1）审查特许经营总部营业执照。主要看其开业年限，这反映了企业的经营经历。

（2）审查特许经营总部的商标注册证、专利权证书。

（3）审查特许经营总部住所是否存在。

（4）审查特许经营总部的注册资金。

2. 考核特许经营总部披露的信息

根据法律规定，加盟者有权要求特许经营企业披露其经营状况、经营业绩、财务状况、人员组成、为加盟者提供的服务项目等信息。加盟者应逐一审查其真实性，必要时可以走访有关部门或者请律师、会计师代为审查。审查时主要注意真实性和全面性，即特许经营总部所宣传的资料是否真实、所披露的信息是否全面。

3. 考察门店经营情况

（1）考察特许经营企业是否拥有至少两家直营店。

（2）考察直营店或样板店经营情况，主要包括考察直营店经营是否规范、经营项目的市场适应情况；考察加盟店经营情况，主要选择几家与自己经营环境相似的加盟店，观察并向加盟店老板和员工了解其经营情况，判断加盟店的经营情况与特许经营总部承诺的目标是否接近。

4. 考察特许经营总部机构设施

加盟商加盟一个特许经营体系，除了希望获得有一定知名度的商标，还希望获得特许经营总部的培训和后续服务支持。因此，考察特许经营总部的培训机构和服务支持系统是否完备也是非常重要的环节。服务支持体系体现在特许经营总部对加盟商的支持、指导和监督方面，不同的行业，指导和监督的内容不完全一致，一般包括选址、门店设计、设备的安装调试、营业即时指导等。

四、加盟商评估产品和市场

（一）评估产品和市场时应考虑的问题

评估产品和市场时应考虑如下问题。

（1）加盟商销售的产品是否具有很高的品牌知名度？它的知名度能维持多久？消费者对它的接受程度如何？

（2）加盟商对此产品及消费者是否有足够的了解？产品的成本是多少？产品的利润是多少？目前的消费者有多少？潜在的消费者有多少？

（3）加盟商是否了解此产品的市场价格？此产品是否比其他品牌的产品价格更具有优势？有没有其他更便宜的次级产品或功能相近的替代产品？

（4）是否有同类的品牌介入同一商圈？是否会给即将进行的投资造成威胁？

（5）目前的市场会不会有所改变？其未来的发展是否稳定？未来对产品的需求如何？

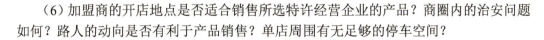

（6）加盟商的开店地点是否适合销售所选特许经营企业的产品？商圈内的治安问题如何？路人的动向是否有利于产品销售？单店周围有无足够的停车空间？

（二）获取加盟行业信息的渠道

1. 咨询专业机构

目前国内特许经营的专业管理和研究机构比较少，国内比较权威的专业机构有商务部、中国连锁经营协会、各省市连锁经营协会、国际特许经营学院、FDS（Franchise Development Services，特许经营发展服务）组织等。可以从以上机构获得特许经营的相关资讯。

2. 参加专业展会

国内外定期召开的连锁经营展览、研讨会和信息发布会等，是人们了解特许经营最新动态和特许经营企业招商加盟的主要途径。国内较为权威的连锁经营展览、研讨会主要有：中国连锁经营协会每年主办的中国特许展，环球资源每年在北京、广州、上海巡回主办的国际特许经营展览会暨研讨会，广东省连锁经营协会每年主办的广东特许经营展览会。另外，自 2000 年以来，全国各地的连锁/特许经营展览越来越多，每年有超过 30 个类似的展览和研讨会。

3. 留意财经报刊的招商广告

特许经营行业的国内专业杂志、报纸比较少。例如，《连锁与特许》杂志是国内第一本连锁与特许经营行业的专业性期刊。越来越多的财经报刊出版连锁经营、特许经营专刊或专版，如《商界》招商专刊、《赢周刊》连锁经营专刊、《中国商报》连锁经营版等。

4. 浏览专业网站

特许经营专业网站也是人们获取特许经营知识与资讯的有效途径，方便、快速且成本很低。国内较完善、内容较充实的特许经营专业网站有中国特许经营第一网、中国连锁经营协会网。此外，还有国际特许经营协会网、美国企业家杂志网、世界特许经营发展服务组合网、国际特许经营杂志网等。

5. 直接拜访特许经营总部或其他加盟店

特许经营企业为招募更多的加盟商，经常发布招商信息，对特许经营感兴趣的个人可以以电话、电子邮件、上门等方式与特许经营企业进行交流，收集特许经营方面的知识。若有幸成为准加盟商，则还有机会参加企业的培训辅导。现在大多数特许经营企业有自己的培训中心或学院，如麦当劳大学、流行美培训学院等。

除了以上途径，还可以通过收看电视节目、收听电台节目和到特许经营专卖店进行实地考察来获得更多特许经营方面的知识。

五、加盟商筹措开店资金

加盟商开店资金的多少及来源是制约特许经营发展的因素之一，只有筹措到开店资金，加盟商才能签订正式的合同直至最后开业。

一般而言，以下几种方法可以帮助加盟商筹集资金。

（一）个人积累

创业者将自己的工资及家庭收入积累起来，积少成多，然后投资创业。为了创业，创业者日常必须节俭，缩减各项开支。这种方法比较慢，且需要创业者养成良好的储蓄习惯，适合小本创业。

（二）家庭成员共同筹措

家庭成员共同筹措在创业者筹措资金时使用较多。创业者向家庭其他成员协商借款，并按照银行利率还款，甚至可以适当提高利率。这样不仅可以使创业者方便快捷地筹集资金，还能使家庭成员得到比银行高的利息。

（三）向社会借贷

创业者向社会上的朋友借贷筹集资金。这种方法需要创业者有良好的信誉，也可以找担保人或用房产证、股票等做抵押，以解除借贷方的后顾之忧。

（四）向银行贷款

一般来讲，向银行贷款需要提供一定的抵押，但确实可行。向银行贷款，创业者遇到的最大障碍就是担保，无法提供担保就无法得到贷款。

（五）通过集资的方法筹集资金

集资分为内部职工集资和外部客户集资。内部职工集资可增强职工的责任感，激励大家实干；外部客户集资主要是让客户提前预支货款或服务费，之后用所提供的产品及服务相抵。

（六）争取特许经营总部的优惠政策

为了有效而快速地扩大市场覆盖面、吸收更多的加盟商，特许经营总部常常会提供一系列的优惠待遇给加盟商。这些优惠待遇包括免收部分费用、赠送设备等，虽不是直接的资金扶持，但对于缺乏资金的创业者来说，等于获得了一笔难得的资金。

六、加盟店选址

（一）加盟店选址的重要性

（1）加盟店选址是一项大的、长期性的投资。
（2）加盟店选址是确定经营目标和制定经营策略的重要依据。
（3）加盟店选址是影响单店经济效益的一个重要因素。
（4）加盟店选址要贯彻便利顾客的原则。

（二）加盟店选址的策略

1. 加盟商从特许人处获得有关选址的一般性建议

在选址阶段，有些特许人会提供周到详尽的帮助，他们会向加盟商提供目标顾客群的信息，包括：潜在顾客有多少；他们的年龄和收入情况如何；他们前往加盟店购物能接受的最远距离是多少；他们能接受的价位是多少等。有些特许人则只提供方向性指导，还有一些特许人则不提供任何帮助。在签订特许经营协议时，加盟商应注意这些问题，并向此体系中的其他加盟商了解特许人的情况。

一般情况下，特许人希望加盟商在某一特定的区域范围内寻找营业地点。一旦加盟商做出选择，特许人就会决定是否同意加盟商在此地点经营。还有一些特许人早已选好了地点，并装修完毕，只需加盟商来购买或租赁即可。需要注意的是，特许人只是对加盟商的选址表示接受或不接受，并不能向加盟商提供任何保证，最终选址问题还是由加盟商自己负责。

2. 加盟商根据目标顾客的需求决定选址决策

顾客对商品或服务的需求一般分为三种类型，具体如下。

（1）顾客普遍、经常需求的商品或服务。这类商品同质性强、选择性不强，同时价格较低。顾客购买这类商品频繁，在购买过程中求方便心理明显，希望走尽可能短的路程、花尽可能少的时间完成购买。因此，经营这类商品或服务的店铺应最大限度地接近顾客的居住区，一般可设在居民区商业街中，辐射范围在半径 300 米以内，步行在 10 分钟以内。

（2）顾客周期性需求的商品或服务。对这类商品或服务，顾客是定期购买的，在购买时，一般要经过广泛比较，选择适合自己需要的商品品种或服务。另外，顾客购买这类商品或服务一般有高度的周期性，因此，经营这类商品或服务的店铺，宜选择在商业网点相对集中的地区，如地区性的商业中心或交通要道、交通枢纽的商业街。

（3）耐用消费品及顾客特殊性需求的商品或服务。耐用消费品多为顾客一次购买长期使用、购买频度低的商品。顾客在购买这类商品时，一般已有既定目标，在反复比较权衡的基础上做出选择；特殊性需求的商品或服务购买的偶然性强、频度小、顾客分散，因此经营这些商品或服务的商圈范围要求更大，应设在客流最集中的中心商业区或专业性的商业街道，以吸引尽可能多的潜在顾客。

3. 加盟店选择在不同类型的商业群

在适应人口分布、流向，便利广大顾客购物，扩大销售的原则指导下，绝大多数加盟商会选择在城市繁华中心、人流必经的城市交通要道和交通枢纽、城市居民住宅区附近及郊区交通要道、村镇和居民住宅区等购物地区开店，从而形成以下四种类型的商业群。

（1）城市中央商业区。城市中央商业区是城市最主要的、最繁华的商业区，聚集着许多百货商店、各种专业商店、豪华的大饭店、影剧院和办公大楼。在一些较小的城市，城市中央商业区是这些城市唯一的购物区和娱乐区。

（2）城市交通要道和交通枢纽的商业街。城市交通要道和交通枢纽的商业街是大城市的次要商业街。这里所说的交通要道和交通枢纽，包括城市的直通街道、地铁的大中转站等。这些地点是人流必经之处，在节假日、上下班时间人流如潮，店址选择在这些地点是为了便于来往人群购物。

对车流量和人流量的考察要注意以下因素：顾客在加盟商的营业地点是否能方便地停靠车辆；营业地点附近是否有"单行线"等不便行驶的路标；目标顾客群是否能在交通高峰期顺利地到达加盟商的营业地点；附近道路是否正在施工等。

（3）城市居民区商业街和边沿区商业中心。城市居民区商业街的顾客主要是附近居民。在这些地点设置商店是为了方便附近居民就近购买日用百货等。边沿区商业中心往往坐落在铁路的重要车站附近，规模较小。经营区域内的人口规模，人口的年龄、收入、家庭及婚姻状况，短期及长期预计人口增长率，是否有足够的购买力来维持加盟商的经营，周围是否有新的住宅区或其他经济增长点等，都是加盟商要考虑的问题。

（4）郊区购物中心。在城市交通日益拥挤、停车困难、环境污染严重的情况下，随着私人汽车的大量增加、高速公路的发展，一部分城市中的居民迁往郊区，形成郊区住宅区。为适应郊区居民的购物需要，不少零售店设到郊区住宅区附近，形成了郊区购物中心。

在这四类商业群中，加盟商对任何一个商业群的选择都应充分考虑顾客对不同商品或服务的需求特点，根据购买规律来选址。

4. 加盟商选择非传统化的营业地点策略

现今越来越多的特许人允许其加盟商选择那些非传统化的营业地点，以拓展其业务。只要有人群聚集的地方，就会有加盟店出现，如加油站、医院、机场、火车站、汽车站、大学、购物商场、比赛场馆等，这些场所通常被称为群聚地点。这些群聚地点的一大优势便是无论加盟商是否做宣传，都可以保证客流量；其劣势是客流量的大小取决于医院、购物商场、大学等的经营状况。例如，加盟店开在大学附近，在寒暑假期间生意会大受影响。

还有些非传统化营业地点可以称为"协作经营地点"。在这些地点，加盟商所参加的特许经营体系与某个或某些品牌能互相协作、共同吸引顾客。以餐馆为例，加盟商的餐馆也许在中午生意较好，能吸引较多顾客，而另一家餐馆晚上生意好，那么两家的生意会相互促进，中午和晚上都会吸引很多顾客。

需要注意的是，即使加盟商选择的是非传统化的营业地点，也要依据同样的标准缴纳特许经营费。因此加盟商要清楚特许人是否对此特殊地点的装修、设备和标识计划等方面有专门的考虑；思考与那些传统化的营业地点相比，这类营业地点在成本和利润方面有哪些不同。通常这种场所中的加盟店营业面积较小，这意味着较少的雇员数量和直接成本。当然，较小的营业面积并不意味着较少的租金。

七、加盟商签订特许经营合同

加盟商在签订特许经营合同之前，应深入了解特许经营合同，以确保自身利益。

（一）认真分析合同内容

大多数情况下，特许经营合同的基本条款是由特许经营总部制定的。加盟商在签订合同时一定要细心推敲每个条款，看是否有明显对自己不公平的地方。在签约时，加盟商还应特别注意以下问题。

1. 特许经营总部的产权权益

加盟店业务的成功在某种程度上依赖特许经营总部的产权权益。为保障加盟商的权益，在洽谈过程中加盟商应仔细核对特许经营总部赋予的产权，包括服务和品质控制、保留产权运用和发展等。加盟商在核对特许经营总部的产权时，要特别留意特许经营总部商标、专利的专有性、时间性、地域性及法律状态。

因此，加盟商在签订合同时，要了解特许经营总部授予的商标、专利是否属于特许经营总部的专有权，有无国家颁发的证书；该商标、专利是否在法律规定的有效期内；如果是引进的国外特许经营项目，则应了解该商标、专利是否在本国申请了法律保护；该商标、专利的法律状况如何，是否会因未交后续费或年费而被终止，或专利权是否会因丧失新颖性而被宣告无效等。

2. 地域限制

为保障投资利益，加盟商应享有独家地域权，以避免恶性竞争带来不良后果。因此，在合同中应说明特许经营总部在加盟商区域内不能再指定其他投资者或自己经营该业务，也不能将其制造的产品或商标交予第三方使用。从特许经营总部一方考虑，若地域权过大，则会影响其业务发展的速度。为平衡双方的需求，双方往往会先为该地域预定业绩目标，作为日后更改地域权的依据。

3. 加盟费及收费方法

加盟费是一个十分敏感的问题，因此合同中不仅应明确费用标准，还应明确收费的内容和收费方法，尤其是后续费用，要明确是按年收取还是按季或按月收取，以及在什么日期收取。国内特许经营公司还有一大特点，就是加盟费一次收完，与以后的利润分成毫无关系。这与国际特许经营公司除了要求加盟商缴纳加盟费，还要将日后的部分利润或销售额分给特许人的情况完全不同。

4. 合作年限

合同中须注明合作的有效期。基本上特许经营业务合作应该是长久的，但在国内，一般商业租约不超过五年，因此合作期限不能过长。从加盟商的角度看，该合作年限应足够其把这项投资收回来，并取得预期的回报。在理想的情况下，加盟商应有续约和迁移加盟店的权利。

（二）合同履行的法律问题

加盟商要事先了解在什么情况下才能按照合同内容履行各自的义务和责任。首先，必须先以客观和合理的标准去解释该合同，并确定双方权利和义务的性质、范围；其次，在实际的环境下界定双方是否执行合同的要求。在分析特许经营总部及加盟商的权利和义务的性质、范围时，要注意以下几点。

1. 要履行的是什么

在特许经营合同中，特许经营总部一般会向加盟店提供有关业务上的支持，以便加盟店在开业时和开业后顺利地运用特许经营总部所制定的经营模式。因此，加盟商只有预先了解特许经营总部在这方面的义务，才能有效地获取预期的效果。另外，加盟商也应了解自己须履行的义务，以确保自己也遵守合同的要求。法律的要求是严格的，任何一方都无权单方面改变指定的义务和责任。

2. 要何时履行

在一般特许经营合同中，有指定履行承诺时限的条款，而当事人必须在限期内履行自己的义务和责任，但有些承诺是有先决条件的。例如，特许经营总部只有在接到加盟商要求提供技术援助的通知后，其在合同中承诺的责任才会产生。此外，有些承诺是需要同时进行的，在这种情况下，除非其中一方是愿意及有能力履行的，否则另一方无权要求对方先履行合同上的条款。在特许经营合同中，特许经营总部为加盟店提供货品及广告等服务的责任与加盟商缴付货款及服务费的责任是属于同时履行的责任，另有协议的除外。

合同中其余的承诺一般被视作独立的条款，都要按规定的时限履行。若在规定的时限内或其后的一段时间内（如时间并非要素）未履行合同，除非无辜者能证明给其带来不可弥补的后果或损失，否则其无权把延迟履行当作解除合同处理。

3. 在何处履行

合同中一般会指定履行义务的地点，若此地点并没有在合同中列明或暗示出来，而履行该义务又需要对方在场，则承诺人必须找到对方所在地点并履行义务。在特许经营合同中，大多要求特许经营总部定期到加盟店提供各方面的技术援助或指示等。另外，加盟商也要派员工到特许经营总部的培训中心受训，这些条款都已把履行义务的地点说明。

（三）签约时的注意事项

1. 尽量避免未经任何调查就进行现场签约

一些不法公司在现场搞有奖促销、立即签约的目的，就是使投资者产生非理性的冲动，在不明底细的情况下仓促签约，不给予其充分时间商讨投资者预先准备好的合同条款。投资者即使经过周密调查，也要给自己留有一定的冷静期，在全面衡量之后再考虑签约。一旦签约，加盟关系就不可以随便更改。

2. 在签约时，要注意特许经营总部所用名称的合法性

为避免招募公司和加盟商实际签约的公司不一致，加盟商在签约时应当要求特许经营企业出示其营业执照正本，仔细核对并确认签约的合同方是自己准备加盟的公司，且特许经营企业的名称须与营业执照一致，必要时可请公证员进行现场公证。

3. 加盟商须审核法定代表人委托书的真实性

在签约时，如果特许经营企业的法定代表人不亲自签约，而由业务人员作为授权代表签字，那么法定代表人应签署委托书给授权代表，加盟商须审核法定代表人委托书的真实性并留有存底，以便将来发生诉讼时作为依据。

八、加盟商接受特许人的培训

在特许经营体系中，加盟商一般不具备特殊的技能或商业经验，但特许经营涉及许多高度专业和范围广泛的知识与技能，因此加盟商接受特许人的培训非常重要。通过接受特许人的培训，加盟商不但可以了解特许经营体系的业务开展程序、运作方法等专业知识，而且可以更好地理解特许人的企业文化、经营理念和管理理念。详细内容在本项目任务一中已经说明，这里不再赘述。

九、加盟店开业经营

（一）开业前的筹备

1. 须购置的物品

须购置的物品通常包括办公设施与用品、消防设施、安全设施、装饰品、电视机、

录像机及送货工具。当然也可租赁，以特许经营总部要求的配备为准，若有指定供应商，则从指定供应商处购买。

2. 须印制的物品

须印制的物品包括名片、信笺、信封、订货单、价目表、店面广告和产品宣传小册子。物品由特许经营总部统一要求，若由特许经营总部统一印制，则从特许经营总部订购。

3. 筹备事项

筹备事项要依据情况进行，包括：①申请与开业有关的各类证照；②在可靠的银行开户；③若打算接受信用卡付款，则与有关银行接洽，安排信用卡设施的装置等事宜；④招标，与装修商签订合同；⑤开始店面装修工作；⑥开始招募店长、店员、收银员；⑦与特许经营总部接洽，安排员工培训等。

（二）开业典礼

开业典礼象征着又一家新店的诞生，是一件可喜可贺的事，因此应该给予应有的重视。这既是加盟商借此向公众宣布加盟店的诞生、广做宣传的机会，也是考验每位员工能否提供到位的服务并进行迅速调整的时机。因此，开业典礼是营运过程中一个极重要的环节。

1. 开业宣传策划

（1）开业广告的内容。开业广告的内容一般包括开业的准确时间、所处的位置、酬宾活动。

（2）媒体选择。加盟商与特许经营总部协商选择合适的媒体。路牌广告须设置在商圈范围内，而传单则应直接送到潜在消费者手中。有实力的加盟商还可以选择电视、广播、报纸等媒体。

（3）开业广告的投放时间。店铺运营者要根据店铺的大小、资金情况选择广告的投放时间。超级市场的开业广告宣传应在开业一个月前开始实施，而对于小型便利店来说则提前一周即可。

2. 开业典礼仪式策划

开业典礼常用仪式如表5-5所示，可从中选出一种或两种共用。

表 5-5　开业典礼常用仪式

仪式	活动内容	优点	缺点
一般开业典礼	致辞与剪彩	易于控制，操作费用少	公关作用差，消费者不易参与
公关型开业典礼	现场服务咨询、赞助公益事业、消费者联欢	新闻宣传性强，易于产生轰动效应	安全性不易控制
实惠型开业典礼	无正式开幕式，可以用酬宾、特卖、抽奖等活动代替	省去费用，让消费者参与，比较实惠	传播作用较弱

（1）开业典礼仪式的准备。无论是选择一般开业典礼还是选择公关型开业典礼，都必须进行精心的准备。尽管其准备的重点不同，但有些工作是共同的。

① 邀请嘉宾。嘉宾的构成及出席率是开业典礼是否成功的重要影响因素。请帖应在一周之前发出，如果是名人，则需要提前预约。

② 拟好程序。一般开业典礼的程序如下：宣布典礼开始、介绍到场嘉宾、致开幕词、致欢迎词、来宾致贺词、剪彩、进店。需要事先确定致辞人员，并准备好发言稿，剪彩人员也应事前确定。

③ 布置好现场。开业典礼一般在店前举行，应事先安排好现场，确定接待及服务人员。

（2）开业典礼程序安排。开业典礼时间不宜过长，须统筹安排。

某服饰品牌开业程序如表 5-6 所示。

表 5-6　某服饰品牌开业程序

活动名称		××北京朝阳店开幕典礼
活动主题		××北京朝阳店开张仪式
活动单位		主办单位：××上海总部、××北京朝阳店
程序		内容
活动构想		以××北京朝阳店剪彩开幕为主线，通过剪彩开幕、馈赠礼品、让利销售来完成活动目的
		通过××北京朝阳店开幕仪式传播开店信息，使消费者对品牌有初步了解
迎宾区	地点	××店铺入口处左侧
	布置内容	在主干道上挂满吊旗
		入门两侧接受来宾赠送花篮
		签到处：木桌（铺红布）、金笔、签到本、礼仪小姐等
仪式区	地点	××店铺入口正门处
	布置内容	店招上横飘"热烈祝贺××北京朝阳店盛大开幕"
		嘉宾席布置：长桌（铺红布），椅子 10 把
印刷礼品		邀请函、促销礼品及嘉宾礼品
		新店宣传资料、促销卡、嘉宾佩戴的红色胸牌

续表

活动执行安排	时间	程序设置
	8:40	礼仪小姐请嘉宾、记者就座，保安负责维持现场观众秩序
	9:00	乐队奏乐及司仪亮相，宣布××北京朝阳店开幕典礼开始
	9:10	××服饰有限公司总经理致辞
	9:20	区商业圈领导讲话
	9:30	剪彩
		放礼炮、放氢气球
		新店正式对外营业
		为来宾及首次光临新店的顾客发放礼品

（3）开业要注意的问题。良好的开始是成功的前提，开业前准备得越周详，开业后就越有希望成功。有的店开业前的宣传做得很好，开业时客人来了很多，可是没有做好万全的准备，客人来了没人招呼，或者让客人等得过久，整个店里一片混乱，服务质量跟不上，影响了日后的生意。

任务实施

完成以下实训。

请以小组（3~5人）为单位完成本组品牌加盟店的开业策划案，并制作PPT进行展示。

任务评价

根据以上任务完成情况，完成任务评价表（表5-7）。

表5-7 任务评价表

序号	项目	评价内容	达标	未达标
技能点	开展加盟活动	熟悉加盟资金的筹措渠道		
		能进行合理选址		
		熟悉特许经营合同的内容及利益关系		
		能认真参加特许人对加盟商的培训并进行实践		
		能筹备店铺开业活动		
素质点	实践精神	具有超强的行动力和实践精神		
	超强的法律意识及合同履约精神	能够树立法律意识、维权精神、合同履约精神		
	精益求精精神	能够对所学理论进行深入调研，开展认真、精准的分析		
	团队合作精神	能和团队成员协商，共同完成实训任务		

综 合 实 训

实训项目：模拟招商加盟说明会。

实训目的：通过模拟招商加盟说明会的演示，了解特许经营企业招商的步骤和流程，提高制作课件的能力、表达能力、应用能力、团队合作能力等。

实施方式：

（1）分组。学生3～6人为一组，每个学生承担不同的任务内容。

（2）企业市场调查。通过观察法、直接询问法、间接调查法等方式搜集特许经营企业模拟招商加盟说明会资料，并对相关资料进行分析与加工。

（3）成果展示。各小组撰写《特许经营企业模拟招商加盟说明会报告》，在课堂上以PPT讲演的形式进行展示，并进行答辩。

实训成果：完成《特许经营企业模拟招商加盟说明会报告》，制作配套展示PPT。

项目考核评价：以自我评价和小组评价相结合的方式进行，指导教师根据项目考核评价和学生学习成果进行综合评价；也可先借助网络平台将结果上传，再借助平台进行自我评价、小组评价及综合评价。特许经营体系的招商与加盟考核评价表如表5-8所示。

表5-8　特许经营体系的招商与加盟考核评价表

班级：　　　　第（　）　　　　小组名称：　　　　　　　　　时间：

评价模块	评价内容	分值	自我评价	小组评价
理论知识	（1）掌握特许经营体系招商活动的相关知识	15		
	（2）掌握受许人加盟活动的相关知识	15		
	（3）掌握加盟商自我评估的内容	15		
实践能力	（1）能够根据企业特点和发展趋势制作符合企业要求的受许人评估表	15		
	（2）能够正确评估自己是否适合加盟创业	15		
	（3）知道如何开展受许人的加盟活动	10		
职业素养	具有团队合作精神，能跟团队成员合作完成实训任务	15		

综合评价：

导师或师傅签字：

思考与练习

一、名词解释

单体受许人；区域受许人；开业典礼；媒体招商；招商加盟说明会

二、简答题

1. 招商经理的岗位职责是什么？
2. 简述特许经营体系加盟活动的步骤。
3. 加盟商应该如何开展自我评估？
4. 加盟商应该如何评估和考察特许人？
5. 简述加盟商筹措开店资金的方法。
6. 简述加盟店选址的策略。
7. 加盟商签订特许经营合同时应该注意哪些事项？
8. 特许经营企业招商人员应该具备哪些职业素养？
9. 特许经营企业通过哪些方式招募加盟商？
10. 简述特许经营企业甄选、评估加盟商的方法。
11. 简述特许经营商务谈判的步骤。
12. 特许经营企业应该如何加强对加盟商培训的管理？

项目六 特许经营体系的维护

项 目 导 学

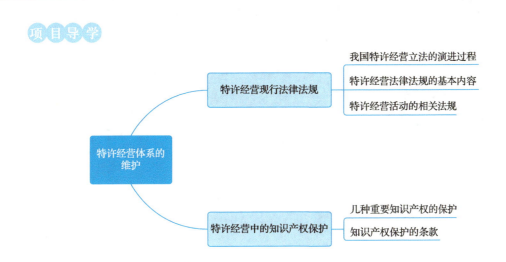

特许经营现行法律法规
- 我国特许经营立法的演进过程
- 特许经营法律法规的基本内容
- 特许经营活动的相关法规

特许经营体系的维护

特许经营中的知识产权保护
- 几种重要知识产权的保护
- 知识产权保护的条款

任务一 特许经营现行法律法规

任务目标

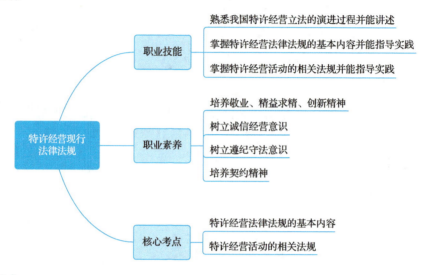

特许经营现行法律法规
- 职业技能
  - 熟悉我国特许经营立法的演进过程并能讲述
  - 掌握特许经营法律法规的基本内容并能指导实践
  - 掌握特许经营活动的相关法规并能指导实践
- 职业素养
  - 培养敬业、精益求精、创新精神
  - 树立诚信经营意识
  - 树立遵纪守法意识
  - 培养契约精神
- 核心考点
  - 特许经营法律法规的基本内容
  - 特许经营活动的相关法规

任务导入

思考专门的特许经营法律法规对特许经营活动进行了哪些方面的规范。

任务解析

特许经营法律是为了规范商业特许经营活动、促进商业特许经营有序发展、维护市场秩序而制定的经营行为规范，特许经营法律应当从特许经营活动的原则、特许经营活动备案、特许经营合同条款等方面进行严格规定。

 知识要点

一、我国特许经营立法的演进过程

我国的商业特许经营活动始于 20 世纪 90 年代初期。从那时起，我国的特许经营监管与立法经历了三个阶段。

（一）监管空白阶段（1997 年以前）

1997 年以前，我国政府机构对特许经营的监管处于空白状态，各种法律法规和行政规章没有关于特许经营的明确界定。

1997 年 3 月，国内贸易部发布了《连锁店经营管理规范意见》。这是我国政府第一次对连锁经营和特许经营做出的政策性规定，但其中并没有具体区别连锁经营与特许经营。该文件第四条定义了三种连锁形式，包括直营连锁、自愿连锁和特许连锁（或称加盟连锁）。加盟商虽然和特许经营总部（特许人）使用同一商标或商号，但在财务上是完全独立的。为了解决这一问题，1997年9月财政部发布了《企业连锁经营有关财务管理问题的暂行规定》。该规定第十五条规定：总部对加盟店拥有经营权和管理权，加盟店拥有对门店的所有权和收益权。加盟店具备法人资格，实行独立核算。1997年11月，财政部、国家税务总局联合发布了《财政部、国家税务总局关于连锁经营企业增值税纳税地点问题的通知》，规定每个加盟商应向所在地主管税务机关申报缴纳增值税。至此，特许经营总部与加盟店在财务上的相互独立地位完全确定。

（二）部门规章阶段（1997—2006年）

为了更好地规范特许经营，国内贸易部于1997年11月14日发布《商业特许经营管理办法（试行）》（已失效）。《商业特许经营管理办法（试行）》第一次正式确定了"特许经营"这一概念，并做出定义："特许经营是指特许者将自己所拥有的商标（包括服务商标）、商号、产品、专利和专有技术、经营模式等以特许经营合同的形式授予被特许者使用，被特许者按合同的规定，在特许者统一的业务模式下从事特许活动，并向特许者支付相应的费用。"该试行办法第十七条明确了中国连锁经营协会作为特许经营行业组织和自律机构的法律地位，规定特许者开展经营活动时，应向中国连锁经营协会备案。该协会的工作是制定特许经营的行规行约、开展行业自律、为特许经营双方提供相关服务、促进行业发展。为了进一步规范特许经营这种新型营销模式、制止当时出现的一些以骗取加盟费为目的的欺诈行为，国内贸易部于1999年发布《关于进一步规范特许经营活动的通知》。为了配合上述政策的执行，中国连锁经营协会于2000年1月发布《特许经营企业备案管理办法（试行）》，2003年发布《特许经营道德规范》。由于中国连锁经营协会作为行业组织，不具备行政管理方面的约束力，所以由该协会主管的特许经营企业备案只能是一种自愿行为，在行业监管方面作用有限。

2004年12月，为适应中国加入世界贸易组织的相关要求，商务部颁布了《商业特许经营管理办法》（已失效）。从立法层级上讲，该管理办法仍然处在与国内贸易部颁布的试行办法相同的级别。

（三）行政法规阶段（2007年至今）

2007年2月6日，《商业特许经营管理条例》正式发布。该条例将我国的特许经营立法提高到行政法规的层面。同年4月，商务部发布了与该条例配套的《商业特许经营备案管理办法》和《商业特许经营信息披露管理办法》。

《商业特许经营管理条例》共五章三十四条，除了总则和附则，分别规范了特许经营活动、信息披露和法律责任。该条例在借鉴此前政策的基础上，对特许经营活动的界定和基本原则都做了新的规定。特许经营有四个基本要素，具体如下。

（1）特许人必须是拥有注册商标、企业标志、专利、专有技术等经营资源的企业。

（2）特许人和加盟商之间是一种合同关系，本质上是一种民事行为。

（3）加盟商应当在统一的经营模式下开展经营。统一的经营模式是特许经营的核心要求之一，也是保证服务的规范性、一致性及维护品牌形象的需要。

（4）加盟商应当向特许人支付相应的费用。支付费用的种类、数额及支付方式，由双方当事人在合同中约定。

尽管在该条例发布后，社会上出现了一些异议，但该条例仍不失为对我国特许经营活动进行管理的有效依据，是我国全面贯彻依法治国不可缺少的一部分。

二、特许经营法律法规的基本内容

（一）特许经营法律的约束主体

特许经营法律的约束主体是在中华人民共和国境内从事商业特许经营活动的企业。企业以外的其他单位和个人不得作为特许人从事特许经营活动。特许人以合同形式将其拥有的注册商标、企业标志、专利、专有技术等经营资源许可其他经营者（即受许人）使用，受许人按照合同约定在统一的经营模式下开展经营，并向特许人支付特许经营费用的经营活动。

（二）特许经营法律法规的立法目的

特许经营法律法规的立法目的是促进和维护特许人和受许人之间及特许经营体系当事人与第三人之间的市场交易，保护当事人的权利，规范商业特许经营活动，促进商业特许经营健康、有序发展，维护市场秩序。《商业特许经营管理条例》规定，从事商业特许经营活动的企业应拥有注册商标、企业标志、专利、专有技术等经营资源，并具备相应的条件。在实践中，不少规模小、起步晚、资金少的中小型企业，希望以特许经营方式迅速扩大规模、加速品牌推广、吸纳资金，因此在尚不具备条件的情况下采取特许经营方式盲目扩张。因特许经营模式一般会向受许人收取一定金额的加盟费，故有个别不法企业为达到非法吸纳资金的目的，打着"洋品牌"或所谓高科技产品的幌子，通过广告大肆虚夸经营收益，以特许经营为名行违规集资之实，严重扰乱了特许经营市场秩序。因此，需要采用相关法律法规来规范市场。

（三）特许经营活动的原则

从事特许经营活动，应当遵循自愿、公平、诚实信用的原则。

（1）自愿，即特许人与受许人作为独立的市场主体，完全根据自己的意愿从事经济活动，不受任何个人和机构的干涉。

（2）公平，特许人和受许人在合作中以市场交易规则为准则，享受公平合理的对待，任何一方不享有任何特权，也不履行任何不公平的义务，权利与义务相一致。

（3）诚实信用，要求特许人和受许人在缔约前、缔约中诚实交换经营信息，在缔约后诚实保守商业秘密。

三、特许经营活动的相关法规

（一）特许人资格

（1）特许人从事特许经营活动应当拥有成熟的经营模式，并具备为受许人持续提供经营指导、技术支持和业务培训等服务的能力。

（2）特许人从事特许经营活动应当拥有至少两个直营店，并且经营时间超过一年。

（二）特许经营备案管理

1. 备案机关

在省、自治区、直辖市范围内从事特许经营活动的，应当向所在地省、自治区、直辖市人民政府商务主管部门备案；跨省、自治区、直辖市范围从事特许经营活动的，应当向国务院商务主管部门备案。商务部可以根据有关规定，将跨省、自治区、直辖市范围从事商业特许经营的备案工作委托有关省、自治区、直辖市人民政府商务主管部门来完成。受委托的省、自治区、直辖市人民政府商务主管部门应当自行完成备案工作，不得再委托其他任何组织和个人完成备案工作。受委托的省、自治区、直辖市人民政府商务主管部门未依法行使备案职责的，商务部可以直接受理特许人的备案申请。

▶ **读一读**

国务院商务主管部门依照《商业特许经营管理条例》规定，负责对全国范围内的特许经营活动实施监督管理。省、自治区、直辖市人民政府商务主管部门和设区的市级人民政府商务主管部门依照本条例规定，负责对本行政区域内的特许经营活动实施监督管理。任何单位或者个人对违反本条例规定的行为，有权向商务主管部门举报。商务主管部门接到举报后应当依法及时处理。

2. 备案材料

《商业特许经营备案管理办法》第六条规定，申请备案的特许人应当向备案机关提交以下材料。

（1）商业特许经营基本情况。

（2）中国境内全部被特许人的店铺分布情况。

（3）特许人的市场计划书。

（4）企业法人营业执照或其他主体资格证明。

（5）与特许经营活动相关的商标权、专利权及其他经营资源的注册证书。

（6）符合《商业特许经营管理条例》第七条第二款规定的证明文件。

在 2007 年 5 月 1 日前已经从事特许经营活动的特许人在提交申请商业特许经营备案材料时不适用于上述规定。

（7）与中国境内的被特许人订立的第一份特许经营合同。

（8）特许经营合同样本。

（9）特许经营操作手册的目录（须注明每一章节的页数和手册的总页数，对于在特许系统内部网络上提供此类手册的，须提供估计的打印页数）。

（10）国家法律法规规定经批准方可开展特许经营的产品和服务，须提交相关主管部门的批准文件。

（11）经法定代表人签字盖章的特许人承诺。

（12）备案机关认为应当提交的其他资料。

以上文件在中华人民共和国境外形成的，须经所在国公证机关公证（附中文译本），并经中华人民共和国驻所在国使领馆认证，中国加入或缔结的国际条约另有规定的除外。在香港、澳门、台湾地区形成的，应当履行相关的证明手续。

3. 备案时效

特许人应当在与中国境内的被特许人首次订立特许经营合同之日起 15 日内向备案机关申请备案。

特许人的以下备案信息有变化的，应当自变化之日起 30 日内向备案机关申请变更。

（1）特许人的工商等级信息。

（2）经营资源信息。

（3）中国境内全部被特许人的店铺分布情况。

特许人应当在每年 3 月 31 日前将其上一年度订立、撤销、终止、续签的特许经营合同情况向备案机关报告。

特许人应认真填写所有备案事项的信息，并确保填写内容真实、准确和完整。

4. 备案公告及撤销

（1）备案公告。备案机关应当自收到特许人提交的符合《商业特许经营备案管理办法》第六条规定的文件、资料之日起 10 日内予以备案，并在商业特许经营信息管理系统中予以公告。

特许人提交的文件、资料不完备的，备案机关可以要求其在 7 日内补充提交文件、资料。备案机关在特许人材料补充齐全之日起 10 日内予以备案。

（2）备案撤销。已完成备案的特许人有下列行为之一的，备案机关可以撤销备案，并在商业特许经营信息管理系统中予以公告。

① 特许人注销工商登记，或因特许人违法经营，被主管登记机关吊销营业执照的。

② 备案机关收到司法机关因特许人违法经营而做出的关于撤销备案的司法建议书。

③ 特许人隐瞒有关信息或者提供虚假信息，造成重大影响的。

④ 特许人申请撤销备案并经备案机关同意的。

⑤ 其他需要撤销备案的情形。

各省、自治区、直辖市人民政府商务主管部门应当将备案及撤销备案的情况在 10 日内反馈给商务部。

备案机关应当完整准确地记录和保存特许人的备案信息材料，依法为特许人保守商业秘密。

特许人所在地（省、自治区、直辖市或设区的市级）人民政府商务主管部门可以向通过备案的特许人出具备案证明。

5. 备案信息查询

公众可通过商业特许经营信息管理系统查询以下信息。

（1）特许人的企业名称及特许经营业务使用的注册商标、企业标志、专利、专有技术等经营资源。

（2）特许人的备案时间。

（3）特许人的法定经营场所地址与联系方式、法定代表人姓名。

（4）中国境内全部被特许人的店铺分布情况。

（三）特许经营合同

从事特许经营活动的特许人和被特许人应当采用书面形式订立特许经营合同。

1. 特许经营合同内容

（1）特许人、被特许人的基本情况。

（2）特许经营的内容、期限。

（3）特许经营费用的种类、金额及其支付方式。

（4）经营指导、技术支持及业务培训等服务的具体内容和提供方式。

（5）产品或者服务的质量、标准要求和保证措施。

（6）产品或者服务的促销与广告宣传。

（7）特许经营中的消费者权益保护和赔偿责任的承担。

（8）特许经营合同的变更、解除和终止。

（9）违约责任。

（10）争议的解决方式。

（11）特许人与被特许人约定的其他事项。

2. 权利义务相关条款

（1）合同解除权规定。特许人和被特许人应当在特许经营合同中约定，被特许人在特许经营合同订立后一定期限内，可以单方解除合同。

（2）合同期限。特许经营合同约定的特许经营期限应当不少于三年，但是被特许人同意年限少于三年的除外。特许人和被特许人续签特许经营合同的，不适用上述规定。

（3）技术服务要求。特许人应当向被特许人提供特许经营操作手册，并按照约定的内容和方式为被特许人持续提供经营指导、技术支持、业务培训等服务。

（4）质量要求。特许经营的产品或者服务的质量、标准应当符合法律、行政法规和国家有关规定的要求。

（5）关于费用相关限制。特许人要求被特许人在订立特许经营合同前支付费用的，应当以书面形式向被特许人说明该部分费用的用途及退还的条件、方式。

特许人向被特许人收取的推广、宣传费用，应当按照合同约定的用途使用。推广、宣传费用的使用情况应当及时向被特许人披露。

特许人在推广、宣传活动中，不得有欺骗、误导的行为，其发布的广告中不得含有宣传被特许人从事特许经营活动收益的内容。

3. 受许人的限制

未经特许人同意，被特许人不得向他人转让特许经营权。

被特许人不得向他人泄露或者允许他人使用其所掌握的特许人的商业秘密。

4. 特许人的汇报义务

特许人应当在每年第一季度将其上一年度订立特许经营合同的情况向商务主管部门汇报。

💻 任务实施

根据以下案例完成实训。

欺诈行为之争

原告诉称：2014 年通过一网站了解了被告 A 公司的加盟信息后，产生了加盟意向。2014 年 2 月，被告将一份《2013 年 A 公司最新资料》通过电子邮件发给原告，很快，原、被告双方签订《T（A 公司品牌）样板店意向书》。随后，被告通过电子邮件将装修预算表及装修图纸、效果图发给原告，原告依此在被告要求的统一规范下进行装修施工，装修费共 36 000 元。2014 年 2 月底，原、被告就加盟事项签订协议书，约定原告须按照被告确认的统一规范和模式进行管理，接受被告监督，原告须在被告统一的经营模式、经营管理方法下从事经营活动，原告以被告提供的产品及生产原料为其店内销售的商品，被告按样板店政策扶持原告店铺经营。同时原告支付被告加盟费 68 800 元及履约金 5000 元。2014 年 3 月 15 日，原告按照被告提供和定价的订货清单订购原材料及耗材，共计 71 666 元。另外，原告为了经营加盟店于 2014 年 3 月 5 日定做边岛柜，花费 18 300 元。之后原告发现，被告在特许经营合同的缔约过程中存在诸多欺诈行为，被告也不履行缔约过程中承诺的及协议书中约定的事项，且被告并不符合从事商业特许经营的法定条件。

原告认为被告的欺诈行为具体表现为：①被告不具备"两店一年"的特许经营资质，被告与原告签订特许经营合同时并不具备成熟的商业经营模式，并且没有履行法定的披露义务；②被告夸大其词、误导原告与其签订特许经营合同，被告在其官方网站上、向原告提供的材料及《T（A 公司品牌）样板店意向书》中都宣称其名下的"T"品牌具有 18 年历史、为全国知名品牌等，但被告是 2009 年注册成立的企业，并非其宣称的已有 18 年历史，被告并没有提供与"T"相对应的商标，与其宣传的全国知名品牌相违背。

被告 A 公司辩称：原告没有任何证据证明被告对其进行了欺诈，其无权要求撤销协议书，被告亦无须向原告返还任何款项。原、被告双方签订的协议书是双方真实意思表示，未违反法律法规的规定，合法有效。被告在签约和履约过程中不存在任何欺诈行为，既不存在虚构事实，也未隐瞒任何真相。

法院审理查明：被告 A 公司于 2009 年成立，经营范围包括批发兼零售预包装食品及散装食品、餐饮企业管理咨询、食品生产及加工等。被告主张其拥有的特许经营资源是指"T"商标，该商标未被申请注册但之前被 B 公司使用并经营，被告于 2010 年收购了 B 公司并受让了该商标及相关的资源，为此被告提供了 B 公司出具的情况说明一份及 B 公司第一分店的食品流通许可证、B 公司第六分店营业执照。其中，情况说明载明"本公司已于 2010 年被 A 公司收购，现本公司的所有资产、直营店、经营权、相关证件、资质、字号均为 A 公司所有"。

（资料来源：马瑞光，2022. 连锁特许经营管理（初级）[M]. 青岛：中国海洋大学出版社.）

实训要求：

（1）原告的请求会被支持吗？请进行分析。

（2）做出相应判断的原因是什么？

任务评价

根据以上任务完成情况，完成任务评价表（表 6-1）。

表 6-1 任务评价表

序号	项目	评价内容	达标	未达标
技能点	案例分析	了解特许经营法律法规的基本内容		
素质点	诚信经营意识	能够认识到诚信经营的重要性		
	团队合作精神	能和团队成员协商，共同完成实训任务		
	遵纪守法意识	清楚认识到违法经营的相应后果		

任务二　特许经营中的知识产权保护

▎任务目标

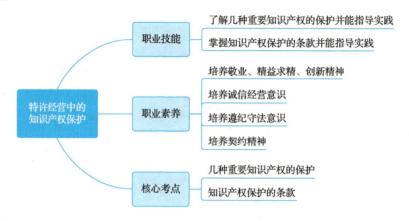

▎任务导入

在中国特许经营发展初期，有些加盟商法律意识和商业风险意识淡薄，在加盟之前未对特许人所拥有的商标、专利、专有技术、备案情况、经营模式及规模等进行必要的考察，一味相信特许人的广告宣传，将特许经营视为致富捷径，"头脑一热"即决定加盟，缺乏对所加盟项目的商业价值、市场前景和风险等事项的基本评估。加盟后，一旦发现经营效益达不到预期目标，加盟商就希望利用法律授予的单方解除权解除特许经营合同，并要求返还加盟费。那么有没有相关的法律法规支持这样的主张呢？中国目前规范特许经营行为的法律法规有哪些呢？

▎任务解析

特许经营的法律问题主要涉及知识产权问题，下面先对知识产权保护问题展开说明。知识产权又称智力成果权，是指对科学技术、文化艺术等领域从事智力活动所创造的精神财富在一定地域、一定时间内所享有的独占权利。知识产权具有地域性、时间性、公开性的特征。知识产权由版权和工业产权两个部分组成。其中，工业产权的保护对象包括专利权、商标权、厂商名称、产地标记或原产地名称。特许经营中涉及的商标、商号、专利和商业秘密等都属于知识产权范畴。特许人的知识产权是特许经营业务的基石，具体包括商标、商号和服务标记、经营诀窍、方法和商业秘密（或统称专有技术）、版权、专利权等。本任务将对商标保护、商业秘密保护和专利保护展开说明。

知识要点

一、几种重要知识产权的保护

（一）商标保护

商标是指生产商或销售商用来标识或区别于其他商品并表明产品来源或质量的名称、标记或符号。注册商标，是经过商标局核准注册的商标。我国实行商标注册制，经过商标注册申请并获得商标局的批准后，商标权人即享有注册商标的专有权，这样才有权排斥他人在同类商品上使用相同或类似的商标，才有权对侵权活动进行起诉。在这里，商标注册的申请人必须是依法登记并能独立承担民事责任的企业、个体工商户、具有法人资格的事业单位，以及《保护工业产权巴黎公约》的成员国，或与我国有商标保护双边协定的外国人或外国企业。

1. 受许人使用商标的权利

作为注册商标所有人的特许人，通过签订商标使用许可合同，许可受许人使用其注册商标后，受许人即获得该注册商标的使用权（而不是该注册商标的所有权）。根据我国商标管理制度，注册商标可以依法许可使用。

特许人通过与受许人签订商标使用许可合同，允许受许人使用其注册商标，应按《中华人民共和国商标法》（以下简称《商标法》）的有关规定和双方签订的商标使用许可合同来执行。使用注册商标的期限不得超过特许人在国家商标管理机关注册商标的有效期。我国注册商标的有效期为 10 年，期满须继续使用的，其所有人可以申请续展注册。如果特许人对其注册商标期限届满不申请续展注册，或者注册商标期限未届满而申请注销，则未到期的商标使用许可合同将随着特许人商标权的失效而失效，从而使受许人的利益受到损害。因此，特许人必须保证受许人在合同有效期内可以行使其对该注册商标的使用权。

2. 使用注册商标的范围

使用注册商标的范围如下：一是应符合特许人在国家商标管理机关注册商标的商品范围，受许人使用注册商标的商品类别和商品均不得超过特许人注册商标的商品范围；二是应符合特许人与受许人签订的商标使用许可合同中规定的地区界限，这一般是特许人与受许人双方约定的界限。

商标注册人许可他人使用其注册商标，必须签订商标使用许可合同。许可人必须在自商标使用许可合同签订之日起 3 个月内，将许可合同副本报送商标局备案。

未经注册的商标如果被人假冒，或者被抢注，对特许经营体系的损害将十分严重，甚至是毁灭性的，因为受损害的将是整个特许经营体系。因此，规定特许经营权中的商标必须是注册商标，实行强制注册，是非常重要的。同时，特许人有义务保持注册商标的有效性，按期续展。否则，如果特许人未按期续展导致商标被抢注，造成受许人损失，那么特许人应承担法律责任。

未经商标注册人的许可，在同一种商品上使用与其注册商标近似的商标，或者在类似商品上使用与其注册商标相同或者近似的商标，容易导致混淆的，属侵犯注册商标专用权。引起纠纷的，由当事人协商解决；不愿协商或者协商不成的，商标注册人或者利害关系人可以向人民法院起诉，也可以请求工商行政管理部门处理。

（二）商业秘密保护

《中华人民共和国反不正当竞争法》第九条规定，商业秘密是指不为公众所知悉、具有商业价值并经权利人采取相应保密措施的技术信息、经营信息等商业信息。其中技术信息和经营信息具体包括设计程序、产品配方、制作工艺、制作方法、管理诀窍、客户名单、货源情报、产销策略、招投标中的标的及标书内容等。

在特许经营中，商业秘密可由特许人同时许可给多个受许人合法使用及拥有，因而对商业秘密的保护极为重要。商业秘密的保护方式主要有以下几种。

（1）在特许人与受许人所签订的特许合同中，要明确约定特许人有关保守商业秘密的要求，以及商业秘密使用人应尽的保密义务，不得向他人泄露、披露商业秘密；不得向他人有偿或无偿转让其掌握的商业秘密。

（2）特许人与受许人签订商标使用许可合同。

（3）特许人、受许人均应与所有雇员签订保护商业秘密协议书，防止雇员违反合同或违反权利人保守商业秘密的要求，避免发生侵犯商业秘密的行为。

（4）关于侵犯商业秘密行为的处理。依据《中华人民共和国刑法》（以下简称《刑法》）第二百一十九条的规定，有侵犯商业秘密的行为且情节严重的，处三年以下有期徒刑，并处或者单处罚金；情节特别严重的，处三年以上十年以下有期徒刑，并处罚金。《刑法》第二百二十条规定，单位犯《刑法》第七节第二百一十三条至第二百一十九条之一规定之罪的，对单位判处罚金，并对其直接负责的主管人员和其他直接责任人员，依照《刑法》第七节各条的规定处罚。

（5）依据国家工商总局（现国家市场监督管理总局）1995年11月23日发布的《关于禁止侵犯商业秘密行为的若干规定》，对被申请人违法披露、使用、允许他人使用商业秘密将给权利人造成不可挽回的损失的，应权利人请求并由权利人出具自愿对强制措施后果承担责任的书面保证，工商行政管理机关可以责令被申请人停止销售使用权利人商业秘密生产的产品。工商行政管理机关对侵权物品可做如下处理：责令并监督侵权人将载有商业秘密的图纸、软件及其有关资料返还给权利人；监督侵权人销毁使用权利人商业秘密生产的、流入市场将会造成商业秘密公开的产品，但权利人同意采取收购、销售等其他处理方式的除外。对侵权人拒不执行处罚决定，继续实施侵权行为的，视为新的违法行为，从重予以处罚。

如果商家有重要信息不愿为竞争对手所知，那么保守商业秘密协议书可以为该信息提供有效的保护。在许多场合都有人要接触到商业秘密，当商业秘密为多人共享时可以用以下方法进行保护：合同或特定关系的存在，如雇员关系，保密和忠诚已经是其职责。此类合同也称保密协议，首先承认商业秘密信息由公司所有，接受方将继续保密，只在公司授权范围内使用，不得向第三方泄密。这种协议内容在雇用新职员时也会出现在雇用协议中。

任何有不愿为人所知的秘密的商家都应采取措施保护商业秘密。这类措施主要包括以下几种。

① 进行商业秘密审查（内部常规审查）。

② 在机密文件中明确标明"机密信息未经××公司书面允许严禁复制"。

③ 对员工进行保密重要性和保密措施的培训。

④ 同接触机密的员工及合同方签订书面保密协议。

⑤ 在员工离职时，应采取措施保证所有机密信息已归还公司，并要求员工写一个书面保证予以确认。

⑥ 同员工签订禁止同业竞争协议，许多企业要求员工承诺离职后不参与同业竞争。

对于经营者而言，保护好商业秘密非常重要，是特许人和受许人维护自身利益的关键。商业秘密不必登记注册，秘密持续期没有规定，只要符合定义，就可以一直延续。

▶ 读一读

加盟商泄露的特许人的商业秘密可能并不是一般性的商业秘密，极有可能是特许人赖以发展甚至生存的关键。例如，"馋嘴鸭""土掉渣烧饼"的秘方都曾在网上贱卖到几元，这样的惊人"批发价"对特许人的打击几乎是致命的。特许人一定要有高度的保密意识，并为之采取一系列的措施。例如，把核心秘密分解并由几个不同的人所掌握；关键性的技术不传授给加盟商；为技术或产品申请专利；给加盟商最终产品或半成品，而不是让他们掌握从零开始生产或制造该产品的方法；给加盟商结果而不给过程；总部为加盟商派遣关键技术人员；建立严格的公司保密制度；等等。同时，要严格把好人员关，认真筛选、考核与监督受许人，加强对总部员工、股东、关键人物、加盟商、加盟商员工等所有可能接触商业秘密的人群的保密教育等。

（三）专利保护

专利是指受《中华人民共和国专利法》（以下简称《专利法》）保护的发明，也称专利权。一项技术要成为专利，必须具备三个条件：新颖性、创造性、实用性。新颖性是指其技术以前没有过，创造性是指其技术水平超过了以前的技术水平，实用性是指其技术可以在产业上使用。专利是一种知识产权，在专利有效期限内可以交换、继承及转让。

专利权是对专利对象的法定垄断授权。但专利权是消极权利，持有人可排除他人制造、使用、销售该专利。未经专利权人许可，实施其专利，即侵犯其专利权，引起纠纷的，由当事人协商解决；不愿协商或者协商不成的，专利权人或者利害关系人可以向人民法院起诉，也可以请求管理专利工作的部门处理。

专利分为发明专利、实用新型专利和外观设计专利。发明专利的保护期为20年，实用新型与外观设计专利的保护期为10年。专利权被授予后，除《专利法》另有规定外，任何单位或者个人未经专利权人许可，不得为生产经营目的制造、销售其专利产品，或者使用其专利方法及使用、销售依照该专利方法直接获得的产品。

特许经营权往往包含若干项专利权或技术秘密，如果特许经营权包含专利或专有技术，则必然涉及对专利及专有技术的后续改进。《民法典》规定，当事人可以按照互利的原则，在合同中约定实施专利、使用技术秘密后续改进的技术成果的分享办法；没有约定或者约定不明确的，可以协议补充；不能达成补充协议的，按照合同有关条款或者交易习惯确定；仍不能确定的，一方后续改进的技术成果，其他各方无权分享。

特许经营体系涉及众多受许人的利益，专利及专有技术一旦成为特许经营权的组成部分，在一定程度上形成一种"共有"状态。对专利及专有技术而言，由于特许经营合同具有排他性，所以受到法律的保护。如果特许人对专利及专有技术的后续改进技术成果不具有排他性，就有可能损害受许人的利益。因此，应当禁止特许人或受许人将专利及专有技术后续改进的技术成果转让，或对转让进行必要的限制。

如果一项特许经营权是以某一专利权或专有技术为核心建立的，对专利权有很大的依赖性，那么特许人及受许人就有必要对专利或专有技术的法律状态进行认真评价。因为专利权从申请到授予之间的一定时期，其权利状态是相对的，所以专利权的申请存在被撤销的可能。同时，应考虑专利的时效性及专有技术的保密性等因素。

二、知识产权保护的条款

（一）有关商标、品牌许可的条款内容

1. 有关特许人的内容

特许经营合同关于特许人在授权区域内使用合同规定的品牌、商标的权利及特许人的义务包括以下几点。

（1）合同规定的品牌、商标必须是在授权区域内合理注册的，特许人应及时交纳相关费用并展期；明确特许人对该品牌、商标拥有所有权；签约时任何第三方不声称对该品牌或商标拥有任何权利或有任何法律纠纷，或打算就此采取法律行动。以上规定明确了特许人是该商标、该品牌的合法所有者。

（2）特许人帮助受许人进行门店外观设计及店堂内部装潢。

（3）特许人应负责该品牌或商标的广告推广，并确保受许人从中受益。

2. 有关受许人的内容

关于受许人的义务，主要有以下几点。

（1）受许人每年应拿出年总收入的一部分用于该品牌或商标在当地的广告促销，并将情况通知特许人。

（2）受许人应负责店内外装潢、设计的一切费用。

（3）受许人应尽全力维护该商标及整个特许经营体系的商誉。

（4）若发生任何对商标、商号或其他服务标记的侵权、滥用或不正当竞争行为，则受许人应立即通知特许人。若发生法律诉讼，则受许人应尽力帮助特许人获胜。在特许人事先书面请求下，受许人应参与法律程序，声明特许人的权利，由此产生的费用由特许人承担。

（二）有关专有技术许可的内容

1. 特许经营合同规定的保密原则

（1）受许人不得直接或间接地将特许人的专有技术透露给第三方，除非是其员工或任何其他履行合同义务的人。

（2）该专有技术只能用于合同规定的用途。

（3）受许人应保证其员工或其他执行合同义务的人保守商业秘密，并把此项内容写入雇佣合同。

（4）在合同期内或合同终止后，受许人都必须承担保密义务。

（5）以下情况除外：①该专有技术已为公众所知；②受许人已掌握该专有技术；③有权的第三方已向受许人披露了该专有技术。

受许人的使用权是非排他的。

2. 特许人的义务

（1）对受许人及其员工进行初期和后续培训，费用由特许人负担，差旅费和住宿费除外。

（2）为受许人提供培训材料，受许人同样应对这些材料保密。

（3）把操作手册的任何变化及时通知受许人，费用由特许人负担。

3. 受许人的义务

（1）发展从特许人那里得到的技术。

（2）受许人及其员工应参加特许人举办的必要的初期培训课程。

（3）受许人就如何改进特许人的产品、服务或整个经营体系向特许人提出建议，特许人可以使用经受许人发展过的专有技术。

（三）对专有技术的法律保护

对专有技术的法律保护是特许经营权的重要组成部分。由于专有技术没有工业产权，不受各国工业产权法的保护，所以特许经营合同往往都定有保密条款，即通过订立合同的方式，使保护专有技术成为合同当事人的一项义务。这是目前对专有技术保护所采用的最普遍的一种方法。

除用合同条款保护外，当事人还可以通过以下途径对专有技术进行保护。

（1）《民法典》的保护。《民法典》第七编关于侵权责任相关知识产权部分的内容是对专有技术的保护，如《民法典》第一千一百八十五条规定："故意侵害他人知识产权，情节严重的，被侵权人有权请求相应的惩罚性赔偿。"

（2）反不正当竞争法的保护。用反不正当竞争法保护专有技术是世界各国的普遍做法。例如，《中华人民共和国反不正当竞争法》规定了商业秘密的定义及四种被视为侵犯商业秘密的行为，同时规定对于侵犯他人商业秘密的行为，监督检查部门可以责令停止违法行为，没收违法所得，处以 10 万元以上 100 万元以下的罚款，情节严重的处以 50 万元以上 500 万元以下的罚款。其中，商业秘密是专有技术的一种。

（3）刑法的保护。例如，法国刑法规定，对泄露或企图泄露商业秘密给外国人的公司经理、雇员，可判处 2～5 年有期徒刑，并处罚款。日本也专门规定了"企业技术秘密泄露罪"。

除了反不正当竞争法和知识产权法，各国的公司法、税法对某些特殊行业经营活动的限制及外汇管制、进出口管制等方面的法律法规，均对当地特许经营业务有规范作用。

 任务实施

根据以下案例完成实训。

注册商标专用权

原告 A 公司是 2004 年在中国创办的高品位、高性价比的商务型连锁酒店。原告的关联公司 C 公司分别于 2007 年、2008 年在第 43 类注册了商标，核定服务为"住所（旅馆、供膳寄宿处）、咖啡馆、餐厅、临时住宿处（出租）、旅游房屋出租、寄宿处预订、旅馆预订、预订临时住宿、汽车旅馆、酒吧"。2013 年国家工商总局商标局核准了原告 A 公司从 C 公司受让上述商标。

2014 年原告 A 公司发现被告 B 公司在 H 省经营"A"字号酒店。被告 B 公司在该酒店的营业招牌、酒店用品上突出使用了原告 A 公司的注册商标，足以使消费者对服务的来源产生误解。原告 A 公司认为被告 B 公司的行为侵犯了自己的注册商标专用权。根据《商标法》第五十七条的规定，未经商标注册人的许可，在同一种商品或者类似商品上使用与其注册商标相同或者近似的商标，容易导致混淆的，属侵犯注册商标专用权。原告 A 公司为维护自身的合法权益，特提起诉讼。

实训要求:

(1)分析该案例特许经营活动中出现的法律问题。

(2)原告律师可以依据哪些特许经营法律法规进行申辩?

任务评价

根据以上任务完成情况,完成任务评价表(表6-2)。

表6-2　任务评价表

序号	项目	评价内容	达标	未达标
技能点	案例分析	了解商标保护相关法律法规		
		了解商业秘密保护相关法律法规		
		了解专利保护相关法律法规		
素质点	诚信经营意识	能够认识到诚信经营的重要性		
	遵纪守法意识	能够清楚认识到非合法经营的相应后果		
	团队合作精神	能和团队成员协商,共同完成实训任务		

综 合 实 训

实训项目:特许经营体系维护调查。

实训目的:通过特许经营体系维护调查,了解特许经营体系法律法规的运用方法,提高沟通协调能力、表达能力,增强团队合作意识等。

实训方式:

(1)分组。学生3～6人为一组,每个学生承担不同内容的任务。

(2)企业市场调查。通过观察法、直接询问法、间接调查法等方式搜集一个特许经营体系特许人和加盟商冲突的资料,并对相关资料进行分析与加工。

(3)成果展示。各小组撰写《特许经营体系维护调查报告》,在课堂上以PPT讲演的形式进行展示,并接受点评。

实训成果:完成《特许经营体系维护调查报告》,制作PPT并进行课堂展示。

项目考核评价:以自我评价和小组评价相结合的方式进行,指导教师根据项目考核评价和学生学习成果进行综合评价;也可先借助网络平台将结果上传,再借助平台进行自我评价、小组评价及综合评价。特许经营体系的维护考核评价表如表6-3所示。

表6-3　特许经营体系的维护考核评价表

班级：　　　第（　　　）　　　小组名称：　　　　　　　　　时间：

评价模块	评价内容	分值	自我评价	小组评价
理论知识	（1）掌握我国特许经营立法的演进过程	15		
	（2）掌握特许经营法律法规的基本内容	15		
	（3）掌握特许经营活动的相关法规	15		
实践能力	（1）知晓几种重要知识产权的保护	15		
	（2）知晓特许经营冲突的来源	15		
	（3）掌握特许经营冲突管理策略，能合理处理冲突	10		
职业素养	（1）培养法律意识，以及爱岗敬业、团队合作、谦虚谨慎的品质	5		
	（2）培养通过网络收集相关资料的信息技术应用能力	5		
	（3）培养分析问题、解决问题的能力	5		

综合评价：

指导教师或师傅签字：

思考与练习

一、名词解释

商标权；专利权；商业秘密；特许经营合同

二、简答题

1. 简述我国特许经营立法的演进过程。
2. 简述特许经营中的商标使用形式。
3. 简述专利权的特点。
4. 简述商业秘密的概念。
5. 简述特许经营法律法规的基本内容。

参考文献

程爱学，徐文锋，2008. 特许连锁经营运作操典[M]. 北京：北京大学出版社.

侯吉建，2014. 特许经营体系设计与构建[M]. 北京：中国人民大学出版社.

李维华，2020. 招商理论与实务全攻略[M]. 北京：企业管理出版社.

李维华，2021. 成功构建特许经营体系五步法[M]. 北京：企业管理出版社.

李维华，2021. 特许经营新思维[M]. 北京：企业管理出版社.

李维华，2021. 特许经营学：理论与实务全面精讲[M]. 北京：企业管理出版社.

李维华，李松，2017. 特许经营与连锁经营手册编制大全[M]. 北京：经济管理出版社.

马凤棋，2014. 特许经营管理[M]. 大连：大连理工大学出版社.

马凤棋，时应峰，2014. 连锁经营管理原理与实务[M]. 2版. 大连：大连理工大学出版社.

马瑞光，2020. 商业新突破：万利连锁[M]. 北京：中华工商联合出版社.

马瑞光，2022. 连锁特许经营管理（初级）[M]. 青岛：中国海洋大学出版社.

孙玮琳，张琼，2017. 特许经营实务[M]. 2版. 北京：高等教育出版社.

肖怡，2022. 特许经营管理[M]. 4版. 大连：东北财经大学出版社.

肖永添，刘常宝，2011. 总部运营管理[M]. 北京：机械工业出版社.

颜莉霞，2018. "新零售"下特许经营单店盈利模式探析[J]. 中国商论（8）：1-2，5.

袁东，2009. 特许经营体系总部运营模式构建研究[J]. 全国商情（经济理论研究）（20）：43-45.

袁东，石元蒙，2014. 单店运营管理[M]. 北京：中国人民大学出版社.

朱明侠，王晓民，牛志敏，2013. 特许经营案例研究[M]. 北京：中国人民大学出版社.